LES AUTRES VIES
ET LA RÉINCARNATION

Ouvrages publiés par Bernard Duboy
en collaboration avec Martine Barbault

Votre guide numérologique jusqu'à l'an 2000, Éditions Denoël, 1989
Choisir son prénom, choisir son destin, Éditions Denoël, 1990
L'Influence du prénom sur la vie, Éditions Denoël, 1991

Jeanlouis BERNARD
&
Bernard DUBOY

LES AUTRES VIES ET LA RÉINCARNATION

L'Homme et l'Univers

ÉDITIONS DU ROCHER
Jean-Paul Bertrand
Éditeur

Tous droits de traduction, de reproduction et d'adaptation réservés pour tous pays.

© Éditions du Rocher, 1992

ISBN 2 268 0130 642

Pour Hélène

SOMMAIRE

Introduction 11

PREMIÈRE PARTIE : NOTRE CHEMINEMENT
1. Le souvenir 19
2. D'une vie à l'autre 26
3. La régression 32
4. Nos autres régressions 41
5. Ibn Arabî, l'ami intérieur 49
6. *Going black under the skin* 56
7. Atibi N'Dwala 63
8. Wung et les pierres 69
9. Autres vies, végétales, animales... . 75
10. Explorateurs de l'âme 85
11. Morts et naissances : des passages . 95

DEUXIÈME PARTIE : VOTRE ITINÉRAIRE
12. À la découverte de votre karma et de vos autres vies 105
13. La numérologie karmique 115
14. Karma physique 127
15. Karma sexuel 134
16. Karma psychologique 142
17. Karma du couple 151
18. Les enfants 158
19. La famille 165
20. Le choix professionnel, la vocation 173
21. Vers la lumière 180

TROISIÈME PARTIE : LE TEMPS N'EXISTE PAS
22. Le chamane 191
23. Le voyage en Atlantis, passé mais aussi futur 198

24. L'Atlantide : apogée et déclin, le temps forme un cercle 203
25. Malek ou les vies parallèles 210
26. Contacts avec d'autres dimensions 218
27. Temps profane et temps sacré, temps linéaire et temps cyclique 224
28. Temps du conscient et temps de l'inconscient 233
29. Le temps des physiciens 242
30. Le nouveau paradigme 251

Conclusion : Vers la libération 259

Bibliographie 267

INTRODUCTION

Nous avons suivi le chemin.

Nous avons parcouru l'itinéraire de ceux qui recherchent des explications derrière les apparences, lorsque les clins d'œil du Divin se font nombreux, si nombreux qu'on ne peut les laisser lettres mortes. Nous n'avions aucun *a priori*, aucune idée préconçue. Chacun de notre côté, nous avons reçu les premiers signes, comme autant de points d'interrogation, de portes entrebâillées sur des mondes inconnus. Trappes aussi, pouvant nous précipiter dans des abîmes insondables. Longtemps nous avons gardé pour nous ces expériences bizarres qui faisaient cependant partie de notre quotidien. Une certaine pudeur nous retenait et nous n'en parlions pas, craignant peut-être d'attirer incrédulité ou moqueries.

Ces signes se sont accumulés au fil des ans, tandis que notre maturité s'affirmait, de même qu'une plus grande force intérieure. Nous avons pu formuler, échanger nos impressions, relater nos aventures. Avec une synchronicité parfaite, des rencontres ont eu lieu, et le cercle s'est élargi. Nous avons récolté de nombreuses informations, plus étranges les unes que les autres, qui nous ont alors permis d'avancer d'une façon plus assurée, donc plus sereine.

Avons-nous vécu d'autres vies ? C'était une évidence. Nous avions eu depuis si longtemps, depuis toujours peut-être, la conviction que nous ne vivions pas notre premier passage terrestre. Que nous avions vécu, étions morts, puis revenus si souvent. Cette certitude s'imposait en nous, forte et impérieuse. Mais encore fallait-il en savoir davantage : quand, comment ? Où avions-nous vécu ? Qui étions-nous, et que faisions-nous au cours de ces incarnations passées ?

Nous désirions effectuer ces voyages dans d'autres temps, et les différentes techniques permettant de retrouver nos vies précédentes se sont peu à peu présentées à nous. Elles sont venues d'elles-mêmes, comme si nous en gardions un souvenir diffus ; elles semblaient attendre que le temps soit arrivé, que nous soyons prêts.

Il y eut tout d'abord ces rêves, les rêves récurrents. Ils avaient peuplé les nuits d'enfant de Jeanlouis jusqu'à un certain âge, puis avaient disparu pour revenir plus tard, lors d'une de ces cruelles épreuves que réserve la vie. Ils se sont alors renouvelés, lancinants, obsédants presque, comme voulant véhiculer des amorces d'explications, des souvenirs enfouis.

Puis la sphère bleue est apparue. Elle a été notre guide sur cet itinéraire à l'intérieur de nous-mêmes, elle nous a accompagnés tout en nous protégeant. Elle a su nous orienter dans notre recherche, comme une amie, une aide sécurisante et douce. Grâce à elle, nous avons pu multiplier nos voyages. Nous avons alors retrouvé tant et tant de vies... Des vies de juifs, des vies de musulmans, des vies de chrétiens... Au cours de voyages lointains dans divers points du globe, sous d'autres soleils, nous avons revécu des existences de Noirs, de Jaunes, de Blancs. Des vies très anciennes, d'autres dans un passé plus proche. Et nous avons compris que nous étions tous frères, que nous devions aimer notre prochain comme nous-mêmes... Mais tout cela était-il réalité ou illusion ? Fantasmes d'esprits perturbés, impressions d'illuminés ? Sur cette voie de connaissance, afin de nous rassurer, d'aller plus loin, nous avons confronté nos sensations avec celles des autres. Certains ont bien voulu nous raconter, se confier et se livrer à nos expériences. Ils nous ont fait confiance. Ils ont retrouvé eux aussi de lointains souvenirs. Et tous, sans exception, ont eu cette conviction intérieure profonde, à la fois viscérale et indicible, que c'était bien d'eux qu'il était question, ailleurs, avant, dans d'autres vies d'hommes et de femmes. La voix de la sagesse leur affirmait qu'ils ne rêvaient pas, qu'il ne s'agissait pas de chimères.

Sur le chemin, nous avons multiplié les preuves et les témoignages sur ces vies passées. Des réponses venaient, comme autant d'explications cohérentes à nos interrogations. Elles éclairaient notre vie présente, ce que nous vivions, héritage d'un lointain passé.

Puis nos guides sont entrés en contact avec nous, au moment certainement où il le fallait. Ils nous ont parlé, transmis des orientations, des indications si précises, si réelles, que nos certitudes cartésiennes en ont été ébranlées, nos doutes balayés. Qui sont-ils, ces guides ? Des âmes désincarnées ? Des esprits, des consciences supérieures ? Ils nous ont livré leurs noms, et nous les avons retrouvés : ils ont vraiment existé, autrefois, sur le plan terrestre. Mais au-delà de ces preuves, paradoxalement illusoires, ils se sont révélés des amis qui nous soutiennent dans notre évolution, dirigent nos pas.

À ce stade de notre démarche, nous avons cherché à comprendre le pourquoi de notre existence terrestre : qu'est-ce que le karma ? Quel est le but ultime de l'évolution karmique, de la succession des vies ? Quels rapports peut-on établir avec notre quotidien : vie affective, relations parents-enfants, vie professionnelle, santé ?... Nos propres expériences nous avaient amenés à établir les premiers liens de cause à effet de cette loi karmique. Puis les nombreux témoignages ont apporté beaucoup d'eau à notre moulin.

Un voile s'est déchiré soudainement dans notre conscience, qui nous a permis de progresser. Pourquoi penser que nos vies se succèdent les unes aux autres, dans le temps humain, le temps linéaire ? Cette question nous a conduits à remettre en cause la notion essentielle et primordiale du temps. Nous avons eu tout à coup l'impression de nous être trompés, fourvoyés, depuis le départ. Et si le temps, création humaine, n'était pas linéaire ? S'il était cyclique, s'il formait une boucle ? Et si le temps tel que nous le vivons n'existait pas ? Pris d'un grand vertige, nous avons décidé d'en savoir davantage. Par souci de vérité, nous avons puisé dans les ouvrages de Mircea Eliade, historien des religions, et dans ceux de C.G. Jung, médecin et psychanalyste. À la lecture de leurs œuvres, immenses, passionnantes, nous pouvons aussi conclure : oui, le temps est une illusion, le temps n'existe pas !

Des déclics se sont alors succédé, de plus en plus étonnants, rapides, fulgurants, comme autant de contacts allumant de nouvelles et bouleversantes lumières : nous étions sur la bonne voie ! Nous avons eu accès à des univers parallèles, à d'autres dimensions, au temps cyclique, au temps sacré, au temps de l'inconscient... Au fil de nos recherches, nous avons compris que passé, présent et futur se rejoignent, sont intimement liés.

Nous avons interrogé les physiciens et les astrophysiciens. Dans le monde de l'infiniment petit et de l'immensément grand, les mêmes questions se posent, entraînant les mêmes réponses : nous vivons dans l'illusion la plus parfaite. Car au-delà des apparences, la matière, l'univers, nous-mêmes, tout est illusion. Le temps aussi est illusion. Et pourtant, au-delà de tout cela, quelque chose existe, une énergie, Dieu peut-être, dont nous serions une étincelle, et qui fait de notre vie une aventure passionnante.

L'itinéraire que nous avons parcouru, nous désirons que vous puissiez à votre tour le découvrir. Chacun peut avoir accès s'il le souhaite à d'autres vies, à d'autres univers, au passé et au futur. Il s'agit d'appliquer des techniques simples, et de développer nos sens. C'est une démarche que l'on peut faire seul ou accompagné, selon son choix et à son propre rythme. Mais chacun pourra se rendre compte aussi, au gré de ses découvertes, de ses recherches, que tout cela n'est qu'illusion, *mâyâ* : la réalité trompeuse dont parle la tradition indienne.

Il est essentiel alors de revenir à notre existence présente, de vivre et bien vivre l'ici et maintenant. Nous n'avons pas le droit de passer à côté de notre vie sous le prétexte que nous subissons notre karma, issu d'un lointain passé. Ni d'oublier notre présent dans la perspective d'hypothétiques incarnations futures. Nous n'avons pas le droit de ne pas tirer le plus grand parti de notre vie actuelle. C'est en voulant la perfection dans notre quotidien que nous influencerons tant nos vies passées que nos vies futures. Nous devons nous aimer, aimer les pierres, les plantes, les animaux, car chacun est une partie de nous-mêmes, une partie du Tout. Nous devons respecter l'ensemble des éléments qui composent notre univers, à commencer par Gaïa, la Terre, notre mère nourricière et non pas notre ennemie. En effet, la Terre est vivante, et le système solaire, la galaxie sont autant d'êtres conscients, qui nous emportent dans leur course à une vitesse vertigineuse et tombent vers un point unique de l'Univers, vers Dieu...

Notre civilisation passe un cap, qui peut être extraordinaire ou destructeur, selon ce que nous en ferons. Nous sommes impérativement forcés de remettre en cause beaucoup d'idées admises. Un nouveau paradigme se profile, en l'occurrence l'émergence de nouveaux rapports entre l'homme et l'Univers, ainsi que ses applications dans notre quotidien. Il possédera des données différentes du paradigme actuel, dont les plus fondamentales sont la croyance en de multiples vies et une nouvelle conception du temps, un retour au temps sacré.

Ce credo qui est le nôtre, cette foi qui anime chacun de nos actes, nous voulons vous les faire partager, au fil de ces pages, au gré des étapes qui marquent notre trajectoire, ce parcours qui peut être aussi le vôtre.

PREMIÈRE PARTIE

NOTRE CHEMINEMENT

1

LE SOUVENIR

Jeanlouis se souvient :
« C'est la nuit. C'est toujours la nuit que cela se produit. Les sirènes hurlent et leur son monte en tourbillonnant sur lui-même. Leur cri me déchire. Je porte les mains à mes oreilles. J'ai peur : je crois que c'est ce bruit qui tue. Qui va faire éclater mes tympans. Je suis un petit garçon brun. J'ai douze ans. C'était mon anniversaire, il n'y a pas si longtemps. Mais nous ne l'avons pas fêté, c'était impossible. Nous sommes enfermés depuis un certain temps, je ne sais plus combien maintenant. Je sais juste que c'est long. Que papa et maman ne sont pas là, qu'ils sont cachés, ailleurs. C'est ce que dit mon oncle Aaron. Je le crois car il est très sage. C'est un rabbin et un grand homme. Tous l'admirent beaucoup et lui font confiance. Il a énormément aidé les réfugiés. Il me fait un peu peur parce qu'il est sévère, avec sa barbe grise, presque blanche, et son regard si noir qui peut déverser des torrents de lumière ou foudroyer. Je me souviens avoir accompagné mon oncle dans les rues pour de grandes processions pour lesquelles il revêtait des habits de cérémonie. Je devais le suivre partout et répéter des paroles après lui. J'avais une *kippah* sur la tête. J'étais très fier car il disait : "C'est toi qui me remplaceras plus tard". Il n'avait pas d'enfants et il répétait sans cesse que j'étais son fils, que c'était pareil, parce que j'étais le fils de sa sœur. Je tâchais d'être à la hauteur de son espoir. Je devais avoir sept ans, alors. Il était très aimé et respecté par la communauté. S'il me disait que papa et maman étaient ailleurs, sains et saufs, il ne pouvait pas me mentir. Seulement, je ne comprenais pas pourquoi nous n'étions pas restés ensemble, pourquoi nous n'étions pas montés dans le même camion. Cela aurait

été tellement mieux. Mes parents me manquaient. J'avais envie de pleurer quand je pensais à maman et à ses cheveux coulant sur mon visage lorsqu'elle se penchait sur moi pour m'embrasser, dans un parfum de chèvrefeuille froissé. Mais je m'efforçais de ne rien montrer. Je devais être un homme, être courageux. Pour qu'Aaron soit fier de moi.

« Ma petite sœur, Rosa, joue à mes pieds. Son vrai prénom est Éva-Rosa, mais nous l'appelons tous Rosa. Elle non plus n'aime pas le cri de la sirène. Elle serre sa poupée contre elle. Aaron vient d'ouvrir la porte basse. Dans ses yeux, je lis la peur. Je ne lui ai jamais vu ce regard-là. Je frissonne. Il nous fait signe de le suivre. Rosa ne veut pas laisser ses jouets, elle a préparé un ballot qu'elle a dissimulé sous le matelas pour que les autres petites filles ne le prennent pas. Elles sont jalouses, la pincent, lui tirent les cheveux. Je suis obligé de les séparer quand elles se disputent. Rosa est grande pourtant : elle a presque huit ans... Ces enfants-là ne sont pas juifs comme nous. Pourquoi se cachent-ils alors ? Je ne comprends pas.

« Aaron soupire, s'impatiente. De la main, il nous fait un signe impératif : "Allons, venez !" Rosa n'a pas le temps d'attraper ses jouets. Je l'entraîne. Elle crie, parce qu'elle a laissé aussi sa poupée sur la couverture. Tant pis.

« J'essaie de ne pas trembler. Le sang cogne dans mes tempes, mon cœur s'affole. Moi aussi, j'ai vu les lueurs en haut des lourdes tentures noires qui masquent les soupiraux. Ces flammes or et rouge, c'est le feu. J'entends des voitures dont les roues crissent, qui roulent comme folles dans les rues. Les sirènes hurlent. Des clameurs montent. La maison où nous nous cachons est en feu. Elle va s'effondrer. Nous sommes prisonniers dans les souterrains.

« Une foule de gens sortent, poussent les portes des caves ; ils se ruent dans les couloirs, se heurtent, se bousculent, courbés en deux dans les corridors si bas. Déjà la fumée noire les fait suffoquer. Aaron nous entraîne derrière lui. Des pans de murs s'écroulent. Il fait chaud, terriblement chaud. J'ai du mal à respirer. Je serre Rosa contre moi. Hannah, notre cousine, marche à sa suite. Elle me crie : "Avance, Gerhardt, avance !" Mais une poutre tombe. Elle nous sépare. Rosa et Hannah sont restées de l'autre côté, bloquées. Aaron ne le sait pas. Sa main encercle mon poignet, ses ongles s'enfoncent dans ma peau. Je lui crie de s'arrêter, il n'entend pas. Devant nous, le couloir est vide, les cheveux blanchis d'Aaron frôlent le plafond. C'est une sorte de labyrinthe, trois marches ici, quatre là... Nous descendons. Je sais que nous devons nous mettre à l'abri. Je prie Yahvé de sauver ma petite sœur et aussi Hannah, qui a seize ans, et qui est si coquette... À seize ans, on ne peut pas mourir. On a la vie devant soi.

« Soudain, les murs tremblent, le sol s'enfonce, le plafond s'écroule, la poussière, les gravats nous recouvrent. Un grondement terrible. Aaron me chuchote des paroles que je ne comprends pas. Une dernière fois je vois son regard, poignant, terrible. Ses yeux noirs, un regard d'amour, de détresse. Ses lèvres remuent. Je n'entends pas ce qu'il dit. Je n'oublierai jamais, jamais, son visage – le dernier visage que je devais voir avant de mourir. La lampe s'est éteinte. Il fait chaud, il fait noir. Je suis Aaron qui rampe, tâtonne. Il éternue, tousse. La poussière nous empêche de respirer, mais il m'entraîne. Sa main ne lâche pas la mienne. Une explosion retentit. Mon cœur éclate dans ma poitrine. J'ai mal, terriblement mal. Je ne sais plus si j'ai encore un corps. Je glisse dans un trou noir, tombe. Je comprends alors que je suis mort. Je ne sais pas quand, à quel moment. Je suis emporté vers une lumière prodigieuse, intense, magnifique. Elle m'attire irrésistiblement. Je ne souffre plus. Une quiétude merveilleuse me berce. J'entre dans la lumière bleue. Je n'ai plus rien à craindre, plus de pensées. Je suis heureux...

« J'éprouve une béatitude infinie, hors du temps. Et puis une force m'appelle, impérieuse. Je tombe à nouveau. Ma chute s'interrompt dans une bulle obscure et chaude. Où est la lumière ? Je la cherche, je ne la trouve pas. Je suis prisonnier, enfermé dans le ventre de ma nouvelle mère. Pourtant, je – c'est-à-dire mon âme – peux encore sortir, flotter au-dessus d'elle, m'éloigner un peu. Esprit invisible, je contemple son visage, ses longs cheveux. Je la trouve belle, avec ses yeux en amande et ses pommettes saillantes. Je suis content de l'avoir choisie, je l'aime déjà. Elle est douce, se nourrit, me nourrit de laitages et de fruits. Elle chante tendrement, et sa voix me berce. Au-delà, je vois la maison, les arbres, les manguiers, les cases de pisé aux toits de paille un peu plus loin, puis la haute mosquée à la tour de terre et de branches. Des nuages de poussière s'élèvent sous le soleil aride. C'est l'Afrique. J'ai peur de m'égarer, de ne pas pouvoir retrouver ma mère, d'errer sans fin. Le monde me paraît terne. La quiétude du ventre de ma mère est ce qu'il y a de mieux. Je vais m'endormir, oublier. Je ne sais plus pourquoi je suis revenu. Est-ce bien ou mal ? La torpeur m'engourdit. Je sombre dans le sommeil. Huit mois et demi de repos, de silence. La vie du petit Gerhardt Lehmann est une lointaine histoire, la rencontre avec la lumière aussi, bien que la nostalgie m'étreigne encore parfois... »

Jeanlouis poursuit :
« Dans cette vie-ci, je nais au monde avec quinze jours d'avance, je suis pressé de vivre, de revivre. Ma naissance se passe bien. Je retrouve encore cette sensation de tunnel, de chute dans un corridor avec, tout au bout, le jour qui m'éblouit. Mais très vite, je découvre avec horreur mon impuissance. Je voudrais parler. Je ne peux pas. Je suis captif de ce corps que je trouve minuscule, ridicule. Je n'arrive pas à communiquer comme je le voudrais. Je me salis. J'ai honte de moi. J'ai encore l'esprit d'un enfant de douze ans, réincarné dans la chair d'un bébé. C'est un cauchemar. Je lutte pour ne pas oublier. Malgré leur sollicitude, mes parents ne comprennent pas. Je veux qu'ils sachent qui je suis vraiment. Je le leur dirai, dès que je saurai parler. Quand ?

« Je me repose dans mon berceau, à l'ombre d'un cactus géant. Le souvenir, la mort de Gerhardt, est revenu. Je me réveille en sursaut, je pleure, je crie. Ils ne m'entendent pas. Ils ne sont pas là. De toute façon, que pourraient-ils faire pour moi ? Pourquoi ont-ils mis cette serviette rose au-dessus de moi, comme un dais, pour me protéger du soleil ? Elle est striée de rayures noires qui ondulent. Pour moi, ce sont des barbelés. Je vais m'y arracher la peau. Les fils de fer vont me déchirer, me blesser. Au moindre geste, je vais saigner, saigner encore, et il n'y aura plus de différence entre le rêve terrible et la réalité.

« Pourquoi naît-on ainsi, infirme ? Pourquoi n'ai-je pas oublié, comme la plupart ? Je suis né très vieux. Le poids de ma vie précédente pesait encore lourdement sur mes épaules. Je n'avais pas envie de m'amuser comme les autres enfants. J'étais grave, sérieux. Je voulais chercher. Je devais savoir, témoigner. Car ces souvenirs obsédants, cette certitude mystérieuse d'avoir vécu une autre vie ne m'ont jamais quitté. Les images violentes, sanglantes, de la mort du petit Lehmann revenaient sans cesse me troubler, sous forme de rêves, de visions. Du plus loin que je me les rappelle, elles étaient là, toujours aussi réelles, aussi vivantes...

« Chaque nuit, je savais que j'allais redevenir Gerhardt. À peine avais-je les yeux fermés que la sensation revenait. Mon corps se faisait léger. Pris dans un grand tourbillon de lave, je flottais, dérivais le long d'un tunnel noir, dans un souterrain profond. Je sombrais dans le sommeil et je tombais. Le film se déroulait alors, toujours identique.

« Très tôt, je me suis confié à ma mère. Elle ne m'a pas pris pour un enfant inventif. Avec attention, elle m'a laissé lui raconter. Elle m'a écouté. Puis m'a parlé, de la guerre, des rafles, de la déportation, des camps d'extermination où sont morts des millions d'hommes, de femmes, d'enfants. Elle m'a dit sa révolte, – sa famille avait tant subi pendant la guerre – sa peine immense devant la démence.

« La cruauté innommable de ceux qui ont pillé, tué, gazé, massacré la hantait... À cinq ans, je connaissais les noms d'Auschwitz, de Mauthausen, de Treblinka... Ils se sont inscrits dans ma mémoire comme un fer chauffé au rouge. Ils ont rejoint les souvenirs de Gerhardt. Je savais ce que des hommes – des bourreaux – avaient fait subir à d'autres hommes. Je l'avais vécu dans ma chair. Et même si je n'étais plus juif dans ma vie présente, je n'oublierai pas, jamais. Toujours je combattrai cette folie. Je n'aurai de cesse de témoigner. Voilà pourquoi le souvenir ne m'avait pas quitté.

« J'ai grandi, et nous n'en avons plus parlé. Pourtant,

je me souvenais de la maison où vécurent les Lehmann, de leurs meubles, de ma vieille grand-mère qui contait des histoires en yiddish et préparait des *struddel* au pavot...

« Je me souviens encore de ce jour funeste où la famille a dû fuir, mes parents dans un premier camion, moi – Gerhardt – ma petite sœur Rosa, ma cousine Hannah et mon oncle Aaron dans l'autre, cachés derrière des caisses, sous une bâche kaki. Je me souviens de cette fuite interminable, de cette existence que je n'ai pas eu le temps de vivre.

« Tout cela, je ne l'ai pas lu, je ne l'ai pas inventé. Voyageur sans bagages, j'avais emmené avec moi ces souvenirs d'une autre vie...

« J'ai toujours su que Bernard, dans son existence précédente, avait été Aaron.

« Il aura fallu bien des épreuves pour que je me décide à parler, et surtout le décès douloureux de ma mère qui jusque-là avait été la seule dépositaire de mon secret. Sa disparition avait ravivé en moi les souvenirs. Je devais me rassurer, être sûr que la mort n'est pas une fin, que d'autres mondes nous attendent, après.

« Un soir d'hiver, alors que nous nous promenions rue des Rosiers, dans ce pittoresque quartier juif de Paris, j'ai décidé de me confier à Bernard. Soudain, le temps s'est arrêté, est revenu en arrière. Avec émotion, interrompant mes premières paroles, il m'a décrit la maison d'enfance de Gerhardt, puis celle où ils s'étaient réfugiés. Lui aussi, il connaissait chaque pièce, chaque meuble, chaque coin du jardin. Il se remémorait tous les détails : les dessins bleus et jaunes, arabesques entrelacées d'un vase de porcelaine, le portail rouillé... Il se souvenait ! Émus, bouleversés, nous avons renoué le fil de nos vies un instant brisé. La mort n'avait été qu'un passage. Elle ne nous avait pas séparés. Nos souvenirs communs en étaient la preuve. À nous deux, nous pouvions enfin reconstituer le puzzle, en assembler les pièces. Une aventure passionnante commençait. Il nous fallait ressusciter ces vies passées, retrouver l'histoire de Gerhardt et d'Aaron, se pencher sur les mystères de la mort et de l'existence, se rappeler peut-être d'autres vies,

encore plus lointaines dans le temps, où nous aurions déjà été oncle et neveu, père et fils ou bien frères...
L'heure de témoigner était arrivée.

2

D'UNE VIE À L'AUTRE

Bernard lui non plus n'a pas oublié :
« Je suis allongé sur un lit en fer. La tête et le pied sont faits de barres et de torsades entrelacées, qui ont été peintes de couleur crème. La peinture est vieille et jaunie par endroits. Mon regard se pose sur la boule de cuivre qui orne le coin droit du lit. Elle brille, et ma main s'est posée sur elle si souvent. La chambre est plongée dans une semi-obscurité. Une couverture fixée avec des clous atténue la lumière. C'est l'hiver, et nous nous cachons. Rien ne doit laisser supposer notre présence, ni lueur ni fumée. Du papier peint recouvre les murs de la pièce, mélange de roses et d'anémones mauves et jaunes, en bouquets dispersés, reliés par des rubans emmêlés. Les murs sont humides, il fait très froid. Cela ne me gêne pas, mais les enfants en souffrent.

« Nous sommes ici depuis près d'un an maintenant. Nous avons déjà fui et passé la frontière, et nous nous cachons dans cette maison isolée. C'est une belle demeure ancienne autrefois richement décorée, mais plus guère entretenue. Elle est restée inoccupée longtemps, jusqu'à notre arrivée. Avant, nous habitions une haute maison à colombages et au toit pointu, dont les fenêtres s'ornaient de géraniums rouges aux beaux jours. C'était avant, avant la fuite. Nous y vivions tous ensemble, avec ma sœur, mon beau-frère et leurs enfants, et nous avons presque tout laissé, il nous a fallu partir si vite. Il nous faut être prudents, nous ne sommes pas en sécurité. Je suis inquiet.

« Soudain, j'entends un bruit de moteur. Je me lève, dévale l'escalier qui mène au rez-de-chaussée et me précipite hors de la maison. Les deux camions qu'on nous a promis sont là. Nous devons faire vite, toute la famille est prête et attend depuis ce matin. Nos affaires sont dans quelques valises, car nous n'emportons que l'essentiel. Moi, je ne prends que mes objets de culte, les *tefilline*, les châles de prière, les *tallith* garnis de franges, la Tora. Je ne les laisserai jamais... J'ai ouvert le portail et les deux camions sont entrés dans la cour. Ils sont vieux et poussifs. Les bâches du toit et des côtés sont reliées à la carrosserie rouillée par des œillets et des fils de fer. Les camions sont en mauvais état, brinquebalants. Je ne sais pas s'ils nous mèneront à bon port. D'ailleurs, je ne sais même pas où nous allons, mais c'est pour nous protéger, nous sauver. Il paraît que nous ne devons pas savoir...

« Ma sœur et sa famille sont rassemblées devant le perron. Nous nous divisons en deux groupes. Je monte à l'arrière d'un des deux camions avec les enfants. Un espace a été aménagé derrière un amoncellement de caisses : une cache. Nous devons nous y dissimuler. Je connais le conducteur du véhicule. Il est vieux et ronchon, et il doit boire, mais il est gentil. Je peux avoir confiance en lui. Son aide, gros et rougeaud, a une bonne tête. Les gens de l'autre camion ne me plaisent pas, leurs regards évitent le mien. Je me méfie, mais je ne peux en parler à personne, je dois garder cela pour moi. Les enfants s'installent à mes côtés. Dans leurs yeux, je lis l'incompréhension et la peur. Ils sont si jeunes. Pourquoi doivent-ils vivre cela, à l'âge où chaque jour devrait leur apporter bonheur et insouciance ? Mais c'est la guerre et nous devons fuir. Cela dure depuis longtemps déjà. Nous avons peu à peu été séparés du reste de notre famille. J'ai laissé ma mère là-bas. Elle est si âgée, elle n'a pas voulu quitter sa maison. Depuis, nous n'avons plus aucune nouvelle d'elle. Ils m'ont assuré qu'on nous emmènerait tous au même endroit. Un des hommes rouvre les battants qui grincent. Nous sortons. Nous partons. Nous sommes partis. Ont-ils pensé à refermer le portail ? »

Petit à petit, lentement, à leur rythme, nos souvenirs se sont précisés. Nous avons pu retracer à grands traits la vie de la famille Lehmann. Nous avons revécu des moments poignants et ce n'est pas sans une émotion intense que nous pensons à eux et à ceux que nous avons été, Gerhardt et Aaron.

Au fil de nos recherches, de ces retours en arrière, nous avons eu l'intuition très forte, et enfin la certitude qu'Éva-Rosa, la sœur de Gerhardt, la nièce d'Aaron, n'était pas morte en même temps qu'eux, dans l'effondrement de la maison où ils s'étaient réfugiés. Elle n'était pas décédée, mais toujours vivante. Devions-nous nous mettre à sa recherche, tenter de la retrouver ? Nous avons hésité. Rosa ne serait plus la même. Elle aurait vieilli, serait maintenant une femme âgée... Comment réagirait-elle ? Est-il possible de faire ainsi irruption dans la vie de quelqu'un, de bouleverser ses croyances, ses certitudes, sa foi ? Peut-on un jour frapper à une porte et dire : « Nous revenons d'une autre vie... Nous sommes de retour... » Après tout, nous l'avions si peu connue, Rosa, huit années à peine. Se souviendrait-elle même de son frère mort il y a déjà si longtemps, et de son oncle, le rabbin ?

Et puis, Jeanlouis est-il vraiment Gerhardt ? Bernard est-il vraiment Aaron ? Toutes les fibres de notre corps, notre âme, notre esprit, la raison même nous crient : « Oui, bien sûr ! » Mais la vie a continué. Jeanlouis n'est plus tout à fait Gerhardt, ni Bernard tout à fait Aaron. Ni tout à fait le même ni tout à fait un autre.

Avons-nous le droit moral de faire irruption dans la vie de Rosa ? Est-ce nécessaire pour obtenir des preuves ? Et avons-nous réellement besoin de ces preuves ? Sans doute pourrait-elle témoigner, nous soumettre des documents. Mais cherchons-nous à démontrer la réalité de la réincarnation ? Comment devons-nous considérer ce phénomène ? Comme une croyance, un fait scientifique ?

Nous avons pris le parti de respecter l'humain. Nous sommes persuadés que Rosa est toujours en vie. Peut-être rêve-t-elle parfois de nous, nous imagine-t-elle près d'elle... Car le lien ne s'est jamais rompu. Nos chemins se recroiseront-ils un jour ? Si nos retrouvailles ne se font pas, c'est que nous ne sommes pas mûrs, que nos vies doivent rester parallèles – pour un temps encore. Laissons le Divin décider pour nous. Nous nous en remettons à Son bon vouloir.

Quoi qu'il en soit, cette certitude d'avoir déjà vécu ces vies où nous étions tous les deux juifs, nous a profondément transformés. Nous savons que dans cette existence nous devons témoigner. Nous devons écrire, pour dénoncer les horreurs de l'Allemagne nazie, les atrocités de tous ceux qui, dans d'autres pays, ont collaboré. Car il ne faut pas oublier. Jamais. Que cela ne se reproduise plus. Le monstre sommeille. Les hommes se doivent d'être vigilants. L'ennemi sait prendre diverses formes, il est la Gorgone, l'Hydre des légendes dont il faut couper les sept têtes en même temps pour réussir à la tuer.

Nous avons dû assimiler l'intrusion, le réveil de cette partie de nous-mêmes qui se sent juive, qui proteste et qui veut vivre. Nous avons aussi envisagé le principe de la réincarnation. Sans doute Aaron s'était-il déjà penché sur la question. Son âme devait être familière de cette éventualité. Ne lit-on pas en effet dans le Zohar : « Les âmes doivent réintégrer la substance absolue d'où elles sont sorties. Toutefois pour cela, elles doivent développer toutes les perfections, dont la gemme se trouve en elles. Si elles ne satisfont pas à cette condition durant une vie, elles doivent en commencer une seconde, une troisième, et d'autres encore jusqu'à ce qu'elles aient rempli les conditions qui leur permettront de s'unir à nouveau avec Dieu. » Le judaïsme ésotérique admet ainsi le principe de la transmigration des âmes.

À l'époque de ce bouleversement, lorsque nous nous sommes rendu compte que nous avions été si proches autrefois, Bernard exerçait une profession de conseil et utilisait la numérologie, science des nombres qui trouve notamment son origine dans la Kabbale hébraïque. Cette technique lui permettait d'approfondir ses consultations. Jeanlouis achevait ses études supérieures en psychologie et sciences de l'éducation. Nos intérêts communs nous poussaient donc à tenter sans cesse de mieux comprendre l'esprit humain et son fonctionnement. Nous aimions mettre en lumière ces phénomènes inexpliqués, telles la prédiction, la communication à distance par télépathie... Bien entendu, nous savions combien chacun n'utilise qu'une très faible partie des capacités que lui offre son cerveau, de dix à quinze pour cent seulement. Tout cela nous passionnait. Il ne s'agissait certes pas d'un engouement aveugle pour l'ésotérisme. Bernard avait auparavant travaillé sur un autre aspect des chiffres, il avait obtenu en Sorbonne un troisième cycle universitaire de gestion et marketing. Jeanlouis était plongé dans l'étude de Freud et de ses disciples. Notre démarche était donc animée par une volonté de savoir, loin de tout occultisme malsain. Nous poursuivions nos recherches avec un désir de rigueur « scientifique ». Jeanlouis rédigeait d'ailleurs un mémoire d'Université sur l'apport de la numérologie dans le travail du psychologue.

Nous voulions aller plus loin, élargir nos connaissances sur les vies antérieures. Jeanlouis avait eu accès aux souvenirs de sa vie précédente grâce à un rêve récurrent, tandis que Bernard portait en lui des images, sortes de « visions » qui s'imposaient à lui. Il existait donc différentes façons de se remémorer... Nous devions retrouver lesquelles.

Volontairement, nous avons mis de côté toute littérature, tout document concernant la réincarnation. Nous ne voulions pas nous laisser influencer de quelque manière. Il fallait faire table rase et chercher seulement en nous-mêmes, dans nos propres ressources.

Jeanlouis témoigne : « Depuis l'âge de dix ans, j'ai pratiqué le yoga. Je me souviens des premières séances, où nous apprenions à nous relaxer. Très vite, après être devenu lourd comme une pierre, s'être enfoncé dans le sol, mon corps semblait n'avoir plus de poids. Il devenait léger... Les yeux fermés, je flottais, bientôt emporté par un tourbillon qui me menait toujours vers le même passage : un lac aux eaux vert émeraude sur lequel glissait lentement un couple de cygnes. Les couleurs était éblouissantes de beauté. Chaque brin d'herbe, chaque ramure, était enveloppé d'un halo de clarté. Il y avait un petit pont de bois, une modeste maison de bambou, aux murs de papier. Je savais que les pierres sur le chemin de sable renfermaient les âmes de mes ancêtres. C'était un lieu hors du temps. J'en fis mon jardin secret, où je partais par l'entremise de l'esprit me reposer, me ressourcer, écouter chanter le vent et les oiseaux, contempler les poissons dont les nageoires rouges formaient de longs voiles.

« Je ne mettais pas de nom sur ces voyages, je n'en parlais même pas. C'était si simple, si naturel. Plus tard, je devais retrouver ce paysage, où j'avais vécu une longue vie, où pauvre, j'avais été si riche. La plus spirituelle de mes existences, sans doute... »

Le yoga, la relaxation étaient donc des moyens faciles d'accéder à un ailleurs. En outre, le repos corporel est une des clefs de la régression psychanalytique... Allongé sur le divan, le patient se détend, son esprit se détache des contingences quotidiennes. Il peut alors faire resurgir des souvenirs enfouis, de sa petite enfance, par exemple. Ramenés en pleine lumière, les blocages, les tensions pourront être mieux compris, puis s'estomper jusqu'à disparaître...

Nous avons appliqué à nous-mêmes cette méthode et obtenu de nombreux résultats. Très rapidement, nous avons pu retrouver des sensations éprouvées dans le ventre maternel. Puis des images de l'entre-deux-vies nous ont submergés et plongés dans le temps qui sépare une mort d'une renaissance, temps que, pour notre part, nous avons vécu au cœur de la Lumière, dans une béatitude infinie. Nous avons basculé dans des vies passées. Peu à peu nous avons développé une technique personnelle, simple, qui se présenta spontanément à nous. Technique pour laquelle nous avons conservé le terme de « régression », utilisé en psychanalyse. Dans le chapitre suivant, nous vous relatons comment se déroule une de ces expériences, telles que nous avons pu en vivre. Nous avons retrouvé chacun de nombreuses vies antérieures. Nous avons pu reconstituer l'existence de ceux qui furent autrefois nous-mêmes. Puis notre démarche nous a entraînés plus loin, à la découverte d'autres mondes, d'autres univers...

3

LA RÉGRESSION

Nous n'avons jamais eu besoin de mise en scène et n'avons jamais fait appel à d'autres qu'à nous-mêmes pour effectuer nos régressions. Il n'existe pas en la matière de recette infaillible, et les matériels les plus étranges et sophistiqués peuvent se révéler un mal plutôt qu'un bien. Certains professionnels de la régression se servent de lunettes spéciales, de caissons à isolation sensorielle ou de casques stéréophoniques bardés d'électrodes. Nous n'avons pas essayé ces méthodes car nous n'en avons jamais éprouvé le moindre besoin. Pourquoi faire compliqué lorsqu'on peut faire simple ? Nous évitons de même la musique, qu'elle soit classique ou apparentée au Nouvel Âge. Par l'intermédiaire de l'ouïe, des impressions extérieures peuvent interférer dangereusement. Ainsi, des chants grégoriens suggèrent trop fortement une époque ou un lieu sacré, et introduisent des déviations. Une musique à base de bruits d'eau ou de cris de mouettes peut par trop orienter la régression en créant un décor.

Parce que nous l'avons toujours ressenti comme étant approprié – mais c'est à chacun d'essayer et de juger – nous utilisons quelques éléments ayant pour mission d'apporter le plus grand calme, la plus grande sérénité. Aussi est-il nécessaire de se trouver dans une pièce silencieuse où tout bruit provenant de l'extérieur sera exclu ou au moins très atténué. Fenêtres et volets sont fermés. Idéalement, les fenêtres doivent être pourvues d'un double-vitrage, la pièce se situe dans un lieu à la campagne ou donne sur cour, plutôt que sur une rue à grande circulation. La pièce sera plongée dans l'obscurité ou la semi-obscurité, ambiance favorable à la décontraction du corps et de l'esprit. Aucune perturbation, lumineuse ou sonore, ne doit intervenir durant le temps de la régression. La prise de téléphone sera débranchée, de même que l'interphone. Aucun appareil ménager, machine à laver ou cafetière électrique, ne doit fonctionner. Il est même préférable de neutraliser un radio-réveil à affichage digital dont les vibrations inaudibles au conscient peuvent être perçues par l'inconscient. En fait, plus l'environnement sera calme et silencieux, et plus intéressants seront les résultats. Nous allumons toujours une bougie, symbole de force de vie, mais il s'agit d'une option personnelle, donc non obligatoire. Avant le début de la régression, fixer la bougie allumée permet de se centrer, de méditer et d'apporter le calme intérieur. Nous faisons aussi brûler un bâton d'encens d'un parfum élu. Certains sont subtils et doux, d'autres plus capiteux : chacun doit le choisir à son gré, quitte à effectuer des essais préalables, afin de ne pas en être incommodé. Il est bon de créer une atmosphère de recueillement.

Nous enregistrons les régressions à partir d'un magnétophone installé dans la pièce voisine, le bruit d'enroulement de la bande magnétique pouvant à lui seul se révéler un handicap, ainsi que l'opération de mise en marche. Il suffira que le fil du micro soit assez long, ainsi que la durée de la cassette. Compter une bonne heure n'est pas superflu.

Nous y voilà. Nous disposons un coussin destiné à recevoir la tête de celui qui va effectuer le voyage dans le temps. Le coussin n'est pas trop épais afin de ne pas apporter de tension au niveau du cou et des premières vertèbres cervicales. On s'allonge sur un lit ou un tapis très épais et on défait sa ceinture si elle est trop serrée. Pour un confort idéal, il est bon de disposer une couverture sur soi afin de ne pas éprouver une sensation de froid lorsque le corps se décontracte.

Les conditions extérieures idéales sont réunies, la bougie allumée, le bâton d'encens se consume. Le magnétophone est prêt à être mis en marche. Bernard est le voyageur, Jeanlouis est assis en tailleur, près de sa tête, en retrait. C'est lui qui va mener la régression dans un premier temps. Bernard, allongé, se contente de suivre ses indications. Jeanlouis parle d'une voix très douce sur un ton monocorde, pour faciliter la mise en état de relaxation.

Jeanlouis : « Tu vas décontracter chaque muscle de ton corps, chacun de tes membres, afin de parvenir à un état de relaxation profonde, stade intermédiaire entre la veille et le sommeil, mais tu éviteras de t'endormir. En procédant ainsi, tu seras à la fois ici, par le biais de ton corps, alors que ton esprit aura accès à un autre monde, celui d'une de tes vies passées. Tu dois rester détendu tout au long de ta régression, car il ne peut rien t'arriver de mauvais, quelle que soit la situation. C'est toi qui vivras ce retour en arrière, et tu pourras décider de revenir dans l'ici et maintenant lorsque tu le voudras, selon ta volonté.

« Écarte légèrement les jambes l'une de l'autre, allonge les bras le long de ton corps. Tes pieds sont détendus ainsi que tes mains, dans la position la plus confortable possible. Ta tête repose sur le coussin et tu pourras la bouger comme chacune des parties de ton corps si tu en éprouves l'envie.

« Commençons par décontracter ta jambe droite et déjà ton pied droit. Détends tes orteils, les uns après les autres, tu peux les remuer pour ensuite les laisser se détendre. Ton pied trouve la position qui lui convient le mieux. Ta cheville se relâche à son tour, dénoue les tensions. Prends le temps qu'il faut, fais cela à ton rythme. Ton mollet se détend maintenant, doucement, puis ton genou, ta cuisse, ta hanche, jusqu'au bassin. Ta jambe droite est parfaitement relaxée, elle devient lourde, de plus en plus lourde...

« Passons à ta jambe gauche : même processus que pour la droite. Les orteils tout d'abord, le coup de pied, puis la cheville. Ton pied tombe dans la position de relâchement idéal. Remonte par la pensée le long de ta jambe gauche. Le mollet se détend..., puis le genou..., puis la cuisse..., la hanche..., jusqu'au bassin. Ta jambe gauche est lourde, très lourde, tu ne la sens plus, elle est endormie.

« Chacun des doigts de ta main droite se détend, chaque phalange. Le pouce..., l'index..., le majeur..., l'annulaire..., l'auriculaire. Puis la paume de ta main se décontracte..., Puis le poignet..., l'avant-bras..., le coude..., le bras..., jusqu'à l'épaule. Ton bras devient lourd, et tu ne le ressens plus du tout.

« Passons à ton bras gauche. Chacun de ses muscles se détend peu à peu. Les doigts d'abord : pouce..., index..., majeur..., annulaire..., le petit doigt. Chacune des phalanges est merveilleusement décontractée. La paume de ta main gauche se détend et l'on remonte peu à peu. Le poignet, les muscles de l'avant-bras..., le coude..., le bras..., l'épaule. Ton bras gauche devient lourd, très lourd, de plus en plus lourd.

« Remontons maintenant de ton bassin à ton cou. Ton bassin se détend. Il s'enfonce dans l'épaisseur du matelas, comme s'il devait le traverser. Puis chacun des muscles de ton ventre se délie. Tes viscères se dénouent. Suis par la pensée tous les éléments qui participent au transit intestinal, tout s'apaise à l'intérieur de ton ventre. Ta poitrine se détend. Tu respires doucement, calmement, le plus doucement et le plus tranquillement possible. Ta respiration est régulière. Tu sens le poids de ton torse qui pénètre dans le lit, lourd, de plus en plus lourd.

« Tes épaules se dénouent, tu ne ressens plus aucune tension. Ton cou se relaxe peu à peu, ses crispations disparaissent l'une après l'autre. Ton cou est parfaitement détendu. Enfin, ta nuque se décontracte.

« Chaque muscle de ton visage s'apaise. Ta mâchoire tout d'abord, elle se débloque. Tes lèvres s'entrouvent. Les muscles de tes joues à leur tour, puis ton nez. Ton visage se détend peu à peu. Tes yeux..., puis ton front, qui dénoue toute tension. Le sommet de ton crâne se décontracte à son tour. Chaque muscle de ton visage est tout à fait détendu, ta tête est lourde, de plus en plus lourde.

« Toutes les parties de ton corps sont maintenant relaxées. Tes pieds, tes jambes, tes bras, ton bassin, ton buste, ton cou, ta nuque, ta tête... Tu es extrêmement détendu, de plus en plus calme, de plus en plus lourd : tellement que tu ne peux plus bouger.

« Tu respires librement, à ton rythme. Chaque respiration t'apaise. À chaque inspiration, à chaque expiration, tu es de plus en plus détendu. De plus en plus lourd.

Ton corps tout entier est lourd, il s'enfonce dans le matelas. Tu es bien, tu as chaud.

« Continue de respirer à ton rythme, puis concentre ton esprit sur un point qui se trouve entre les deux yeux, à la base du nez et au début du front, c'est le troisième œil. Focalise tout ton esprit sur ce point. Tu vas voir apparaître un point bleu, minuscule. Il apparaît, tout petit, et il va grandir, grandir, il est d'un bleu intense et merveilleux, très brillant, il évolue à chaque instant. Il devient une sphère bleue. Tu deviens cette sphère, tu deviens cette boule bleue. Cette boule d'un bleu magnifique devient de plus en plus grande. Peu à peu elle t'enveloppe, elle absorbe ton corps tout entier. Elle baigne tes pieds, enveloppe tes jambes, tes hanches, tes mains, tes bras, ta tête. La sphère baigne tout ton corps dans sa lumière bleue, tu es la sphère, tu es la boule bleue. Tu irradies une fabuleuse couleur bleue. Tu es léger, tu flottes, tu n'as plus de poids. Cette sphère te protège. Elle va te guider dans ton voyage. C'est une amie, elle fait corps avec toi. Sens cette boule bleue, ressens que tu es bien cette sphère. Continue à respirer calmement. Tu deviens si léger, tu dérives, tu tombes dans un tunnel obscur. C'est une voie d'accès qui va s'ouvrir sur d'autres parties de toi-même. Lorsque tu l'auras décidé, lorsque tu seras prêt, tu pourras avancer dans le tunnel qui va t'absorber. Commence à t'habituer à l'obscurité, regarde devant toi, à ta droite et à ta gauche. Tu vas discerner des portes, toutes différentes les unes des autres. Lorsque tu auras trouvé celle qui te plaît le plus, qui t'attire, tu t'arrêteras. Prends ton temps, chemine dans le tunnel et tiens-toi devant la porte que tu désires ouvrir. Lorsque tu seras prêt à entrer, dis-le moi et décris-moi cette porte. »

Bernard : « Je flotte dans ce tunnel, je vois des portes, mais pour le moment je n'ai pas envie de m'arrêter... Je m'approche d'une ouverture dans le tunnel. Il n'y a pas de porte, c'est un orifice, de la grandeur d'un homme. C'est là que j'ai envie d'entrer. »

Jeanlouis : « Tu peux franchir cette ouverture, tu le feras lorsque tu en auras envie. »

Bernard : « Je suis entré. C'est bizarre, je ne vois rien,

tout est sombre, mais je sens surtout une odeur étrange, qui me prend à la gorge. Il fait chaud et c'est très noir. »

Jeanlouis : « Peu à peu, tu vas t'habituer. Lorsque tu le pourras, regarde tes mains, ressens-les, bouge tes doigts. Tes yeux vont s'accoutumer à cet ancien corps physique, lentement, très doucement et tu commenceras à voir certains détails. »

Bernard : « Je vois mes mains. Mes doigts sont fins, ma peau est mate, je tiens un objet de métal dans chaque main. Je ne sais pas ce que c'est. »

Jeanlouis : « Peu à peu, tu vas discerner ce qui t'entoure, lorsque tes yeux se seront habitués à ton corps. Peux-tu me dire comment tu es habillé ?

Bernard : « Mes bras sont nus, ainsi que mon torse et mes jambes. Je porte un pagne autour des reins, une pièce d'étoffe légère, ce doit être du coton ou du lin. Je m'habitue doucement à la lumière. Je suis agenouillé ou plutôt assis sur mes talons. Mes genoux reposent sur une surface un peu rugueuse mais très meuble. C'est du sable. Oui, je suis agenouillé sur du sable.

« J'essaie de regarder autour de moi, mais le lieu n'est pas très éclairé. Plusieurs points lumineux se précisent. Ce sont des torches. Elles sont fichées dans le sable. Elles dégagent un peu de fumée. Ce qui m'impressionne surtout, c'est l'odeur que je respire. Une odeur âcre et sucrée en même temps, une odeur entêtante. Les torches éclairent mieux la pièce. Ce n'est pas le mot adéquat d'ailleurs, on dirait une grotte, une caverne, les parois sont faites d'un assemblage de pierres, et l'endroit est sombre, très sombre. Aucune clarté ne provient de l'extérieur. Simplement celle des torches et cette odeur si puissante. Je regarde mes mains de nouveau. Je tiens deux objets en métal, des outils, mais je ne sais pas ce dont il s'agit. L'un des deux ressemble à une pince, faite de deux pièces assemblées qui coulissent l'une dans l'autre. Le deuxième a tout l'air d'un couteau ou d'un rasoir. »

Jeanlouis : « Y a-t-il d'autres personnes, d'autres objets dans cette pièce ? »

Bernard : « Je tourne la tête légèrement vers la gauche. Je vois quelqu'un, accroupi par terre, qui écrit sur un rouleau. C'est un homme assez gros. Et puis il y a un autre personnage à ma droite, à qui je fais passer les instruments. Une étrange atmosphère de recueillement emplit l'endroit. Ce silence, quelques petits bruits métalliques, cette odeur lourde, aucune parole n'est prononcée. L'homme à qui je tends les outils est habillé, il a l'air sévère et très concentré. Je lui donne presque automatiquement ce dont il a besoin, il n'a qu'à avancer la main. Je comprends à présent. C'est un embaumement. L'embaumeur est à mes côtés, il travaille sur un cadavre. Cela ne me gêne pas, ne me fait pas peur. Je l'aide. Je suis son aide. Nous préparons le corps pour la cérémonie des funérailles. Le scribe, l'autre personnage, doit écrire des formules magiques destinées à protéger l'âme du défunt. Il fait aussi une liste, celle des objets précieux et utilitaires que nous devons mettre à l'intérieur ou autour du corps que nous embaumons. Cela semble très important, très rituel aussi.

« Je vois plus loin un sarcophage en pierre. Non, ce n'est pas un sarcophage, mais une grande cuve, un bassin plus long que la taille d'un homme. Il est rempli de saumure noire et destiné à recevoir le corps pour le purifier.

« Je me rends compte que je participe régulièrement à de tels préparatifs. À côté de moi sont posés d'autres instruments : une pierre tranchante, une longue tige recourbée en métal. Derrière se trouvent des récipients qui ressemblent à des jarres. Nous y mettons les organes nobles que nous enlevons des cadavres. Je distingue dans l'obscurité du tissu blanc, il s'agit de celui dans lequel on confectionne les bandelettes dont on entoure les corps.

« Des scènes se déroulent devant mes yeux. Je fais toujours la même chose, je donne et je reçois les outils pour embaumer les cadavres, je prépare, je nettoie. Je ne serai jamais embaumeur moi-même. Je le sais, je resterai toujours un simple assistant. Cela se passe en Égypte dans des temps très anciens. Ce n'est pas particulièrement fastueux, nous sommes dans une lointaine province, et il s'agit de petits notables locaux ou de fonctionnaires, mais ni de princes ou de pharaon. Je suis un aide-embaumeur, dans une lointaine province. J'ai compris.

« J'ai envie de revenir maintenant car au fond de moi-même, je sais qu'il ne se passera jamais de choses extraordinaires dans ma vie. J'aurai passé tout mon temps auprès des morts. Je préfère arrêter et rentrer, cela ne me gêne pas, je n'ai plus rien à comprendre... »

Jeanlouis : « Tu vas reprendre le tunnel que tu as emprunté tout à l'heure. Il est devant toi et la sphère bleue te protège, elle t'escorte durant tout ton voyage. Prends tout ton temps. Lorsque tu auras été suffisamment baigné par la présence de la boule bleue, tu pourras réintégrer ton corps. Tu rentreras dans ton corps physique par le sommet de ton crâne, par ce que les hindous appellent le chakra Sahasrara. C'est par ce point que ton âme s'était momentanément éloignée de ton corps actuel. Ne t'oblige pas à aller vite, ne brûle pas les étapes. Lorsque tu seras revenu, tu pourras recommencer à respirer normalement, régulièrement. Lorsque tu auras récupéré tous les esprits, tu pourras t'étirer et bâiller si tu en as envie. Voilà, tu auras alors terminé et tu te retrouveras dans ta vie présente. »

Nous échangeons ensuite quelques commentaires. La bougie a été soufflée, le bâton d'encens s'est éteint tout seul, et nous arrêtons le magnétophone. La régression aura duré plus de trois quarts d'heure.

Bernard : « J'ai eu la très nette impression qu'il s'agissait bien de moi. Je ressentais ce corps comme étant le mien. Je devais avoir une trentaine d'années. J'avais l'impression d'avoir fait ces gestes depuis toujours, d'avoir été élevé et éduqué dans ce sens, et toute ma vie a dû se dérouler dans ces atmosphères lourdes, avec ces odeurs étranges, fétides, âcres et très parfumées en même temps. Une vie passée à côtoyer la mort et les cadavres, dans des chambres funéraires, des tombes... »

Jeanlouis : « Cette régression t'apporte-t-elle des éclaircissements sur ta vie actuelle, y vois-tu des aspects karmiques ? »

Bernard : « Peut-être par rapport à l'idée de la mort, qui ne m'effraie pas.

« J'ai eu fondamentalement l'impression d'avoir passé une vie à exercer une profession très simple, d'avoir appartenu à une caste inférieure. Je n'étais ni pharaon ni grand prêtre, mais simplement aide-embaumeur, même pas embaumeur en titre. Une leçon d'humilité peut-être... J'ai cependant dû être un peu sorcier aussi et toucher quelque peu à la magie. Dans cette vie comme dans d'autres, je me suis une nouvelle fois retrouvé dans une situation où la dimension sacrée, religieuse est importante, puisque l'embaumement est lié à la mort et aux cérémonies qui accompagnent les défunts. J'étais mêlé aux nombreux rites et rituels, je participais aux prières, à l'adoration des dieux. Et puis, cette profession allait de pair avec beaucoup de retenue et de sérieux.

« Je n'ai pas non plus l'impression d'en avoir hérité un karma négatif. J'ai su effectuer ma tâche très consciencieusement. Son envergure n'était pas démesurée, mais je devais en être heureux. Oui, je crois avoir été épanoui au cours de cette vie malgré sa simplicité apparente. J'ai dû avoir beaucoup de temps pour penser, réfléchir et méditer. Je crois aussi avoir été très fortement influencé par toutes les cérémonies d'accompagnement des morts, les pratiques religieuses, toute la magie environnante... »

Jeanlouis : « Tu as visité l'Égypte. As-tu eu cette sensation d'y avoir déjà vécu autrefois et où ? »

Bernard : « J'ai effectué un long voyage en Égypte, il y a une dizaine d'années, et il m'a très fortement bouleversé. Je me souviens en particulier des quelques jours passés dans la région de Louxor, dans le Sud. J'étais certain de ne pas me trouver là comme un simple touriste, et que j'allais revoir des choses déjà vues autrefois, des gens peut-être...

« Je n'ai pas pu descendre dans le tombeau de Tout-Ankh-Amon, dans la vallée des rois, quelque chose d'impérieux m'a retenu, empêché de le faire. Et à quelque distance du tombeau de la reine Hatchepsout, qui ressemble davantage à un palais qu'à une sépulture, se trouvait un sarcophage ouvert, sans couvercle. Tel un automate, j'ai éprouvé le besoin de m'allonger à l'intérieur et d'y rester un long moment. Réaction tout à fait inexplicable. J'ai croisé mes bras sur ma poitrine, fermé les yeux et je suis resté là longtemps, comme mort.

Avec le recul du temps, je me demande si ce périple ne ressemblait pas davantage à un pèlerinage, à un retour aux sources... »

4

NOS AUTRES RÉGRESSIONS

L'Égypte fut, au cours de nombreux siècles, la patrie de tant d'initiés... Jeanlouis retrouva lui aussi les souvenirs de plusieurs vies au pays du Nil, qui se précisèrent au cours de nombreuses régressions. De l'une de ces existences, il se souvient des moindres détails. Le plus souvent, ce sont des actes quotidiens qui resurgissent dans leur simplicité touchante.

« Je suis un petit enfant... Je cours dans un jardin, vers une femme brune, très belle, qui s'agenouille et me tend les bras. Elle est vêtue d'une robe blanche, légère comme un voile. Elle dépose un baiser sur mon front. Main dans la main, nous marchons le long d'un canal couvert de nénuphars en fleurs, éclatants. Ma mère me les désigne et parle des dieux : "Ces fleurs magnifiques sont à l'image de la vérité du monde. Leur racine croît dans la vase, dans l'obscurité, la tige s'étire dans l'eau trouble, et leurs pétales s'ouvrent à la lumière, s'épanouissent et s'offrent au Soleil. Ce sont les trois secrets, mon enfant... Nous sommes comme les tiges, plongés dans l'incertitude. Mais une force en nous nous pousse à grandir. Elle nous attire toujours plus haut, vers le ciel, toujours plus loin. Ne sens-tu pas cette vigueur en toi, qui vibre et ne demande qu'à jaillir... "

« Avec attention, je l'écoute me parler longuement. Ses phrases empreintes de sagesse berceront toute mon enfance. Au fil des retours en arrière, je comprendrai que notre pays est occupé par des étrangers, des Grecs ou des Romains. Nous nous sommes habitués à leur présence et mon père s'en réjouit même, car son commerce est prospère. Je suis l'aîné d'une famille de cinq enfants. J'ai une sœur de treize ans, un frère de douze.

Les deux autres sont encore des nourrissons. Quant à moi, je suis déjà un homme : j'ai quinze ans.

« Aujourd'hui est une journée très importante. Nous posons pour un peintre grec. Mon père, en effet, a tenu à faire réaliser un portrait de notre famille. Il a choisi pour cela un artiste grec, car il voulait que nous apparaissions de face. Les peintres égyptiens ne savent pas dessiner de cette façon-là.

« Nous nous tenons dans l'entrée de notre maison... Je regarde les pilastres ocre, les frises bleues, vertes et or, avec des papyrus et des envolées d'ibis blancs... Mon frère, ma sœur et moi rions aux éclats. Nous sommes très énervés et impressionnés. Les plus jeunes dorment, on ne les réveillera pas. Il faut rester immobile et c'est ennuyeux !... Je porte un pagne de coton qui laisse mes jambes nues, cuivrées. Mon crâne aux cheveux ras est caché sous un turban bleu. Ma sœur et ma mère ont revêtu des robes tissées de fils d'or. Mon père est drapé dans une toge blanche.

« Chacun d'entre nous tient un objet symbolique entre ses mains. Mon père porte trois minces rouleaux de papyrus, qui indiquent qu'il fait des comptes. Ma mère serre entre ses mains une couronne tressée de fleurs d'asphodèles qui représentent la pureté, l'effacement, la pérennité. Moi, j'ai entre les bras une gerbe d'épis de blé qui symbolisent la perpétuation de la vie au sein de la famille, car je suis l'aîné...

« Deux très grands portraits vont être faits, des fresques plus que des tableaux, peints sur bois, de taille imposante. Ils seront installés face à face sur les murs de notre maison. Les personnages seront inversés... Mon père sur l'un regardera ma mère sur l'autre. C'est mon père qui en a décidé ainsi. Comme cela, ils se contempleront pour l'éternité... Je sais que cette peinture a une valeur religieuse, une joie très grande m'envahit. Nos effigies dureront après notre mort. Immuables, elles témoigneront de notre existence. Elles nous rendent éternels... »

En retrouvant la mémoire de nos vies antérieures, nous pouvions enfin mieux comprendre toutes les facettes de nos personnalités actuelles, éclairer toutes les zones d'ombre. Car tout a une origine, un sens, une signification. Ainsi, notre attrait pour les religions, les mystères de la foi, provient d'existences où nous vivions en contact étroit avec le sacré : prêtres, moines, ermites, sorciers ou alchimistes...

Nous avons gardé ces connaissances et cette fascination pour le Divin... En notant nos diverses régressions, nous avons pu clarifier notre pensée, retourner à la source du savoir. Maintenant nous pouvons puiser, au gré de notre volonté, dans chacune de ces vies, et en extraire la quintescence. L'adolescent égyptien que fut Jeanlouis avait bien perçu la leçon cachée dans le portrait familial : la mort n'est rien, les hommes sont immortels. La vie nous apparaît comme une chaîne ininterrompue, un « collier de perles de verre » comme l'a écrit Hermann Hesse, en ajoutant qu'il s'agissait d'un jeu.

Oui, pourquoi ne pas y voir un jeu, auquel nous sommes tous conviés. Seulement, nous devons en apprendre les règles, afin, un jour, de comprendre la leçon... Nous devons tout vivre : joies et peines, souffrances et bonheurs, dénuement et plénitude, abandon, exaltation... Être père, mère, époux, épouse, enfant, vieillard... Nous devons connaître toutes les conditions... Être tout, afin de devenir Un, de s'unir au Divin...

Cette union peut être une grâce. Elle peut revêtir aussi l'aspect d'un sacrifice terrible, d'une offrande sublime, d'un don absolu. Jeanlouis se souvient de sa vie à l'époque précolombienne, dans ce qui deviendra le Mexique actuel.

« Les pavements de jade brillent sous le feu des torches. Mi-enfant, mi-animal, je me faufile d'une colonne à l'autre. Les pilastres de pierre grise sont larges et sculptés. Un rai de lumière jaune transperce parfois la pénombre. La salle est immense et humide. Des algues vertes se dessinent dans les flaques, sur les marches moussues qui montent à l'autel. Des gouttes tombent. Leur chute ponctue le silence. Je frémis, car le temple ressemble à l'antre, à la caverne d'un monstre antédiluvien, un monstre marin aux écailles brunes et argentées, un serpent sanguinaire. Soudain, un cri, terrible, fend les brumes infernales. Les vipères glissent hors des panières d'osier et disparaissent dans l'eau glauque. Les murs lointains renvoient un écho brisé, éparpillé. Ce hurlement sort de ma gorge, s'échappe de ma poitrine. Car j'ai vu. Vu...

« Sous mes yeux écarquillés, au sommet des marches, dans un nuage d'encens, le dieu Zapotek est apparu. J'ai vu le soleil de plumes jaunes auréoler sa tête, j'ai vu son visage brun, son torse puissant paré d'un collier de vertèbres, son sceptre d'or levé, brandi vers moi. Alors, je n'ai pas pu réprimer ce miaulement âpre, ce cri âcre qui a pris naissance dans mon ventre, a jailli de mes poumons, de tout mon corps. J'ai senti mes artères se rompre sous la course folle de mon sang. J'ai senti le poignard d'obsidienne s'abattre sur moi, déchirer mes chairs, ouvrir en moi une brèche. Et j'ai crié, hurlé.

« J'ai reconnu Chipetotek. Sa main tenait l'arme tranchante. Le grand prêtre vêtu de blanc ne tremblait pas. Ses yeux noirs, si sombres, lançaient des étincelles mauves et dorées. Il m'enveloppait de feu. Des milliers d'hommes et de femmes surgirent de derrière les piliers, presque nus. Ils frappaient en cadence dans leurs mains, au rythme de mon cœur. Aveuglé par mon propre sang, je ne sentais plus la douleur, j'étais le dieu, j'étais devenu Zapotek. La peau d'un homme, tendue, servait de tambour et le temple résonnait de heurts, de violence et d'amour.

« Je m'étais échappé de mon corps. Je flottais dans la lumière blanche, éblouissante. Chipetotek m'arracha le cœur d'un geste brusque, rapide, précis. Il le tendit, mit un genou sur le pavement de jade et présenta l'organe rouge à la foule. J'aperçus mon père. J'étais son fils aîné. Une fierté indicible marquait les traits de son visage. Son fils était dieu... Il souriait. Les chants reprirent. L'autel se marbrait d'éclaboussures et les rigoles étaient inondées par le liquide sacré. Des femmes nues, mes prêtresses, dansaient, s'enivraient de l'odeur, du parfum immonde, pestilenciel.

« Sur les marches, un autre enfant s'avançait, encore étonné de cet honneur qui lui était dévolu : offrir sa vie au dieu de lumière, au dieu fauve, à Zapotek. Sur le sol, au pied de l'autel, un masque gisait, une peau de bête avait glissé : c'était tout ce qui restait de moi, l'enfant-chat.

« Les chants montaient en tourbillonnant dans la pyramide à degrés. Chaque voix s'unissait aux autres, se mêlait en un acte charnel, disparaissait pour mieux se fondre. N'en faisant plus qu'une seule, elles s'échappaient par la fenêtre de lumière au sommet du temple.

« Les victimes s'effondraient, titubantes. La cérémonie dura des heures au long desquelles le sang coula à flots. Les mains s'élevaient, les hommes se prosternaient. Les mères se réjouissaient de la mort de leurs enfants, de ce sacrifice à la fois cruel et précieux. Bientôt, il n'y eut plus d'offrandes humaines à présenter au dieu.

« Alors, j'avançai parmi les âmes. Nous nous sommes métamorphosés en un soleil étincelant. Nous avons revêtu les traits du dieu Zapotek. D'un geste, nous avons ramené le long voile attaché à nos épaules et nous avons descendu lentement le grand escalier glissant. Nous sommes sortis, suivis par les esclaves qui rampaient. Chipetotek se tenait près de nous, triomphant. Les fidèles, innombrables, nous acclamaient. La pluie reviendra. La moisson sera bonne, la guerre fructueuse, et les ennemis vaincus... Nous sommes redevenus une sphère de feu et, dans la lumière, nous sommes retournés vers notre Père, le Soleil... »

Profondément ému, Jeanlouis poursuit : « Je n'ai jamais été effrayé par cette civilisation, ces meurtres rituels, j'ai toujours compris qu'il s'agissait d'un don, d'une union aux forces divines, d'une libération... Aujourd'hui encore, lorsque j'entre en méditation, il m'arrive de rejoindre ce temple :

« J'entre dans le corps d'un chat sauvage, d'un fauve tigré et roux, et j'avance entre les piliers sculptés de têtes grimaçantes... Dans la pyramide les lianes s'étendent, enlacent les colonnes brisées, les marches fracassées. Les oiseaux aux plumes bleues et vertes s'invectivent et sifflent. Parfois, un pan de mur s'effondre avec fracas dans les fougères. La forêt avance, le bois craque...

« Je n'ai jamais oublié que nous sommes tous des parcelles, des fragments, des étincelles du dieu. Autrefois, je le nommais Zapotek, mais Il est Un, même s'Il possède de multiples noms. Il se cache derrière une infinité de visages, et cependant, Il est unique. Dieu. »

Jeanlouis ajoute : « Chaque être a aussi un totem, un animal enblématique ou bien un végétal, un minéral qui le représente de manière symbolique, avec ses qualités et ses défauts... Pour moi, c'est le chat. J'ai toujours été fasciné par les tigres, les guépards, les lions... J'admire leur souplesse, leur intelligence... Je sais que cela vient de cette vie-là, où j'étais un enfant-chat... »

Bernard lui aussi a retrouvé son animal-totem : le loup. C'est aussi par le biais d'une régression qu'il a pu l'identifier :

« Le ciel, blanc, s'empare de la forêt profonde, disparaît dans les brumes. Un hurlement, un long cri retentit. Les cristaux de glace résonnent en tombant sur la terre poudreuse.

« Il neige. La première rafale est venue de l'est. Il neige et bientôt la nuit va s'étendre. Le froid est vif, brûlant.

« Le soleil s'est couché. Les flocons tombent, drus, serrés. Tout est si calme. La vie semble s'être arrêtée. Pas un souffle... Le traîneau glisse dans les ténèbres. Je fais claquer le fouet, pour que les chevaux avancent plus vite. J'ai été surpris par la nuit. J'ai hâte d'arriver. J'essuie le givre sur ma barbe. L'angoisse étreint ma gorge. Je tousse, crache puis me frotte les mains. Je m'en veux d'être encore là, à cette heure. J'aurais dû prévoir. Où sommes-nous ? Pas très loin sans doute de l'étape... Les chevaux sont fatigués, ils peinent. L'un d'eux chancelle, se met à boiter. Je tire sur les rênes. Il va falloir nous arrêter.

« Je n'avais pas vu les dizaines d'yeux jaunes qui nous fixaient, regardaient chacun de nos gestes. Les loups. Efflanqués, infatigables, ils suivent le traîneau depuis des heures. Ils attendaient la nuit... De derrière, ils bondissent, se jettent sur Irina, ma femme. Endormie, elle n'a pas le temps de crier. Un grand loup argenté déchire sa gorge. Le sang gicle. La horde se précipite. Ils mordent les chevaux. Attaqué aux bras, aux jambes, je me défends. Je frappe. La lanterne tombe, la flamme s'éteint. Je pense à Irina, qui est enceinte. Est-elle morte ? Je l'appelle. Elle ne répond pas. Irina ! Je ne pense qu'à elle. Je crois qu'elle est sauve, évanouie peut-être. Ils ne l'ont pas tuée, ce n'est pas possible... Ils vont s'enfuir. Nous n'allons pas mourir. Pas encore. Non ! Un coup de griffe emporte ma cuisse. Des langues râpeuses, des museaux froids se pressent. Je tombe, j'entends un cheval qui hennit, un galop... Un voile de sang inonde mes yeux, ma bouche. La neige recouve mon visage. La fraîcheur me réveille. Je tombe dans un puits sans fond. Je sens mon âme qui dérive, qui s'échappe. Je n'ai plus mal. La douleur atroce des morsures a disparu. Les jappements et les cris me parviennent étouffés. Puis c'est le calme, le silence. Paisible, je m'envole au-dessus des arbres... Je vois les bêtes furieuses s'acharner sur mes membres disloqués. La peur surgit de nouveau quand je vois le cadavre de ma femme éventrée. Mais Irina est toujours vivante, elle est là, près de moi, invisible.

« Impassibles, nous regardons les loups dévorer nos corps inertes. Nous n'éprouvons rien, juste une infinie lassitude. D'ailleurs, une lumière avance vers nous, douce, très douce. Nous allons la rejoindre, disparaître en elle...

« Après, je ne sais pas exactement ce qui s'est passé. Je me suis retrouvé dans le puits. Je suis tombé. La chute était interminable. J'ai vu une louve grise, une de celles peut-être qui rôdait encore près du traîneau...

« Je me suis réincarné en loup. Oui, j'étais un animal, un loup solitaire... J'aurais dû, après cette mort terrible, avoir peur de ces animaux, les haïr. Au contraire, je m'en sens très proche. J'ai été successivement la victime et le meurtrier, l'homme et l'animal. J'ai compris les loups, leur faim, leur peur aussi. Leur perception. J'ai beaucoup appris. Instinctivement, je trouve encore en moi des comportements innés, qui viennent de là. De la force, la force de vaincre... »

Y a-t-il une hiérarchie dans la création divine ? Dieu n'a-t-il pas fait de tous les êtres qu'il a façonnés des égaux ? Notre âme peut-elle glisser d'un corps animal à celui d'un homme ? L'humain est-il si différent de la bête ? Pour notre part, nous avons vécu ces métamorphoses naturellement, sans heurts et sans problèmes. Elles nous ont à chaque fois enrichis. Car les animaux ont beaucoup à nous apprendre. Retrouvons la sagesse des Indiens d'Amérique qui savaient que tout est Un, que l'on ne peut rien dissocier, et que toutes les créatures sont sœurs.

C'est le sentiment que nous avons eu en revivant toutes ces vies qui furent les nôtres : la certitude de l'Unité profonde qui tous nous relie, à nos amis comme à nos ennemis. Il nous faudrait écrire un autre livre pour relater toutes les expériences que nous avons pu vivre. Tant et tant d'existences à chercher, à errer sans comprendre, à vouloir savoir, puis la découverte de la lumière, du chemin vers Dieu. Nous avons vécu une infinité de vies...

5

IBN ARABÎ, L'AMI INTÉRIEUR

Il se manifesta en rêve. C'était il y a quelques années, alors que, bouleversés, nous venions de retrouver avec certitude nos existences antérieures, celles du petit Gerhardt Lehmann et du rabbin Aaron.

Il surgit au milieu de la nuit, tandis que Jeanlouis était endormi au cœur de Paris et rêvait :

« Je marchais dans un enchevêtrement de ruelles, m'arrêtai sur le pas d'une maison. Mes doigts, d'instinct, caressaient le bois de la porte en ogive, et les arabesques sculptées. J'ouvrais, descendais quelques marches, me penchais sur la fontaine, aspergeais mon visage d'eau fraîche, y lavais mes bras, mes mains et mes pieds. Il faisait nuit, et le parfum des roses murmurait dans le patio. Des palmes crissaient sur les murs blancs éclairés par la lune, haute, majestueuse et ronde. Des hommes vêtus de djellabah étaient assis en cercle. Ils m'attendaient. L'un d'eux se leva. Son regard resplendissait de lumière. Je ne le reconnaissais pas, et pourtant ses traits m'étaient familliers. Il me serra dans ses bras : "Que Dieu tout-puissant soit avec toi !... Je t'avais dit que nous nous retrouverions..." Je m'assis près de lui. La prière commença.

« Mes lèvres fredonnaient une douce mélopée, qui me berçait. Mon corps semblait n'avoir plus de poids... Quelques instants s'écoulèrent, hors du temps. J'ouvris les yeux, soudain envahi d'une sérénité bienfaisante. Sans un mot, nous nous prosternâmes, nous levâmes. Le jour avançait sur la ville entourée de ses grands murs ocre. Ses premiers reflets s'étiraient en vagues bleues dans les anfractuosités de l'argile craquelée. Ils faisaient reculer l'ombre des hautes tours, chassaient les spectres de la nuit. Les coqs chantaient et déjà le guetteur avait ouvert les portes. Dans un nuage de poussière, les marchands se pressaient, suivis de leurs mules grises, chargées de paniers d'où débordaient les fruits de leurs récoltes. Les couleurs ruisselaient, le jaune vif des citrons rivalisait d'éclat avec le vert des pastèques. Des vieilles femmes voilées de noir serraient entre leurs doigts noueux des bouquets de menthe fraîche. Des adolescents à la peau mate, aux joues cuivrées, couraient entre les dromadaires, sur la place, où l'on déroulait déjà les nattes de paille tressée, où les voix fusaient de toutes parts. Une grenade glissait d'une corbeille et éclatait. De ses grains rouges semblait perler le sang. Les rumeurs de la vie montaient vers le ciel, s'élevaient en tourbillonnant vers le soleil.

« Dans la maison blanche, l'homme qui m'avait embrassé s'approcha de moi. Je le regardai, et mes yeux ne pouvaient se détacher des siens. La gorge nouée, je balbutiai : "Mais qui es-tu ?" Il sourit. "Voyons, Mehdi, tu ne me reconnais pas ? Tu ne te souviens plus de moi ?..." Je ne me souvenais pas. "Je suis celui qui est venu te dire où est le Centre, pour qu'à ton tour, tu puisses le leur dire..."

« Je tendis le bras vers lui, demandai : "Qui es-tu ?" "Je suis un vagabond, Mehdi, je traverse les siècles, et je vais de ville en ville et de vie en vie porter la Nouvelle. Je m'installe sur les places ou dans les cours et je conte les récits des pères de nos pères."

"De quelle nouvelle parles-tu, ô vieil homme ?"

"De Sa présence en toute chose, Mehdi... De Sa présence..."

« Les compagnons avaient disparu dans l'ombre. Nous étions seuls. L'eau chantait sur le marbre de la fontaine. Je vis qu'il allait partir, et ma main se serra sur son bras. "Je reviendrai demain, Mehdi... Au plus profond de la nuit, quand la lune éclairera les ténèbres."

"Je t'attendrai..." »

Jeanlouis s'éveilla de ce rêve étonné, animé d'une joie intense, d'une immense allégresse : « Le monde était inondé d'une clarté céleste. Mais qui était cet homme qui me connaissait si bien, m'appelait Mehdi – un autre prénom que le mien. Pourquoi l'aimais-je tant, comme un ami très cher, un frère ou bien un père ? Tout le jour, je cherchai en vain dans mes souvenirs. Je voyais son visage nimbé d'ondes bleues, scintillantes et vives, mais je ne lui donnai pas de nom. Qui était-il ? J'attendis le soir avec impatience et émotion. J'étais si sûr de le retrouver en songe.

« Et il revint. Alors, comme autrefois, mes lèvres tremblèrent, et je le reconnus : "Muyyi ed din Ibn al Arabî !" Le voile de l'oubli se déchira devant mes yeux. Je sus qu'il y a des siècles, le temps d'une autre vie, j'avais été Mehdi. Que d'années, de jours et de nuits, il m'avait fallu pour que les souvenirs resurgissent, que la mémoire me revienne ! Et pourtant je ressemblais tant à Mehdi, qui fut un autre moi-même... La même peau, les mêmes yeux noirs, les mêmes cheveux de jais, le même corps. Mon âme avait à nouveau tissé des vêtements charnels qui m'étaient familiers. Je retrouvais ma vie aux portes du désert, je me souvenais des bêlements de mon troupeau, des tempêtes de sable et du soleil au-dessus des dunes.

« Ainsi, chaque nuit, au long des rêves, je retrouvais Ibn Arabî dans la pénombre d'une maison blanche. Les palmiers s'enlaçaient au-dessus des terrasses. Le vent, inlassable, sculptait l'infini. Comme autrefois, je m'asseyais auprès du maître, sur le tapis de prière. Il passait une main dans sa barbe blanche, toussait. Sa voix rauque, chaleureuse, contait alors des récits de lumière. Que de fois je l'ai écouté, heureux, confiant, émerveillé. Il fit revivre pour moi l'histoire du monde. Il me parla du Déluge, de l'Apocalypse, puis de la renaissance des hommes, de leur pacte avec Dieu, d'Ibrahim et de Sara... Il me parla de Son Amour, de Ses Envoyés et de Ses Prophètes. Il m'apprit à lire le futur et à me souvenir du passé. Il m'apprit à creuser des brèches dans le mur de l'oubli, et à retrouver la clarté. Il enseigna à mon âme comment quitter mon corps, s'envoler avec la sphère bleue, glisser dans le temps et voyager dans l'espace... Il m'a montré la Voie. Sans cesse, dans le jour, et dans la nuit, il se tenait, invisible, auprès de moi. Il me dit : "Tu es le gardien du Verbe, Mehdi, pour les siècles des siècles..."

« Et, chaque nuit, avant l'aube, je devins son scribe. Je m'efforçai d'écrire ce qu'il m'avait conté dans mes songes et d'être fidèle à sa parole. Ses récits se sont assemblés, ont pris vie. Ils sont devenus un livre. Où tout est vrai et où rien n'a été inventé. Chaque instant, je l'ai vécu, chaque mot, je l'ai entendu.

« Le souvenir de Mehdi en moi avait refait surface. En moi se côtoyaient maintenant les contraires, ces frères ennemis, le mulsulman et le Juif, enfin réconciliés. Les différences s'étaient effacées.

« Je n'avais jusque-là dans ma vie témoigné que d'un relatif intérêt pour la culture arabe. J'ignorais le nom de ce vieil homme barbu, Ibn Arabî. C'est en voulant en savoir plus, poussé par la soif de connaissance, que je me dirigeai au hasard dans la bibliothèque de Beaubourg. Ma main qui caressait les volumes en saisit un : l'auteur en était Ibn Arabî ! Il avait donc réellement existé... Le cœur battant, je feuilletai le livre, intitulé *La Sagesse des prophètes*, et retrouvai avec émotion le même ton, sa voix à la fois sourde et limpide résonnait à mes oreilles. Malgré la traduction – je ne connaissais alors pas un mot d'arabe – malgré l'environnement moderne, le brouhaha des Halles, je fus un instant transporté à nouveau auprès de lui.

« Ibn Arabî, al shayk al akbar, le plus grand des shayk, devint mon ami, mon guide, mon maître, m'entourant de son affection, de son amour à la fois paternel et fraternel. Je devins son disciple. Il m'entraîna à sa suite dans sa quête de vérité. Toutes ces images étaient, elles aussi, très familières à Bernard. Avait-il vécu en Orient au XIIe siècle ?... Bernard n'a jamais voulu élucider cette question, répondant à mes interrogations par un sourire énigmatique. Quoi qu'il en soit, j'ai compris que, qu'elles qu'aient été ses vies antérieures, le sage garde humilité et modestie. Qu'importe, au fond, d'avoir été pharaon ou grand prêtre dans d'autres siècles ! N'y a-t-il pas déjà trop d'illuminés qui le proclament par simple orgueil ? Ce qui compte, c'est celui – ou celle – que nous sommes ici et maintenant, celui – ou celle – que nous sommes au-delà de nos apparences corporelles successives. Qu'importe alors si nous avons revêtu des tuniques de soie, une robe de bure, des étoffes tissées de fils d'or ou d'argent, puis des haillons. Ce ne sont que des vêtements. L'essentiel est ailleurs ! »

Jung nous soufflait qu'Ibn Arabî était l'image de notre Soi, de notre Centre, de notre totalité psychique. Ne dit-il pas dans *L'Âme et le Soi*[1] : *Il en est auquel l'ami apparaît sous les traits du Christ, ou de Khider, ou d'un gourou, visible ou invisible. Il peut encore se manifester sous la forme de quelque guide à l'échelle individuelle ou collective...* Ibn Arabî était donc notre « ami intérieur », le symbole de notre Soi.

Ce contact bouleversant, étonnant, n'était pas si extraordinaire que cela. Il ne s'agissait ni d'imagination débordante ni de folie. Jung l'affirme ainsi [2] : *Il n'est pas nécessaire d'avoir l'esprit dérangé pour entendre sa voix. C'est au contraire la chose la plus simple et la plus conforme à la nature. On peut par exemple se poser une question, et recevoir de lui une réponse. Les pensées alors s'enchaînent comme dans une conversation ordinaire.*

C'est bel et bien une véritable conversation qui s'instaura entre Ibn Arabî et nous. Nous l'interrogions, et il nous répondait. Le plus souvent pourtant, il devançait nos pensées. Patient, attentif, il veillait sur nous.

Grâce à lui, Jeanlouis retrouva spontanément toute la mémoire de cette vie précédente où il s'était appelé Mehdi. Avec une grande, une intense émotion, il revit les visages de ceux qui furent les siens autrefois. Son père, Abderrhaman, le potier, penché sur son tour. Sa mère, si douce, si tendre, au chant envoûtant qui cousait auprès de Rhada, sa cousine. Jeanlouis se souvint de sa jeune sœur Aïcha qu'il avait attendue avec tant d'impatience, de son frère de lait, Tarek, avec qui il joua si souvent dans leur enfance. Nés le même jour, ils étaient si proches... De la vieille tante Zabée qui lui donnait du lait, des dattes et des gâteaux au miel. Des scènes de son lointain passé, par vagues, redevenaient vivantes, se bousculaient, et s'animaient sous ses yeux, comme un kaléidoscope magique. Il comprit l'importance, la

---

1. Albin Michel, 1990, p. 40.
2. *Op. cit.*, pp. 38-39

beauté de ces instants de tous les jours si simples et cependant si vrais. Aller chercher de l'eau au puits, accompagné d'Aïcha, rire aux éclats, partager le pain assis en cercle autour du feu de bois quand les flammes crépitent et réchauffent la nuit. Garder les moutons et rêver lorsque la caravane de dromadaires passe à l'horizon, au-delà des dunes. Écouter le bruissement des palmes, le chant des oiseaux... Chaque geste était empreint d'une valeur sacrée. Chaque pensée était imprégnée d'amour, laissait transparaître le Divin. C'était une vie de pauvreté, et pourtant une allégresse profonde animait les hommes, les femmes et les enfants de ce village. Dieu était sans cesse présent. Il vivait parmi eux.

C'est là qu'Ibn Arabî arriva un soir, venant de nulle part. Il s'installa sur la place et commença à conter ses récits merveilleux. Mehdi l'écouta, subjugué, fasciné. Puis il devint son élève, avant de prendre à son tour la parole et d'être conteur... De marcher à travers le pays, de porter et de transmettre la Nouvelle.

« Mon cœur s'affolait, se dilatait, une joie extraordinaire, tellement puissante, se répandait en moi lorsque j'entendais l'appel du muezzin, la prière des hommes à laquelle je joignais ma voix... *La ilaha illa Ilah Mohammed rassoul Allah... Allah akbar...* Il n'y a de Dieu qu'Allah et Mohammed est son Prophète... Aujourd'hui encore, lorsque ces mots retentissent, plus rien n'existe d'autre pour moi. Que Dieu. Sa plénitude. Une telle béatitude. Une telle lumière... », nous affirme Jeanlouis.

Ibn Arabî était un très grand maître soufi, le Sceau des Saints de l'Islam. C'est une grâce immense qu'il se soit manifesté à nous, qu'il nous soit apparu en rêve, puis, invisible, tout au long des jours et des nuits. Il nous délivre son initiation et guide toujours nos pas.

Cette présence miraculeuse ne peut pas être une illusion, car son apparition nous bouleverse tant il rayonne d'amour et de lumière. Aujourd'hui, nous savons que la transmission du savoir mystique peut se faire aussi de cette façon, en l'absence de tout maître physique, de tout gourou de chair et d'os... Mais en présence, ô combien tangible, d'un guide désincarné, d'une âme belle et généreuse.

Il nous a demandé beaucoup. Plus parfois que ce que

nous pensions pouvoir donner et même sacrifier. Mais, chaque fois, nous sommes allés au-delà de nous-mêmes. Il nous a soumis à des épreuves – pour nous fortifier. Puis il nous a offert des récompenses. Il a rallumé en nous une ferveur nouvelle, une foi en Dieu plus pure, plus claire, plus limpide. Un feu dévorant, infini...

Ces retrouvailles avec l'ami intérieur devaient transformer nos vies, briser nos habitudes, casser le carcan d'idées préétablies, nous entraîner bien au-delà de tout ce que nous aurions pu imaginer. Si aujourd'hui nous écrivons ce livre à Marrakech, à deux pas de la mosquée Ben Youssef et de son école coranique, au cœur de la ville arabe, c'est que nous avons suivi les messages de notre ami, Ibn Arabî.

Autour de la maison de terre, écrasée de soleil, se pressent les carrioles tirées par des ânes, des enfants en djellabah portent le pain au four sur des plateaux de bois, des femmes voilées vendent, assises sur le sol, leur maigre récolte, dix tomates et trois citrons. Les roses s'épanouissent dans le patio, les chats jouent avec l'eau de la fontaine. Quand, tout à l'heure, le muezzin chantera, nos prières s'élèveront avec ses paroles.

Ibn Arabî nous a fait découvrir l'Islam, et le joyau en son sein, son diamant caché : le soufisme.

Citons seulement ce poème très pur du soufi Djalâl-od-Dîn Rûmî, disciple d'Ibn Arabî :

> *Quand j'étais pierre, je suis mort et je suis devenu plante,*
> *Quand j'étais plante, je suis mort, et je suis parvenu au rang d'animal,*
> *Quand j'étais animal, je suis mort et j'ai atteint l'état d'homme.*
> *Pourquoi aurais-je peur ? Quand ai-je perdu quelque chose en mourant ?*

6

GOING BLACK UNDER THE SKIN

Nous avions déjà pratiqué de nombreuses régressions, sur nous-mêmes et dans notre entourage, rassemblé beaucoup d'éléments, lorsqu'un ami de Bernard, Antillais, nous proposa de venir témoigner à Fort-de-France, au sein de son cercle d'études.

Nous avons rencontré Pierre à Paris, et aussitôt, une affinité s'établit entre nous. Homme d'action mais aussi grand poète, Pierre témoignait d'une personnalité hors du commun, passionné par les recherches spirituelles. Sa première régression l'emporta dans une époque médiévale. C'était un seigneur. Pierre décrivit son château, sa vie... Surtout, il reconnut sa femme dans son épouse d'autrefois, douce et dévouée, déjà à ses côtés. Ils avaient été blancs, ils étaient noirs.

Pierre avait, au fil de ses vies, occupé de hautes fonctions, en Égypte ainsi qu'en Atlantide, ce continent mythique qui semble avoir réellement existé. De nombreuses régressions en témoignent.

Nous savions pourtant qu'en Inde, Pierre avait été lépreux, mendiant, estropié... Une leçon se dégageait de cet ensemble : apprendre la maîtrise du pouvoir, équilibre difficile à réaliser – et que Pierre tente d'acquérir dans sa vie actuelle.

Ni Bernard ni moi-même ne connaissions les Antilles. Ce fut un grand choc. La chaleur humide, les paysages, les gens rencontrés, tout nous était si proche, si famillier. Ce voyage marquait un tournant dans nos vies.

Nous avions la sensation de connaître déjà les amis de Pierre, sa charmante épouse, ses enfants. Nous eûmes l'occasion de rencontrer des êtres remarquables, chaleureux, attentionnés, généreux : l'esprit ensoleillé des îles.

Par la technique de régression, nous avons entraîné

plusieurs personnes en arrière. Le résultat fut passionnant et apporta de nouvelles découvertes. Plusieurs fois, le processus de retour dans le passé fut différent, inattendu... Ainsi, Suzanne, la femme de Pierre, ne parvenait pas à voir le corridor ni les portes. Elle se tenait seulement sereine, face à un soleil de lumière blanche. Elle était cette lumière... Suzanne n'a jamais eu la sensation d'être de cette Terre. Ses amis le lui disent d'ailleurs souvent, sur le ton de la plaisanterie : « Suzanne, tu es une extra-terrestre... » Ce n'est pas si faux...

Après sa vie médiévale, après une existence comme prêtresse d'un temple, elle participa aux mystères d'Éleusis en Grèce, ainsi que son époux. Suzanne ne s'est pas incarnée durant une longue période. Très pure, elle a clarifié son âme au sein de la lumière. Détachée, mais aimante, elle n'est revenue sur Terre que pour aider son mari. Elle en est le soutien discret mais efficace, essentiel. Grâce à elle, nous avons réalisé que les vies ne s'enchaînent pas sans interruption : le Divin ménage des pauses. Les âmes jouissent d'une certaine liberté. Ainsi, l'âme élevée peut-elle décider librement de se réincarner ou non. Sa tâche est alors d'aider les autres, tout d'abord les êtres proches puis, dans cette vie ou dans une autre, l'humanité tout entière, les animaux, la nature, à l'image de mère Térésa, ou de tant d'autres frères et sœurs anonymes qui consacrent leurs existences à établir le Royaume de Dieu ici-bas. Débordants d'amour et de compassion, ils témoignent du Divin.

Dès le premier instant où Jeanlouis la vit, il éprouva un fort sentiment pour Clothilde. D'une cinquantaine d'années, la peau très sombre, son regard profond ne lui était pas inconnu. D'instinct, ils ont su qu'ils avaient été proches dans une autre vie. Une régression établira qu'elle fut sa gouvernante, une seconde mère, en France, au XVIIIe siècle. Jeanlouis était alors décédé très tôt, mais elle comme lui en gardaient le souvenir.

Dans plusieurs vies, Clothilde avait eu la peau blanche. Elle retrouva aussi les détails de toute une existence en Amérique – en Caroline du Sud – du temps des grandes plantations. Elle se revit enfant, puis adolescente éperdue d'amour pour un riche planteur. Puis elle se retrouva seule, délaissée par son mari, s'ennuyant de longues journées, rudoyant parfois les esclaves, ou le plus souvent indifférente à leur sort. Clothilde devait affirmer : « C'est à cause de cela que je me suis incarnée ici aujourd'hui... Je suis devenue noire à cause de mon indifférence envers eux. Je ne les maltraitais pas, non, seulement je ne les voyais pas... »

Clothilde revit aussi les visages de ses deux fils de l'époque. Elle ressentit son amour pour eux. Lentement, sans interruption de la régression qui dura plus de deux heures, en une seule fois, elle retrouva toutes les images de sa vie passée. Elle avait bien vécu, sans s'impliquer beaucoup, en spectatrice, sans même se rendre compte de son existence facile, due à son rang social et à son aisance matérielle. C'était un dû. Il lui fallait apprendre à remercier Dieu de Ses dons, à se tourner vers les autres. Aujourd'hui, Clothilde s'occupe d'enfants et possède un étonnant pouvoir de guérison.

Auprès d'elle, Jeanlouis retrouva une affection toute maternelle. Elle nous fit découvrir et aimer son île.

Cependant, Jeanlouis ne tarda pas à tomber malade. Des maux de tête intenses, vertiges et pertes d'équilibre l'obligèrent à s'aliter. Une forte fièvre, des frissons, lui firent perdre le sens des réalités. Des images affluaient en lui... Il était un jeune esclave noir vendu aux enchères, séparé de ses parents. Le contremaître de la plantation le battait, lui infligeait de nombreux sévices. Il décida de fuir. Dès lors, il fut un « neg' mawon[1]. » Après des jours et des nuits de terreur, en compagnie de deux autres fugitifs, ils furent traqués dans la forêt, capturés, torturés. Enfermés dans une geôle sans fenêtre, pieds et poings liés par des chaînes, emprisonnés dans un carcan de fer. Le jeune esclave devait être puni encore, sans doute de mort, quand le contremaître d'une autre plantation décida de le racheter. Cet homme blanc manifesta une grande bonté à son égard. Il traitait ses esclaves avec humanité... Bien évidemment, son attitude était très mal perçue par les autres Blancs... mais il

---

1. Nègre marron, en créole : esclave en fuite.

posait ainsi les jalons de ce que l'on reconnut plus tard comme étant les droits inaliénables de l'homme...

Cet afflux d'images, tout d'abord troublant, contribua à apaiser Jeanlouis. Bientôt, la fièvre tomba et sa santé revint, avec les soins attentifs de Clothilde, dont le magnétisme de guérisseuse était à juste titre réputé.

Sans le savoir, Jeanlouis venait de vivre un processus psychologique décrit par Jung, que ce dernier nomme le *Going black under the skin*... ce qui, traduit mot à mot, signifie : « devenir noir sous la peau » ou plus explicitement : « faire l'expérience de la négritude ». Lui-même avait vécu ce phénomène, comme il relate d'ailleurs dans le recueil de ses souvenirs, *Ma vie*[1].

En 1925, il se rend au Kenya pour un séjour en Afrique tropicale, séjour qu'il désirait effectuer depuis très longtemps.

D'emblée, une scène s'impose à lui, troublante : un homme noir, grand, mince, appuyé sur une longue lance, regarde à l'horizon. Jung avoue *être comme ensorcelé par ce spectacle* et poursuit : *C'était un tableau très étrange, jamais vu et me donnant pourtant un intense sentiment du « déjà vu ». J'avais l'impression d'avoir déjà vécu cet instant une fois et d'avoir toujours connu ce monde que seul séparait de moi l'éloignement dans le temps. C'était comme si je revenais dans le pays de ma jeunesse et comme si je connaissais cet homme sombre qui m'attendait depuis cinq mille ans. [...] J'ignorais encore quelle corde la vue du sombre chasseur solitaire faisait résonner en moi. Je savais simplement que son monde était le mien depuis d'innombrables millénaires.*

Jung tombe malade, une attaque de *sandfly fever*, fièvre de trois jours. Parallèlement, il rêve d'un coiffeur noir qui veut friser ses cheveux, le transformer en Noir. Le voici près du *going black*. Il intègre l'homme noir en lui – son ombre. Il devient noir et réunifie ainsi toutes les facettes de sa personnalité, processus qu'il nommera : individuation.

Ce processus mène à une réalisation du Soi, vers un être complet... Voici donc l'expérience qu'à son tour

---

1. Gallimard, 1987, pp. 293-294.

Jeanlouis était en train de vivre, physiquement et psychologiquement, car elle se caractérise aussi par la maladie, symptôme de l'atteinte psychique.

Le Noir en lui refaisait surface, demandant à être reconnu. Reconnu, il le fut. Clothilde soigna Jeanlouis avec le dévouement et l'attention d'une mère. Avec sa peau mate, ses cheveux noirs, on voyait en lui un enfant de retour au pays, certes métis, mais noir cependant. Cette fois encore, les sensations de déjà vu, le retour d'images d'une vie passée apparaissaient.

Le *Going black* permet d'accéder à un nouveau niveau de conscience, d'où la vision est plus élevée. Dès lors, bien sûr, toute forme de racisme n'existe plus. Comment porter un jugement négatif sur « l'autre » alors que cet autre – l'étranger – est vivant en soi. On ne peut que mieux le comprendre, et l'aimer. Avec ses défauts et ses qualités.

Mais le *going black* n'est pas, non plus, sans danger. Le risque est de se laisser complètement submerger, engloutir, par les résurgences de l'autre, du Noir en soi. C'est un risque pour le mental que Jung dénonce lorsqu'il s'interroge : *Que va-t-il advenir du psychologue Jung in the wilds of Africa*[1] *? et [...] je fus menacé de voir ma conscience européenne écrasée par une attaque violente et inattendue de la part de la psyché inconsciente*[2]. Car le Noir en soi – qu'il soit africain, indien, antillais ou même arabe... – symbolise pour l'Occidental la nostalgie du « primitif », proche de la nature, de la terre, c'est-à-dire de la vraie vie. Il évoque tout un comportement fait de croyances mythiques, de gestes sacrés, enfouis, refoulés. En vivant le *going black*, le Blanc, qui se dit « civilisé », se trouve confronté à ses désirs, ses besoins non satisfaits, jusqu'alors relégués dans les profondeurs de son inconscient. Il rejette d'un coup, brutalement, le masque de sa personnalité sociale sculptée par sa civilisation, personnalité sociale que Jung nomme sa *persona*. Tous les « il faut » disparaissent soudain.

Ce rejet des règles apprises, cette opposition brusque,

---

1. *Ma vie.*, p. 313.
2. *Op. cit.*, p. 283.

mènent inéluctablement à un conflit intérieur, parfois à la maladie, et peuvent même conduire – dans des cas extrêmes – à la folie. Ou alors le Blanc s'efface, noyé dans l'inconscient, pour laisser la place à un individu devenu Noir, qui sera pleinement intégré dans la communauté noire, y aura son rang et en adoptera les coutumes. De nombreux cas sont relatés. Cependant, cette façon de résoudre le conflit en étant « plus noir que le Noir », ne marque pas une ouverture psychique, mais plutôt un transfert de la personnalité. Une nouvelle facette est mise en valeur tandis que la précédente tombe dans l'oubli..., ce qui peut entraîner une profonde déstabilisation mentale. En tout cas, un destin hors du commun, où le plus souvent le tragique se mêle à la réalité. Pensons à Isabelle Éberhardt, jeune Européenne de la fin du siècle dernier qui partit vivre en Algérie. Elle adopta l'identité d'un homme, se convertit à l'Islam... Elle vécut tout à la fois un *going male* et un *going Arab under the skin*... Ne pouvons-nous pas concevoir qu'elle soit partie sur les traces d'une de ses vies précédentes, en pays arabe ?... Son existence prodigieuse fut interrompue très tôt. Elle disparut à vingt-sept ans, emportée en octobre 1904 par la crue d'un oued, à Aïn Sefra. Existe-t-il image plus forte, symbole plus clair : au cœur des sables, l'eau – représentant les forces obscures de son propre inconscient – avait eu raison d'elle. C'est à un tel danger, plus souvent psychique que physique, que s'expose celui qui éprouve le *going*. Il peut être happé par la face sombre, inconnue, de son être, sombrer dans la démence.

La seule solution peut être la fuite, le départ, le retour à la civilisation d'origine. Prenons le cas d'un autre écrivain, la Danoise Karen Blixen. En 1914, elle partit vivre au Kenya, où elle acheta une plantation de café. En 1931, l'Afrique fut la plus forte. Elle nous le relate dans son roman *Out of Africa*. Ses terres brûlèrent, sa ferme fut détruite. Là encore, l'inconscient qui prit ici l'aspect du feu, fut vainqueur. Et Karen Blixen rentra au Danemark... saine et sauve. Certainement enrichie par cette expérience douloureuse mais tellement inhabituelle...

D'ailleurs, Jung le précise : *Là où est le danger grandit*

aussi le salut[1], le salut étant d'être à la fois noir et blanc, d'assimiler toutes les facettes en même temps.

Le conflit est réel et se marque spontanément dans les sociétés de métissage. Le métis est-il noir ou blanc ? Cette recherche d'appartenance est bien symbolisée par le chanteur Michael Jackson. D'opération en opération de chirurgie esthétique, il rejette sa « négritude », mais ne devient pas non plus pleinement blanc pour autant. S'il vit bien cette transformation il trace une voie d'avenir, est un mutant, témoignant d'une intégration réussie en lui, d'une maturation, d'une individuation. Il court aussi le risque de n'être reconnu ni par les uns ni par les autres. Malgré son succès international, ses concerts en Afrique ont soulevé beaucoup d'interrogations. Est-il noir ou blanc ? Peut-on l'accepter ainsi ? Est-il sincère, peut-on le croire lorsqu'il chante « noir ou blanc, tu es mon frère » ? La mutation ne devait-elle pas plutôt se faire dans le mental avant que de se marquer, de s'inscrire dans le corps ?

Pour sa part, Jeanlouis estime avoir passé l'épreuve avec succès. Naturellement, la notion de « devenir autre » peut s'étendre à d'autres couleurs de peau, autres races, autres religions. Avec le petit Lehmann et Aaron n'avions-nous pas déjà expérimenté le *going jewish under the skin*, qui nous avait déjà ouvert les portes d'une plus grande compréhension des autres et de nous-mêmes ?

Qu'il s'agisse d'une partie de nous ignorée, cachée dans notre inconscient, ou de la résurgence de souvenirs provenant d'une vie antérieure, notre esprit se trouve dans une situation conflictuelle. Il doit assimiler des notions nouvelles, en tirer un enseignement afin de s'épanouir et d'aller vers l'individuation. Aussi, avant toute régression dans le passé, préparons-nous au choc qui risque de se produire. Car notre évolution ne se fait pas sans heurts. Mais quel enrichissement prodigieux pour celui qui essaie de faire la lumière en lui-même !

---

1. *Ma vie*, p. 283.

7

ATIBI N'DWALA

Il était donc acquis que Jeanlouis avait déjà été noir, autrefois. Son *going black*, après la phase douloureuse de la maladie et du questionnement, s'était résolu dans une réunification de sa personnalité. Dans une perspective jungienne, on peut dire qu'il avait rencontré son ombre, l'homme noir en lui, et qu'au lieu de le rejeter, il l'avait assimilé, s'en était fait un ami. Rendre l'ombre consciente est en effet la tâche primordiale de toute analyse.

Cependant, l'esclave noir qu'il fut avait été métis, c'est-à-dire ni tout à fait noir ni tout à fait blanc. Ce n'était qu'une étape dans le processus du *going black*. Étape qui se marqua, on l'a vu, par sa bonne intégration aux Antilles. Le hasard, ou une synchronicité troublante, lui fit croiser à son retour en métropole son sosie, lui-même métis antillais... Qui était qui ? Y avait-il eu échange de masques ?

Poussés par Ibn Arabî à nous rendre en pays arabe, au Maroc, nous devions y vivre une expérience très intense. Marrakech est une ville magique, point de rencontre entre l'Europe et l'Afrique, lieu d'osmose entre les cultures, avec son quartier européen, moderne, où les immeubles remplacent peu à peu les villas, et sa vieille médina encerclée par des murailles de terre ocre, où le temps n'a plus cours. Ibn Arabî y avait séjourné, au XIIIe siècle. Là, nous avons vécu notre *Going Arab under the skin* : plénitude, rejet, joies et douleur, puis apaisement. L'unification des contraires ne se fait pas sans mal !

Marrakech est aussi une ville où se mêlent les races, les cultures : Berbères aux yeux clairs, certains presque blonds, Arabes au teint cuivré, Juifs, Noirs et des confréries originaires de Guinée, les Gnaouas... Nous avions loué, pour écrire, une maison, dans un quartier calme. Nous rédigions alors l'histoire de Mehdi, cet autre « moi » de Jeanlouis, le jeune berger puis le conteur d'Allah.

Profondément plongé dans les souvenirs de la vie de Mehdi, Jeanlouis ne s'attendait pas à voir surgir un autre personnage, un autre « moi » qui, lui aussi, voulait ne pas être oublié.

Depuis notre arrivée dans cette maison, nous sentions une présence discrète. Nous ne nous en étonnions guère. Les lieux, souvent, sont habités par des êtres invisibles. Jeanlouis relate :

« Lorsque je me couchais, pourtant toutes lumières éteintes, je savais qu'il était là, qu'il me regardait. J'essayais de l'ignorer, quand une nuit il me réveilla. La pièce était obscure, les volets tirés. Il flottait à un mètre de moi. C'était une sphère lumineuse, de la taille d'un ballon d'enfant. Il restait silencieux et me dévisageait. Sans un mot, par télépathie, je le questionnai. Que voulait-il de moi ? "Je suis toi. Je suis Atibi N'Dwala. Je veux te dire ma vie pour que tu ne l'oublies pas." Il s'effaça aussitôt.

« Le jour suivant, je restai plongé dans la rédaction de "Mehdi", mais mon esprit vagabondait. Je sentais une force peser sur ma main. Mon écriture changeait. J'avais une irrésistible envie de parler de l'Afrique, du sable, du désert. Mehdi s'éloignait. Je résistais.

« Atibi revint en pleine nuit. Je tâchai de lui expliquer : "Je dois finir ce que j'ai commencé." Comme il insistait, je me levai pour allumer la lumière. Les fusibles du compteur électrique sautèrent. Je me dis qu'il avait gagné.

« À la lueur d'une bougie, je commençai à écrire sa vie... Enfin, ma vie, une des vies qui furent les miennes. Mehdi m'était très proche, le plus proche peut-être, je pouvais le faire patienter. Car Atibi était impérieux, impatient : je devais absolument le laisser parler. D'ailleurs, j'eus la très vive sensation qu'il tenait lui-même mon stylo-plume, qui glissait à toute allure sur le papier, si vite que je n'avais même pas le temps de comprendre la signification de ce qui s'inscrivait. J'ai conservé ces pages : les mots ressemblent presque à des dessins...

« Mes liens avec Atibi, eux aussi, étaient forts. N'étais-je pas né en Afrique, n'avais-je pas comme lui le rugissement des lions dans le sang, n'étais-je pas, moi aussi, depuis mon séjour aux Antilles, *black and white* ?

« Je vous livre un fragment – brut – de son récit. Sa manière de s'exprimer est différente de la mienne, son corps diffère un peu du mien. C'était moi pourtant. Je vous confie son – mon – enfance :

« Je hurle, debout dans le tourbillon de sable : "Mama Abada, Mama Abada !" Mon cri se perd dans le vent, sous les nuages bleus d'*aliguré*. Mes mots ont l'éclat mortifère du soleil. Mon appel glisse sur les dunes. Au loin, très loin, meurt le désert dans une savane ocre de terre et d'herbes mêlées, de boue aux rigoles rouges, lèvres d'une blessure, pleurs versés, larmes abîmées.

"Mama Abada ?" Pourquoi ne répond-elle pas ? Pourquoi ne sort-elle pas de la case en pisé, ses mains rugueuses posées à plat sur son ventre de mère ? Pourquoi ne tient-elle pas déjà là, roide et courbée comme l'acacia tissé de présences invisibles ?

« En fermant les yeux, je vois son image : elle s'appuie, lasse, contre un tronc. Elle passe ses doigts dans ses cheveux crépus et dénoués, blanchis par la vie, et grisés par les nuits. Ses ongles longs crissent sur son crâne bosselé et les gouttes de sueur ondulent sur ses joues tristes, entre la croûte brune sur l'aile gauche du nez et la plaque rose de la lèpre qui dessine une gerbe d'étoiles.

« Mama Abada, les bras chargés de manioc. Mama Abada qui pile le mil, puis se repose, vaincue, immobile dans la torpeur et la contemplation diurne. Elle pose son poing sur sa hanche et crache. La salive devient un serpent vert au regard émeraude, de ceux qui se lovent et s'endorment au creux des feuilles de bananiers, et tuent les vieillards et les enfants quand leur heure est venue.

"Mama Abada !" Je crie à pleins poumons et la brûlure du soleil déchire ma peau. La lumière vrille le silence qui me répond.

« Hier, le vieil éléphant Tomba est parti dans la vallée

de la Mort. Quand le pachyderme s'est affaissé, la trompe dressée, les arbres ont tremblé, la Terre tout entière a frémi sous le corps effondré de douleur. Les oiseaux se sont envolés, leurs ailes noires ont obscurci le ciel et masqué le combat vain et angoissé de Seigneur Tomba avec la Mort.

« C'est un grand malheur qui se prépare, n'est-ce pas, Mama Abada... C'est un présage funeste. Le sol gronde...

« Mais qui est cette femme inconnue ? Elle marche en trébuchant et s'appuie sur un long bâton de bois sec, plus grand qu'elle. Elle avance cahin-caha dans un nuage de poussière mauve. Ses seins secs, taris, sont des outres vides qui pendent sur sa poitrine. Elle s'asseoit là sur les racines torturées de l'arbre vénérable, à l'ombre du manguier où palabrent nos sages. Qui est-elle, Mama Abada ? Que veut-elle ? Pourquoi est-elle venue ? Qui est cette étrangère au regard pourtant familier ?

« Écoute. Elle m'appelle... Elle passe sa langue violette sur ses lèvres gercées, découvrant sa bouche édentée. Elle commence à chanter. Entends-tu, Mama Abada ? Sa voix a la douceur du miel des abeilles.

« Dors-tu dans la case, Mama, ô Mama ? Le soleil s'est couché et je me suis approché, dans l'obscurité, tremblant contre le mur de terre. Et j'écoute le chant de la vieille femme. Et je vois les fourmis danser dans les entrailles des noires certitudes.

« Je me laisse bercer, je me laisse envoûter, Mama Abada... Viens, viens donc à mon secours. Pourquoi ne me retiens-tu pas, pourquoi n'encercles-tu pas mon poignet de tes doigts serrés ?

« Je la reconnais, Mama, c'est elle qui a déjà emmené Seigneur Tomba. Je vois son sourire dans la nuit, son sourire mauvais qui éclipse la lune. Elle me broie de son regard de fiel. Elle dit : "Approche, petit, approche. N'aie pas peur. Viens. Je suis douce et seule. Ne crains rien, viens, Atibi. N'aie pas peur d'une pauvre vieille qui vient de loin et qui a marché si longtemps. Viens, et porte-moi du lait, car j'ai soif et faim. Si tu n'as pas de lait, je boirai ton sang. Réchauffe-moi, Atibi, car la nuit est froide. Viens !"

« Pourquoi ne m'entends-tu pas, Mama ? Pourquoi ne

viens-tu pas me secourir ? Mon âme se fige, transpercée de douleur. Mes pas me conduisent vers elle. Elle me regarde et ricane :

"Je m'appelle Mounébié, ne crains rien, mon enfant. Je viens de loin, et je suis fatiguée. Porte-moi à boire, Atibi ! Atibi !"

« Elle crie mon nom, et mon nom se fracasse aux flancs des montagnes où vivent les esprits, sur les sommets qu'on aperçoit au loin, quand les brumes ne voilent pas l'horizon.

« Je voudrais t'appeler, Mama, mais ma gorge reste sèche et nouée comme les rameaux d'un vieil olivier. Pourquoi, Mama Abada, pourquoi ? Elle m'a enchaîné, elle me tient en son pouvoir mortel.

« Des rapaces noirs se perchent sur son épaule. Ils s'envolent et dansent en cercles autour de moi. Leurs ailes effleurent mon visage, m'étourdissent. Ils caressent mes cils, mes paupières et, doucement, me poussent vers elle. Je suis soulevé de terre, oui, soulevé de terre, Mama. Ils me tirent jusqu'à elle, la vieille Mounébié. Elle tend ses bras grêles vers moi et je sens mes os claquer. Elle presse ma poitrine. J'étouffe, j'ai froid. Elle bave et son soupir glacé glisse sur ma peau, le long de mon dos. Elle mord mon oreille, déchire mon corps en lambeaux. Elle murmure : "Je bois ta vie, petit."

« Pourquoi ne te réveilles-tu pas, Mama ? Es-tu partie chercher l'eau ? Où es-tu, Mama ?

« Mounébié enfonce ses doigts dans mes yeux, Mama. Mes yeux éclatent, mon regard disparaît. Je vois la nuit étoilée, zébrée de rouge, de sang, nervée de filaments écarlates. Des flots blancs de laine *érré* coulent de mes orbites. Un cri de victoire retentit. Mounébié a disparu. Je tombe à genoux, le corps brûlé, au pied du grand manguier. »

« Sorcellerie, envoûtement, langage imagé... C'est ainsi qu'Atibi a raconté comment il perdit la vue. Mama Abada l'a retrouvé, allongé, nu, sur la place, le matin, quand le soleil pointait et brisait les murmures hésitants des oiseaux. Elle a crié, trépigné, pleuré. Elle l'a pris dans ses bras. Elle a humecté ses yeux de sa salive, elle a prié les génies de la brousse, mais c'était trop tard,

Atibi ne verrait plus. Mounébié avait arraché ses yeux et lui avait volé son regard. »

Aveugle, mais doué de la vision intérieure, Atibi devint un sorcier. Il racontera toute sa vie ainsi, nuit après nuit, prenant sans cesse à témoin Mama Abada, la faisant revivre, insufflant au village depuis si longtemps disparu une vérité vibrante, une réalité hors du temps, éternelle.

Atibi nous a légué la sûreté de ses instincts, sa connaissance des esprits, sa sagesse. Jeanlouis a compris que ce n'était pas un hasard s'il était né en terre d'Afrique. En retrouvant Atibi, il achevait de tracer le cercle magique qu'il avait autrefois si souvent dessiné. Il retrouvait ses gestes. Il était pleinement lui. Ni blanc ni noir, mais au-delà du corps : âme, esprit, vérité, lumière. Au cœur de l'essentiel.

Toute la vie d'Atibi N'Dwala est maintenant gravée dans notre mémoire. Il nous a légué le trésor de celui qui ne possède rien, sinon les secrets du vent, de la pluie, du jour et des ténèbres, l'amour de la terre, de l'éléphant Tomba, du lion Akiilé, de Mama...

Rien ne meurt, tout survit. Il nous a transmis ses croyances aussi. Pour l'animiste, l'âme de l'homme ne connaît pas la mort. Elle migre simplement vers un autre corps. Dans la tribu d'Atibi, des signes, des scarifications, des peintures étaient pratiquées sur le défunt. Ces marques se retrouvaient sur la peau du nouveau-né et l'on pouvait ainsi savoir qui était celui qui revenait. Toutes les formes de vie étaient respectées. Le plus souvent, l'homme possède un frère animal ou végétal. Ce pourra être un lion, un singe, un manguier... Ce double enferme une partie de son âme, et il en possédera les caractéristiques : fierté, courage, intrépidité, ruse... Si son autre « lui-même » est blessé, l'homme le sera aussi, et ressentira sa souffrance. S'il meurt, l'homme risque à son tour de mourir ou de perdre la raison. Un lien indissoluble et sacré les relie. Tout, dans la nature, est Un. L'animiste est pleinement conscient de cette Unité, qui lui inspire une profonde vénération pour toutes les forces occultes qui l'entourent...

8

WUNG ET LES PIERRES

C'était en Chine, il y a vingt-cinq, trente siècles peut-être :
« Wung An colle une, deux baguettes de bois. Trois. Wung An est âgé, courbé. Ses yeux sont plissés, sa peau ridée, et il porte de longues moustaches, fines et brunes. Il ressemble à un chat, mince et agile. Il est assis derrière sa maison, devant une table couverte de papiers multicolores. Argent, or, mauve flamboient sous le soleil de printemps.
« Wung An habite sur la colline. C'est un lieu étrange, magique, où le grand fleuve prend sa source. Il naît dans les hautes montagnes aux sommets enneigés et se disperse au creux de la vallée, dans les rizières. Il passe près de la maison de Wung An où il n'est encore qu'un torrent, mais son cours est jeune et vigoureux. Wung An est âgé d'au moins un siècle. C'est un sage. Quand on lui demande le secret de longue vie, il se courbe très loin en avant, il sourit, montre toutes les dents qu'il lui reste, Wung An alors se met à rire. Un petit rire frêle. Il s'amuse de cette question. La réponse est simple, si simple. Et comme Wung An est très poli, il murmure, doucement, très doucement, le secret qui lui permet de passer de siècle en siècle. De sa main ridée, il désigne un bol de porcelaine blanche et rouge où naviguent deux poissons bleus. Près du bol, des baguettes : Wung An se nourrit de riz. Il sourit encore, puis fait mine de boire entre ses mains, de s'agenouiller et de puiser l'eau du fleuve. Oui, Wung An se nourrit de riz et boit l'eau claire et limpide. Mais surtout, surtout, il a la foi et vénère les dieux.
« Wung An prend un papier, le met devant ses yeux et regarde le filet de lumière qui traverse la feuille. Les

fleurs blanches et roses des arbres deviennent bleues et le jardin, un instant, se transforme. Wung An s'émerveille toujours et rit encore, comme un enfant. Avant, il y a très longtemps, il sait qu'il était une onde, une vibration libre et légère. Il était une couleur. Le jaune d'une corolle évanescente, l'éclat de la pièce d'or, le feu, les braises et un ton dans l'arc-en-ciel... Wung An s'en souvient avec attendrissement. Que sera-t-il ensuite ? Une brise parfumée du matin ? Le souffle qui se lève sur les montagnes... Il aimerait être la neige immaculée, éternelle, qui scintille sur les hauts sommets sacrés. Il pense que ce serait beau, mais Wung An est humble et se contenterait d'être un modeste grain de riz. Si simple, mais qui a en lui, aussi, les mystères de la vie.

« Wung An penche la tête sur la petite table de bois. Il plie, replie, déplie, plie à nouveau le papier qui prend forme sous ses doigts. Il ne découpe rien, mais le papier lui obéit. Les heures s'écoulent, douces et tranquilles. Le ciel s'est assombri, se teinte de pourpre et de gris, bientôt la lune glisse dans l'obscurité. C'est la meilleure amie du vieux sage. Elle le regarde et lui envoie des faisceaux de lumière pour qu'il n'use pas trop ses yeux âgés...

« Le matin se lève. Le soleil quitte son nid des montagnes. Il est rouge et flamboie. Une enfant avec une longue natte brune, une toute petite fille, s'approche du vieil homme sur la pointe des pieds. Elle embrasse ses mains tachées de brun et ridées. Elle chuchote : "Wung An, Wung An, c'est moi... C'est moi. Li." Et le vieil homme soulève ses paupières lourdes. "Li ! Li !" Il tend ses bras en avant pour lui montrer son cadeau de papier fait patiemment, cette nuit, mais il n'y a plus rien sur la table de bois. "Oh, il est déjà parti..." "Mais je sais où il est", dit Li qui entraîne son arrière-arrière-grand-père avec elle. "Venez voir !" Et ils sortent du jardin, s'arrêtent près de la barrière rouge. Li montre le soleil et cligne des yeux. Elle met sa paume droite, ouverte, potelée, au-dessus de ses sourcils. "Regardez ! Regardez, grand-père Wung !... Il est là." Et le dragon de papier, immense, envoie une volute de flammes rouges et puissantes. "Regardez ! Il est assis sur le soleil et c'est lui qui lui donne la force de sa lumière, de sa chaleur. Regardez, grand-père Wung, comme il est beau." Et Li se serre contre le vieil homme, qui pose sa main sur son épaule. »

Jeanlouis s'est souvenu qu'il avait été Wung... Il l'est même encore. C'est étrange. Comme si un autre lui-même vivait dans un autre monde, à la fois très lointain et si proche. Un univers parallèle où Wung serait toujours occupé à coller ensemble des baguettes de bois pour sa petite-fille, Li. Jeanlouis nous confie :
« C'était déjà le paysage où il vivait que je voyais lors des séances de yoga, quand j'étais enfant. J'ai retrouvé Wung, soudainement, tard dans la nuit, alors que j'étais resté éveillé. Mue par une force à laquelle je ne pouvais pas résister, ma main a commencé à écrire ce récit. Tout de suite, j'ai su qu'il s'agissait de mes propres souvenirs... J'ai été très ému de me voir ainsi, aussi âgé, mais aussi sage... Depuis, Wung m'a appris beaucoup, car il me parle souvent du Tao. Je puise en lui – c'est-à-dire au plus profond de moi – un grand savoir. Il m'apporte son humour, son détachement empreint d'amour... Il est, je pense, l'une des plus hautes de mes incarnations terrestres sur le plan spirituel... Ainsi, entre mon "moi" actuel, celui qui se nomme Jeanlouis, et mes autres "moi" s'est tissé un réseau de connexions, telle une immense toile d'araignée. Nous sommes en contact les uns avec les autres. Je suis tout autant Mehdi que Wung, le jeune berger que le vieux sage. Comme je n'oublie pas le petit Lehmann. Puiser en chacun me permet d'enrichir ma personnalité, de trouver des réponses à beaucoup de questions. Enfin, d'adopter un point de vue plus élevé pour considérer la vie...
« Je sais aussi qui est Li, que j'ai retrouvée avec un autre visage dans cette vie-ci... Revêtant à mon gré les vêtements de Wung, je suis retourné dans un passé lointain, où m'attendait un enseignement intemporel »...

« Li court sur le chemin tortueux qui serpente au flanc de la montagne. Elle court à en perdre haleine, et s'essouffle. Elle voudrait rentrer avant l'orage. L'horizon déjà étincelle, les cheveux de Li dansent derrière elle. Lentement, ses nattes se défont. Elle court dans un halo de lumière blanche. La pluie fouette ses joues pâles qui s'empourprent, brouille ses yeux, se mêle aux larmes, pare ses longs cils. Li court trop vite, et tombe dans l'ornière. Elle a peur. Elle est seule. Seule et si loin du village. Si loin encore de la maison de grand-père Wung qui habite au pied de la montage, près du torrent, à l'écart des autres hommes. Alors, pour se donner du courage, elle chante. Une de ces anciennes mélopées du règne des Chan dont elle ne comprend pas les paroles mais qu'elle trouve si douce.

« Et Li siffle sa chanson. Mais, brusquement, elle s'interrompt. Un rocher noir au milieu du sentier barre le chemin. La pluie glisse et enlace la pierre lisse. Li s'étonne et s'approche. C'est une statue. Elle regarde le visage sculpté, les traits ridés, les longues et fines moustaches, comme celles d'un chat, le sourire, les mains jointes. Elle reconnaît cet homme figé. C'est grand-père Wung ! Mais qui, qui a arraché cette effigie à la pierre dure ? Li caresse le visage impassible, où dansent les larmes de pluie. Sous ses doigts, les joues pâlissent, le noir devient gris, le gris se teinte de blanc. On dirait du sang qui coule dans les veines de la pierre. Du sang qui afflue du cœur jusqu'aux tempes. Du sang vibrant et palpitant. Li colle son oreille contre la poitrine de la statue. Elle entend un cœur qui bat. Elle la serre dans ses bras et sent un souffle chaud dans son cou. La statue vit, respire ! Une main se glisse dans la sienne. Li ferme les yeux, sombre dans le néant. Elle bascule dans un rêve étrange, se croit en proie à de magiques chimères. Mais le tonnerre, brusque, claque dans la montagne et troue les ténèbres de la nuit. Li ouvre les yeux. Grand-père Wung est là, qui la presse dans ses bras.

"Ma petite Li, mon enfant, que fais-tu à cette heure, seule sur le chemin. N'as-tu pas peur ?"

"Oh non, grand-père Wung, je pensais à vous, je chantais."

"C'est bien, mon enfant", dit le vieil homme en l'embrassant.

« Wung prend la main de Li et, ensemble, ils marchent vers la maison.

"Sais-tu ce que veulent dire les paroles de la chanson que tu fredonnais tout à l'heure ?"

"Non, grand-père Wung. Oh, dites-le moi, s'il vous plaît."

« Wung sourit, et son sourire est énigmatique comme celui d'un messager céleste. "Elles parlent des pierres, Li", dit-il en montrant les galets noirs qui brillent sous la pluie. "Les pierres sont les refuges des esprits. Ils sont là depuis des éternités. En eux s'est cachée la Grande Sagesse. Immobiles, ils ne sont en proie ni aux désirs ni aux passions. Ils méditent en silence."

« Li regarde les pierres dans l'obscurité et soudain voit des milliers de visages qui lui sourient.

"Chante encore ta chanson, ma petite Li. Elle leur rappelle le souvenir des temps anciens..."

« Hésitante, Li pose la question qui lui brûle les lèvres depuis un instant déjà : "Tout à l'heure, ô grand-père Wung, vous étiez une statue au milieu du chemin, n'est-ce-pas ? Ou bien ai-je rêvé, était-ce une illusion ?"

« Wung serre les doigts de Li au creux de sa main. "Ah, Li, les pierres ne connaissent ni le passé ni le futur. Le temps est pour elles une immense éternité. Elles vivent dans le sein de Dieu. Une part de notre esprit vit déjà avec elles, Li... Ce que nous appelons 'demain', elles le nomment 'aujourd'hui'."

« Et le vieil homme et la petite enfant marchent dans le jardin de pierres, sous la pluie qui ruisselle, dans la nuit. »

Souvenons-nous que l'âme de l'homme est une étincelle du Divin et que le Divin baigne tout l'univers, l'inerte comme l'animé. Les pierres, comme les végétaux ou les animaux... Y a-t-il une progression d'une vie à l'autre, au fil des réincarnations ? Existe-t-il une hiérarchie ? Ne peut-on pas être homme, puis plante ou bien animal, aller de l'un à l'autre... Certes, l'homme a la faculté de prendre conscience du Divin, pour ensuite se fondre en Lui, dans Sa Lumière. Mais ne peut-on pas penser, comme Wung, que les pierres renferment les esprits les plus sages libérés des désirs et des passions. Libérés du temps et de nos illusions. N'est-ce pas le but à atteindre ?

Après tout, ne peut-on pas ressentir l'énergie vibratoire des cristaux dont on redécouvre aujourd'hui les étonnantes propriétés de guérison, l'influence salvatrice ? Certaines pierres ne sont-elles pas aussi des joyaux, si purs et si précieux... Pourquoi n'auraient-elles pas d'âme elles aussi, dont on ne pourrait dire si elles sont supérieures aux nôtres. Dieu aurait-Il établi des distinctions entre Ses créations ?

Dans *Ma vie*[1], Jung constate ce rapport inattendu entre la pierre et l'homme : *C'était alors une singulière et bienheureuse tranquillité que d'être assis sur la pierre. Elle me délivra de mes doutes. Quand je me mettais à penser que j'étais la pierre, les conflits s'interrompaient. « La pierre n'éprouve aucune incertitude, aucun besoin de s'exprimer, elle est éternelle, elle vit pour les millénaires », pensai-je. « Moi, au contraire, je ne suis qu'un phénomène passager qui se consume dans toutes les émotions possibles comme une flamme qui s'élève soudain et puis s'éteint. » J'étais la somme de mes émotions, la pierre intemporelle étant un autre en moi.*

Plus loin, il ajoute[2] : *La pierre à la fois est et renferme l'insondable mystère de l'être, la quintessence de l'esprit. C'est en cela qu'obscurément je ressentais comme une parenté avec la pierre ; dans les deux, dans la chose morte et dans l'être vivant, gisait la nature divine.*

---

1. Gallimard, 1987, pp. 62-63.
2. *Op. cit.*, p. 89.

9

AUTRES VIES : VÉGÉTALES, ANIMALES...

La véritable nature de l'âme, parcelle divine, est d'être libre. Nous le sentons intuitivement, souvent. Parfois, nous expérimentons différents états de conscience, où, laissant notre corps au repos, nous voyageons dans d'autres univers... Pourquoi l'âme ne se reposerait-elle pas, ne se réfugierait-elle pas dans un nuage, l'écume des vagues, une pierre, une plante ou un animal ? En tant qu'Esprit de Dieu, conscience céleste, elle est partout.

Il n'est donc pas absurde de penser qu'au fil de nos incarnations, nous avons pu, par exemple, être un arbre. Bernard, au cours d'une régression, décrira une telle expérience :

« J'ai un tronc fort, épais, de bois sombre. L'écorce est rugueuse, ridée comme la peau d'un éléphant... Je suis un arbre imposant. Un baobab. Je dois être très vieux. J'ai une impression de solidité, de stabilité. Mes feuilles sont innombrables, couvertes de poussière. Il fait très chaud. Mes branches sont comme des bras ouverts. Il y a des oiseaux blancs aux longs becs posés sur moi. Ils dorment. Ce sont des sortes d'ibis, je pense. Je n'ai pas d'yeux bien sûr, mais je vois au loin, très loin. Mes racines sont massives et s'enfoncent profondément dans la terre sableuse. Je sens la sève qui glisse dans mes veines. Je sens l'eau que je puise tout au fond, là où mes racines sont plus minces. J'éprouve une sensation de soif...

« Je capte des vibrations dans le lointain. Le sol tremble légèrement. C'est presque imperceptible. Ah ! Je sais. Un troupeau de zèbres se déplace au galop. Le martèlement de leurs sabots sur le sol me parvient. Ils ne se dirigent pas par ici. Ils s'éloignent.

« C'est étonnant. J'ai des sensations... humaines ! Je sens, je vois, je comprends, j'éprouve des sentiments ! Je vis ! Le vent tourne autour de moi et apaise les brûlures de la sécheresse. J'écoute son murmure, c'est un ami. Il me dit que la pluie ne va pas tarder. J'ai hâte qu'arrive l'orage, les gouttes chaudes qui vont me laver, étancher ma soif, quand la terre est si aride.

« Je vois, ou plutôt je perçois – comment dire ? Les nuages qui s'amoncellent sur les cimes des montagnes, au-delà de la savane. Au-dessus des hauts sommets enneigés. Le vent va les attirer jusqu'ici.

« Je ne me sens pas limité de ne pas pouvoir bouger. Au contraire, je suis en osmose avec tout ce qui m'entoure. Par le ciel, par la terre, je m'étends très loin. Jusqu'à l'infini... La communication avec les animaux, les hommes même qui viennent profiter de mon ombre, est incessante. C'est étrange, mais je sais que j'ai un rôle protecteur, apaisant. On me porte des offrandes. Je suis touché. En échange, je demande au vent d'apporter la pluie. Tout est lié...

« Tout est dans l'ordre du monde. Chacun est à la place qui lui convient. Je suis empli de sérénité, de joie. Un sentiment très puissant se diffuse, se répand en moi, une force d'amour, une prière. Je suis heureux d'être ce baobab. Je ne demande rien d'autre... »

Bernard a donc été un arbre, et quiconque le connaît ne s'étonnera pas qu'il fût un baobab...

Jeanlouis vécut des sensations proches, mais cependant différentes, quand il retrouva le souvenir de cette vie où il fut Atibi N'Dwala :

« Il fait terriblement chaud. Une torpeur moite, écrasante, violente presque. Le soleil cogne sur la hutte de paille et de boue séchée. Au-dehors, l'air vibre. Pas un souffle de vent, pas un bruit, pas un cri. Les montagnes à l'horizon sont troubles. Un rapace plane au loin. Le soleil redescend déjà vers la terre. Pourtant, il fait toujours aussi chaud. Mama Abada porte la main à son cou. Sa gorge est sèche. Elle voudrait boire. Elle s'imagine nue, ruisselante, dans le cours d'eau. Mais c'est l'été. Le marigot est à sec. Elle voudrait juste boire au creux de ses mains. Son bras tendu retombe. Elle a tellement soif. Elle soupire et se retourne sur sa couche. Les mouches tourbillonnent, se posent sur ses joues, ses sourcils, son nez. Elle ne les repousse plus. Elle est trop faible. Et le soleil continue de cogner. Il a volé l'ombre des arbres. Le chien jaune dort, près d'un buisson d'épines sèches.

« Soudain, Mama Abada se redresse. Elle hurle, jappe de douleur. La souffrance jaillit, vive. "Amma ! Amma !" Mama Abada appelle. Son cri vient de son ventre, de sa poitrine, de ses seins aux mamelons durcis. "Amma !" La vieille femme entend, secoue la tête, passe une main dans ses cheveux noirs, blancs, jaunes et sales. Elle se lève et vient.

"Amma ! Amma !" Mama Abada appelle, de toutes ses forces. "Am-ma." Les syllabes du nom résonnent, se séparent, éclaboussures violentes, acerbes. Courbée, voûtée, Amma arrive sur la sente poudrée. Son nez crochu, ses joues ridées, affaissées, penchent vers les pierres. Elle entre dans la case.

« Mama Abada, dans la pénombre, l'attend. Elle ferme ses paupières lasses, murmure : "Amma, Amma, il vient ! Amma, aide, aide-moi !" Et moi, Atibi, Atibi N'Dwala, je vais naître. Et Mama souffle, souffle, épuisée, les jambes écartées, les yeux révulsés. Elle tremble, mord ses lèvres. Amma se penche, caresse, tend ses mains tordues. Je viens au monde dans une gerbe d'eau et de sang. Nu, contre le ventre de Mama Abada, je pousse un cri, l'air brûle mes poumons, et je pleure. Le sang coule sur le sol de terre battue. Amma, sèchement, coupe le cordon qui m'unit à Mama Abada. Elle le prend entre ses mains poisseuses. Elle sort et court jusqu'au ruisseau asséché. Elle remue la terre dure avec un bâton, creuse avec ses doigts, avec ses ongles. Elle enterre le placenta et le cordon, l'enfouit avec une mangue. Je suis à la fois cet enfant dans les bras de Mama Abada qui sourit enfin, et ce fruit caché dans le sol.

« Ce manguier est mon arbre de vie. S'il grandit, je vivrai. Sinon, je mourrai. Les dieux en ont décidé ainsi...

« Je suis un simple fruit. Graine semée par le vent, par un homme, dans le ventre de Mama. Et Mama aux longs cheveux noirs nattés qui couvrent ses épaules, sa nuque, son cou, ses seins même, Mama est la terre aride, offerte pourtant. Mama est la terre. Je suis le fruit. Je serai l'arbre. J'étendrai mes branches dans le ciel. Je sentirai la pluie, les gouttes ruisseler sur mes feuilles. Les oiseaux feront leurs nids dans ma ramure, les chèvres se frotteront contre mon écorce. Les hommes cueilleront les mangues, rondes et sucrées, rouges et lisses que je leur offrirai.

« Et moi, Atibi, je rêverai, je dormirai, je vivrai, je ferai l'amour peut-être au pied de cet arbre qui est aussi moi.

« Une nuit, dans cinquante ou soixante ans, l'orage, un éclair, la foudre me frapperont peut-être, brûleront mon tronc, briseront mes branches. Alors, Atibi portera la main à son cœur et mourra... »

« Oui, j'étais à la fois l'enfant et le fruit, puis à la fois l'arbre, ce manguier, et Atibi, nous confirme Jeanlouis. D'ailleurs, c'est étonnant, dans cette vie-ci, tout au long de sa grossesse, ma mère s'est surtout nourrie de mangues. C'est aujourd'hui encore mon arbre fétiche. Il l'est resté... »

Les croyances d'Atibi N'Dwala sont attestées historiquement. De nombreux peuples de par le monde, notamment africains, ont une foi animiste. Pour eux l'âme est incarnée simultanément en un homme et une pierre, une plante, un arbre, ou bien un animal, qui représentera son totem. Cette attitude permet de considérer la nature comme sœur, de vivre en parfaite osmose avec elle. Ainsi, un échange véritable, profond, peut s'établir entre elle et les humains. Et ce, quelles que soient l'époque et la latitude. Saint Bernard, au XIIIe siècle, formulait cette sagesse en ces termes : *Ce que je sais de la science de Dieu et des Écritures, je l'ai appris dans les bois et les champs. Je n'ai pas d'autres maîtres que les hêtres et les chênes*[1].

Retrouvons à notre tour une telle humilité. Sachons

---

1. Cité par Marguerite Yourcenar dans *La Voix des Choses*, Gallimard, 1987.

écouter le bruissement des feuilles, des fleurs, le murmure des branches. N'est-ce pas Dieu lui-même qui nous parle, Dieu ou Ses envoyés, esprits de la nature, elfes, devas... ou tout simplement une autre partie de nous-mêmes.

Le règne végétal était le début de la manifestation terrestre du monde de Dieu, une sorte de communication immédiate. [...] Le monde des plantes [...] était fixé à ses risques et périls à son habitat. Il exprimait non seulement la beauté, mais aussi les idées du monde de Dieu sans la moindre intention ni la moindre déviation. Les arbres en particulier étaient mystérieux et me semblaient traduire immédiatement le sens incompréhensible de la vie. C'est pourquoi la forêt était l'endroit où l'on ressentait le sens le plus profond et l'activité la plus frémissante de la nature[1].

Qui parle ainsi ? Un botaniste fervent, un artiste, un poète ? C'est le psychanalyste Jung qui se confie de la sorte dans *Ma vie* :

Les plantes m'intéressaient aussi, mais pas scientifiquement. Pour une raison qui m'était inconnue, je désapprouvais qu'on les arrache ou qu'on les sèche. Elles étaient des êtres vivants qui n'avaient de sens que s'ils croissaient et fleurissaient, – un sens caché, mystérieux, une pensée de Dieu. Il fallait les regarder avec respect et éprouver à leur sujet un étonnement philosophique. [...] Elles appartenaient évidemment à l'état divin d'innocence qu'il valait mieux ne point troubler[2].

Si nous avons été des plantes ou des arbres au fil de nos incarnations, pourquoi n'aurions-nous pas eu – aussi – des existences animales... Jeanlouis se souvient avoir été un oiseau, une mouette. Elle a surgi par surprise au cours d'un processus de régression. La porte était l'anfractuosité d'un rocher et s'ouvrait sur le ciel :

« Je vois des arbres noirs, nus. Une étoile brille entre les branches... Je vole ! Je suis un oiseau. Oui, je sens le vent qui frôle mes plumes, jusqu'à mes rémiges dressées.

---

1. *Op. cit.*, p. 89.
2. *Op. cit.* p. 105.

Je dérive, je plane lentement. Je ne sais pas où je vais. Je vois mon reflet dans l'eau d'un fleuve gris... Je suis une mouette blanche aux ailes tachetées de brun... Je descends vers le quai, me pose à l'écart des autres. Je me sens différent. J'ai l'impression de ne plus être tout à fait un oiseau... Dans les flaques, entre les pavés, l'eau est gelée. Je suis libre comme je ne l'ai jamais été. Et pourtant, cette liberté, il faut la conquérir ! la vie est rude, dure. C'est une lutte. Je me bats pour saisir une croûte de pain, donne des coups de bec, écarte mes ailes, crie des injures. Je l'ai saisie et je m'envole plus loin, m'élance au-dessus des flots. Perché sur la rambarde du pont, je mange avec avidité. Puis je flotte entre deux airs, survole les hautes tours. Emporté par un courant, je m'éloigne au-delà de la statue blanche qui marque l'entrée de la ville.

« La nuit tombe. Je reste seul. Je vais dormir près d'une grille, le long des bateaux immobiles amarrés au ponton de bois. À l'abri d'un pilier, je serai en sécurité.

« Demain, bientôt, je rejoindrai la mer. Je sens déjà l'air salé, les embruns, la marée. Je volerai plus loin, toujours plus loin. Je suivrai le fleuve aux eaux vertes qui s'élargit à l'estuaire et se fond dans l'océan...

« Je sens en moi une lumière, un feu brûlant, qui me pousse à partir. J'ai une conscience vive, aiguë. Je sais que je suis autre chose qu'une simple mouette. Mais quoi au juste ? Qui suis-je ?... Une force indicible m'attire, fait battre mon cœur... »

Jeanlouis est revenu tout particulièrement ému de cette régression : « J'ai eu du mal à réintégrer mon corps d'humain. Voler donne une telle sensation de liberté. Je ressentais ce qu'on nomme le mal des hauteurs ou bien l'ivresse des profondeurs. Plus rien ne comptait pour moi que ce sentiment d'infini, cette plénitude. C'était exaltant. Mon âme voulait rester dans l'oiseau. Quand elle est revenue, je l'ai sentie entrer dans mon corps, se mêler à moi. Ses ailes frappaient dans mon ventre. Ce n'était plus un oiseau, mais un être transparent, un parfum, une musique, un battement de vie. Une lueur bleue, brillante. Peu à peu, lentement, elle s'est éteinte, a disparu... Pendant plusieurs jours, j'ai eu l'impression étrange qu'une partie de moi était encore un oiseau, une mouette... J'avais encore la sensation de voler, de flotter... »

Étonnante aventure... De son côté, Bernard, comme on l'a vu dans le cours de cet ouvrage, se souvient d'avoir été un loup.

Oui, nous pouvons penser que nos âmes ne s'incarnent pas seulement dans des corps humains... Il y a cinq mille ans, des textes sacrés de l'Inde relataient déjà une foi en de semblables croyances. Ainsi, la *Srîmad-Bhâgavatam* conte la vie du roi Bharata, un pieux et sage mahârâja. Il savait que le véritable roi était autre, que son corps n'était que poussière et que seule comptait son âme. Il se retira au pied de l'Himalaya et vécut en ascète. Ses prières l'affranchirent du cycle des renaissances. Il s'était libéré. Mais Bharata, par amour et compassion, sauva un jeune faon. Il s'y attacha tant et tant que, lors de sa mort, il conçut le remords de l'abandonner. Et comme l'enseigne la *Bhagavad-Gîta* : *Quand vient le moment de quitter son corps, l'être atteint inévitablement l'état auquel il pense,* et : *Ce sont les peines, les souvenirs de l'être à l'instant de quitter le corps qui déterminent sa condition future.* Aussi, Bharata se réincarna en cerf. Il n'avait pas perdu la mémoire de ses millions d'existences précédentes. Et, sous forme de cerf, il continua sa progression spirituelle dans la quête de la fusion en Dieu.

Cependant, s'il n'avait été aussi sage, Bharata aurait pu rester animal de nombreuses vies encore... La *Bhagavad-Gîta* l'affirme : *Celui qui meurt sous l'emprise de l'ignorance renaît dans le monde animal.* C'est au gré de nos efforts que nous sommes devenus humains. Nous sommes libres d'agir, plus que ne le sont les minéraux, les végétaux ou les animaux. Mais choisissons bien et dirigeons tous nos efforts vers la libération. C'est ce choix qui s'offre à nous qui rend notre condition humaine si fondamentale.

L'un de ces choix, que prône Gandhi dans *Tous les hommes sont frères*[1] est l'*ahimsâ*, la non-violence. La

---

1. Gallimard, coll. « Folio », 1990.

plus grande violence consiste à interrompre l'évolution d'un être vivant. Dieu a mis à notre disposition tant de richesses : céréales, fruits, miel, lait... Pourquoi consommons-nous de la chair animale ? En tuant les animaux, c'est leur progression que nous freinons. Car l'animal devra se réincarner dans l'espèce qu'il a quittée pour y achever ce qu'il devait vivre...

Autrefois, l'homme tuait lui-même. La mise à mort constituait un sacrifice, une offrande. Une certaine valeur religieuse s'y trouvait investie. Mais, de nos jours, le comportement humain est d'autant plus barbare que les animaux sont élevés en usine, traités comme des objets, et leur assassinat, dans la peur, est inqualifiable d'ignominie. Il est si facile d'acheter un steak saignant découpé et emballé sous cellophane dans le rayon d'un supermarché... Si facile d'être ignorant. N'oublions pas que, selon les lois du karma, celui qui tue – ou fait tuer – un animal pour se nourrir de sa chair, de bourreau deviendra victime dans une existence future, et sera mis à mort, dépecé et mangé à son tour. Ces règles sont implacables.

Et les plantes ? Elles aussi ont une âme. Mais leur évolution est plus lente et nous ne la retardons pas en en faisant notre nourriture. Laissons pourtant vivre la plante, n'en détachons que quelques feuilles, n'en consommons que les fruits ou les graines. Un acte reste essentiel : celui de l'offrande, de la consécration du repas. Retrouvons ces gestes sacrés. Il n'y a pas si longtemps, dans les familles chrétiennes, le père, au début du repas, bénissait le pain avant de le rompre. Cette communion n'avait pas une valeur simplement symbolique. C'était aussi une marque de respect envers notre Créateur, de reconnaissance. Comme les musulmans qui L'invoquent avant de manger, mais aussi avant tout acte. Ils prononcent ces mots : « *Bismillah* », « Au nom d'Allah »...

La nutrition représente un élément clé de l'enseignement ésotérique. Manger devrait être une prière, un acte d'amour, une participation consciente à l'alchimie divine. Voilà pourquoi il est fondamental de choisir notre nourriture avec soin, et d'exclure non seulement la viande, mais aussi tous les aliments fabriqués industriellement, avec des produits chimiques, additifs et colorants. Tout ce qui a été élaboré sans amour ne nous apporte rien, nous détruit plutôt. Pensons-y plus souvent. Nous sommes ce que nous mangeons. Chacun de nos actes, même le plus simple, comme le fait de se nourrir, participe de notre vie spirituelle.

Par respect pour nos frères animaux, nous sommes végétariens. Le goût des fruits et des légumes est si merveilleux ! Cette pratique nous a permis d'alléger nos corps, de nous sentir plus libres, moins dépendants. Et nous a aidés dans notre cheminement. Il était dans la logique de notre foi de ne plus manger de viande.

Nous n'avons pas oublié que nous avons été animaux, végétaux et minéraux. Y a-t-il eu un ordre hiérarchique dans ces vies successives ? Nous ne le savons pas. Nous pourrions croire que la pierre laisse place à la plante qui s'efface devant l'animal. Mais l'inverse est également vrai.

Pensons au sage, sur la voie de la connaissance... Tout d'abord, il redevient un enfant. Confiant, l'esprit neuf, avide de découvertes, il s'abandonne entièrement aux lois divines. Comme un nouveau-né, il possède toutes les qualités humaines en lui. Puis il donne tout son amour, ses sourires. Il est l'abeille qui offre son miel. Sa générosité devient celle des plantes et des arbres, qui offrent leurs fleurs et leurs fruits, sans rien demander en échange. Il n'est que prière et rend grâce pour la pluie, la lumière et le vent. Ensuite, il se transforme en pierre. Minéral, avec lequel on construit les maisons ou les temples. Solide, loyal, fidèle. Son âme est indestructible, incorruptible. De granit noir, il se métamorphose en pierre blanche, puis en cristal transparent, aux hautes vibrations. Enfin, il se fait lumière... Il a quitté le monde de la mâyâ où tout reste illusions, mouvements, naissances et morts, transformations. Pariodant le poème de Djalal al-Din Rûmi, nous pouvons dire :

J'étais homme, je suis redevenu enfant
J'étais enfant, je suis redevenu animal
J'étais animal, je suis redevenu végétal
J'étais végétal, je suis redevenu minéral
J'étais minéral, je suis redevenu lumière.

... Que serai-je ensuite ? « Je » n'aura plus de raison d'être. L'ego sera détruit. Plus de corps, plus de support, plus de carcan pour emprisonner l'âme. Plus de vêtements, plus d'os ni de chair. Au cœur du Divin, l'âme sera nue. Libérée des causes et des effets, de la loi de karma, affranchie du temps et de l'espace. En adoration éternelle.

Alors, peu importe l'ordre de nos incarnations, que nous soyons d'abord homme pour redevenir pierre, ou pierre pour redevenir homme. Les extrêmes se rejoignent. La vie n'est-elle pas un cercle ? L'essentiel est la libération, la fusion en Dieu.

10

EXPLORATEURS DE L'ÂME

Nos recherches sur les vies antérieures nous ont conduits parfois à aborder d'autres domaines, proches, mais différents, découvrant un vaste terrain d'investigations. Une simple régression devait nous indiquer de nouveaux chemins.

Nous nous sommes trouvés pour des raisons familiales dans le centre de la France, une région riche d'histoire, verdoyante et vallonnée où il fait encore bon vivre et où l'on va, lorsque c'est la saison, à la cueillette des mûres sauvages et des champignons ou bien ramasser des châtaignes.

Nous avons décidé de mettre à profit un moment de calme et de quiétude pour effectuer une régression. Le processus habituel s'est déroulé : la boule bleue sécurisante et protectrice, le tunnel vers l'aventure, la porte que l'on choisit et que l'on pousse...

Bernard : « Il fait froid, il y a beaucoup de vent, je me déplace dans les airs, au-dessus des toits des maisons et de la campagne, je suis un oiseau et je vole... »

Jeanlouis : « Tu vas descendre et retrouver un corps physique qui est le tien, et tu toucheras tes vêtements afin de savoir comment tu es habillé. »

Bernard : « Non, je n'en ai pas envie. Je suis un oiseau et je vole. Je passe au-dessus des maisons, et les toits sont en tuiles ou y ressemblent. J'ai l'impression que je suis sur place, ici, à l'endroit où je suis allongé, mais l'époque est différente... »

Jeanlouis : « Tu vas descendre et ton esprit va se poser sur terre, sois tranquille. »

Bernard : « Non, vraiment, je suis au-dessus de tout. Mais ce n'est pas moi, il ne s'agit pas de moi. Je suis sûr que je ne suis pas concerné, je suis simplement un oiseau, et mes yeux voient... »

Jeanlouis : « Tu vas descendre et t'intégrer dans ton corps physique d'alors. »

Un long moment de silence a suivi. Bernard est très engourdi, il ne parle pas. La situation crée en lui un profond malaise, un réel déplaisir. Il reste ainsi, dans cet état semi-comateux. La voix de Jeanlouis se fait doucement insistante et lui parvient comme à travers du coton !

Bernard : « Bon, ça y est, je descends comme si je tournais autour d'une perche fichée dans le sol. Je descends vite, très vite, et pourtant je n'en ai pas envie... Ce n'est pas moi, je ne suis que spectateur. »

Jeanlouis : « Alors, que se passe-t-il, qui es-tu, où es-tu ? »

Bernard : « Je crois que je suis dans la même région, au même endroit. Je me dédouble. Je suis sous un assemblage de pièces de bois qui ressemble à un char. Il roule, et je m'aggrippe. Le sol est très cahotique. Je ne peux pas dire que j'aie peur, ce n'est pas moi en réalité. Je vois des jambes et des pieds tout autour. Des jambes puissantes qui s'arc-boutent pour faire avancer ce char qui doit peser des tonnes. J'entends des cris, des halètements, des clameurs, Je vois des pieds chaussés de manière très grossière, ce ne sont pas des chaussures, mais des morceaux de peaux de bêtes ligotées avec des lanières qui doivent être en cuir. Tout cela monte assez haut sur la jambe, je ne vois pas très bien d'ailleurs, mais je préfère rester où je suis.

« Il y a une atmosphère effrayante de brutalité, de guerre. Intérieurement je ressens cela comme étant très rouge. Ces gens sont des brutes, c'est évident, ils dégagent un goût de sang. Voilà ! Ils sont sanguinaires. Je ne vois pas leur visage, mais ils doivent être ignobles.

« J'aperçois une tête. C'est une tête de femme, aux cheveux longs qui traînent par terre. Ses yeux sont ouverts et figés dans une expression d'horreur. Elle a dû s'évanouir ou elle est morte. Son visage est labouré, et on la traîne comme un sac, ce doit être une captive, un butin de guerre.

« C'est vraiment la guerre. Une période d'invasions.

Ces sauvages massacrent tout ce qu'ils trouvent sur leur passage. Je vois aussi des sabots de chevaux. Ça crie, ça hurle, des cris d'animaux. Ils grognent, on dirait qu'ils n'ont pas de langage.

« Le char se trouve en haut d'une côte. Mes yeux voient ce qui se passe plus bas. Il y a une grande construction. Des gens s'agitent, courent, se rassemblent. Le char s'est arrêté, placé en haut de la pente. Des bûchers ont été allumés près du bâtiment. J'entends des hurlements. Je crois qu'ils font brûler des gens vivants sur les bûchers. C'est effrayant. C'est rouge. Rouge dehors, mais ces hommes sont rouges aussi dedans. Des sauvages, des brutes, des vandales. Une époque terrible.

« J'ai compris : ils vont précipiter le char au bas de la pente. Ils vont courir à ses côtés, fracasser le bâtiment, briser la résistance. Ce sont des pillards. Un carnage se prépare.

« Ils m'ont vu ! Une tête hirsute se penche sous le char. Une main cherche à me saisir. Je m'envole. Je me suis envolé. Je suis redevenu oiseau. Je vole dans les airs, je suis parti à temps. Je vois toute la scène. Le feu, du feu partout, des hommes et des femmes courent dans tous les sens, poursuivis par ces brutes armées de haches et de gourdins. Les barbares mettent tout à feu et à sang, saccagent les récoltes et les maisons, dans cette région qui semblait prospère et calme... »

Jeanlouis : « Tu es entouré de la boule bleue, tu ne risques rien. Tu vas revenir tranquillement, doucement, détends-toi... »

Le processus du retour s'est déroulé de la manière habituelle. Bernard est resté un moment sans rien dire. Enfin, il s'est étiré, a allongé les bras, serré les poings. Il a eu envie de crier, de hurler pour se décontracter, et s'est contenté de bâiller.

Bernard : « C'est très bizarre. J'étais dans cette région, celle où nous sommes aujourd'hui, peut-être ici même. Mais ce n'était pas moi, je n'étais pas concerné vraiment. Je voyais tout ce qui se passait autour de moi, mais je me suis senti dans le corps de cet oiseau, dont les yeux voyaient les scènes en détail. Je n'étais aucun des personnages présents, ni un barbare ni un habitant du coin. J'étais plutôt simple spectateur de cette boucherie, comme au cinéma en quelque sorte, mais c'était bien plus impressionnant qu'un film d'épouvante ! »

Le soir même, un repas familial nous réunissait. Autour de la table, les propos s'échangeaient. Nous en vînmes à poser des questions sur l'histoire du lieu, sans expliquer pourquoi. Oui, cette région avait été florissante à l'époque gallo-romaine. Oui, à ce moment-là, l'architecture était très avancée, très proche de l'habitat traditionnel actuel, avant de sombrer dans plusieurs siècles d'obscurantisme. D'ailleurs, la maison où nous dînions est construite sur une ancienne tour de guet d'un important site gallo-romain...

Nous avons alors été convaincus que nos esprits avaient capté une partie de l'histoire des lieux : cet épisode sanglant d'invasions et de déchirement. Il ne s'agissait cependant que d'une impression extérieure, car subsistait la certitude de n'avoir jamais vécu dans cette région ni pendant cette période de barbarie. Cela s'explique difficilement mais se ressent. Notre esprit peut, dans certaines conditions, se mettre à l'unisson d'un lieu, entrer en contact avec son passé, sans qu'il soit question de vies antérieures. Peut-on considérer cette expérience comme une preuve de la mémoire qui persiste en un endroit précis ?

Cette découverte – cette mémoire des lieux que nous avions pu capter – n'aurait pas étonné un sage hindou. La tradition indienne explique en effet que toute la mémoire du monde, tout ce qui a été créé, pensé, dit... est enregistré de toute éternité dans l'*Akasha*. Ces archives sont parfois accessibles, et nous venions de découvrir que la conjonction d'un lieu marqué par les événements qui s'y déroulèrent et d'une relaxation, ouvraient les portes de cette fantastique « bibliothèque de l'humanité ». Non seulement nous pouvions connaître nos propres existences antérieures, mais aussi l'histoire du Monde ! Quelques autres expériences ont pu nous convaincre de cette réalité. Mais le but de nos recherches n'était pas de jouer les voyants ou de découvrir les secrets de l'Histoire... Nous voulions approfondir avant tout les mystères de nos incarnations successives. Plus tard, peut-être, aurons-nous l'occasion d'aller plus avant et d'explorer le monde infini de l'*Akasha*.

L'*Akasha* ressemble d'ailleurs étrangement à l'Inconscient collectif, tel que l'a défini C.G. Jung. Constitué d'instincts et d'archétypes, l'Inconscient collectif *n'est pas le fait de contenus individuels plus ou moins uniques ne se reproduisant pas, mais de contenus qui sont universels et qui apparaissent régulièrement*[1]. Il serait donc possible d'avoir accès à ces contenus, notamment en les faisant affluer dans le conscient, ce que peut produire une relaxation profonde. Rien de magique dans ce processus. Jung nous précise d'ailleurs : *Au plus profond d'elle-même, la psyché n'est plus qu'univers*[2]. Nous sommes donc porteurs de l'univers, de sa mémoire. Et celle-ci, dans certaines conditions, nous est accessible. De passionnants horizons s'offrent à l'exploration des hommes. Cette quête a commencé en des temps immémoriaux. Songeons à la sagesse et à la richesse des anciens textes sacrés... À nous de suivre ces traces et de partir, tel Jung, en explorateur de l'âme...

Sur ce chemin, nous avons vu surgir d'autres interrogations. Ainsi, les objets, les pierres ont-ils eux aussi une mémoire ? Dans nos recherches sur les autres vies, nous en sommes venus à nous poser la question. Et la réponse n'est pas si simple. Mais mettons le problème à plat. Dans notre régression à une époque de barbarie, nous avons capté des événements dont le lieu avait gardé le souvenir. Ce phénomène avait été tout à fait fortuit.

Pour avoir accès à la mémoire de l'univers, il suffit d'effectuer un branchement, d'atteindre un niveau d'ondes particulier, c'est une aptitude de notre inconscient.

Proche de cette sensibilité se trouve l'art de faire parler les objets ou les pierres. Cette technique spécifique se nomme psychométrie.

Ne nous étonnons de rien ! Le champ des possibles s'élargit au fil des recherches... Nous avons même côtoyé des esprits errants... Mais pouvons-nous en être sûrs et l'affirmer ? Jeanlouis nous relate cette rencontre :

---

1. *Ma vie, op. cit.*, p. 457.
2. *Op. cit.*, p. 457.

« Après une agréable soirée passée chez des amis, ceux-ci m'accompagnèrent, un étage plus bas, jusqu'à la chambre où je devais passer la nuit. Cette partie de la maison, inoccupée depuis de nombreuses années, servait seulement à accueillir des hôtes occasionnels. Toutes les pièces avaient gardé le mobilier d'origine, il y régnait l'odeur caractéristique des endroits inhabités et un peu d'humidité. On aurait dit que le temps s'était figé, entre les années 1940 et 1950. J'aimais bien cette atmosphère étrange, et m'endormis avec l'impression de camper dans les décors d'un film.

« Happé par un sommeil profond, je me réveillai pourtant. Le calme, celui de la campagne, était impressionnant. Il devait être environ quatre heures du matin. Je n'allumai pas la lumière, pensant me rendormir. Mais, bientôt, je frissonnai : un courant d'air glacé tourbillonnait au-dessus du lit. Je le vis soudain à cet instant précis. Je ne dormais pas, ce n'était pas un rêve. Un homme se tenait debout au pied du lit et me regardait fixement. Il était très brun, moustachu. Il devait avoir un peu plus d'une quarantaine d'années. Ses yeux étaient noirs, perçants, durs. Un bel homme avec une prestance certaine, mais une physionomie tellement sévère ! Il portait une casquette avec un galon doré brodé. Une besace en cuir pendait à son épaule... Il me dévisageait sans parler. Je commençai à avoir peur. Dans mon demi-sommeil, à peine réveillé, je ne réalisai pas ce qui se passait. Cela ne me paraissait pas extraordinaire ni incongru. Simplement, l'homme me dérangeait. Qui était-il ? Que faisait-il ? Pourquoi m'avait-il réveillé ? Toutes ces questions se pressaient dans mon esprit, et il semblait les "entendre" aussitôt. Sans qu'il me parlât, je l'"entendis" à mon tour. Il me dit : "Je suis facteur. Je dois faire ma tournée. Je suis obligé de rester là. Ils ont besoin de moi. Sans moi, ils ne sauraient pas comment faire..."

« Je réalisai que c'était un esprit, une âme égarée. Je lui demandai : "Mais pourquoi restez-vous ici ? Pourquoi ne partez-vous pas ?" Ses yeux lancèrent des éclairs furibonds. "Je suis responsable. J'ai une tâche à réaliser et j'entends qu'elle soit bien faite. Il ne peut pas en être autrement." Je compris que sans cesse, il refaisait les mêmes gestes : il préparait sa tournée, il vérifiait que tout était en ordre. Je l'interrogeai : "Pourquoi n'allez-vous pas vers la lumière, dans un autre monde ?" Il répondit sèchement : "Il n'y a pas de lumière. Il n'y a rien. Rien." Comment se faisait-il qu'il m'apparaisse à moi précisément ?... Il recula de quelques mètres, se tint à côté d'une petite table, sur laquelle il posa sa besace. Il ne "parlait" plus et me fixait à nouveau. J'essayai de l'amadouer, mais il ne semblait plus me percevoir. Après plusieurs tentatives infructueuses, je décidai d'allumer la lampe. Il disparut. Pourtant, je sentais encore sa présence. J'éteignis. Il réapparut, toujours immobile. Je n'allais pas pouvoir me rendormir devant lui. Je me levai et partis avec mon duvet dans une autre pièce. Sans me rendre compte du caractère extraordinaire de cette apparition, je replongeai dans un sommeil sans rêve.

« Le lendemain matin, au petit déjeuner, je ne parlai de rien avec mes hôtes. Cependant, tout au long de la journée, je ne cessai de me poser de multiples questions. Qui était cet homme ? Un esprit errant, une personne qui aurait vécu dans cette maison et serait morte sans trouver le passage, la porte vers l'au-delà. Il devait refaire les mêmes gestes, perdu dans ses souvenirs qu'il n'arrivait pas à quitter. Savait-il seulement qu'il était mort ? S'agissait-il d'un fantôme ou bien les murs de la maison avaient-ils enregistré la vie de son ancien occupant comme sur une pellicule ? S'était-il produit pour moi le même processus que lorsque Bernard avait vécu les scènes de l'invasion barbare ? Était-ce simplement inscrit dans l'*Akasha*, dans le lieu ? Comment savoir ?

Il doit être possible que l'esprit, survivant à la mort de la chair, ne sache pas que son corps a disparu. L'attachement à ce qui a été vécu – l'amour pour certains êtres, les obligations terrestres... – peuvent sans doute retenir l'âme prisonnière. En ce cas, l'esprit doit rester dans le monde de ses souvenirs jusqu'à ce qu'il prenne conscience de son erreur, qu'il se détache de ses illusions. Pour lui, le temps ne doit pas exister. Il est dans un monde très proche, mais parallèle. Peut-être reste-t-il des siècles ainsi, sans se rendre compte de rien, comme dans un mauvais rêve.

« Le soir, n'y tenant plus, je fis la description de l'homme, indiquant qu'il devait être facteur... Le maître de maison, qui retenait son souffle depuis quelques minutes, murmura : "C'est le portrait de mon père que vous faites. C'est exactement lui, sévère, consciencieux !... Il était facteur... C'est lui qui a construit la maison. Et vous avez dormi dans ce qui était sa chambre..." L'homme que j'avais vu avait donc bel et bien existé ! Il était possible que ses ondes aient imprégné la demeure, car il était en effet doté d'un caractère très fort. Auquel cas, ce que j'avais perçu était peut-être une simple image, un souvenir "enregistré" par les murs. Mais s'agissait-il plutôt d'un fantôme ? Nous ne pouvions pas le savoir. Mon hôte, à qui je racontais ce que j'avais vu, ne parut pas autrement surpris. Catholique fervent, il décida de faire dire une messe pour la paix de l'âme de son père décédé.

« Je ne suis pas retourné depuis dans cette maison et je ne sais pas ce qu'il est advenu du "fantôme" – si fantôme il y avait ! Cependant, cette étrange apparition nous donna l'occasion de nous poser une multitude de questions. »

Au cours de nos expériences de régression, nous avons pu retrouver des vies qui furent les nôtres. Ils nous arrive cependant parfois de capter l'histoire d'un lieu, sans pourtant y avoir jamais vécu, comme en a témoigné Bernard. Nous pouvons donc accéder à l'*Akasha*, à la mémoire de l'humanité. Pour cela, il suffit d'une simple relaxation, d'un entraînement régulier. Un objet peut lui aussi témoigner, pour qui sait la ressentir, de sa « vie ». Jusque-là, nous n'avions pas pensé aux esprits, aux fantômes... Nous tenions à rester en dehors de l'occultisme, et pourtant nous constations certains phénomènes inexpliqués. La pratique des régressions avait sans nul doute affiné nos perceptions.

Nous n'avons pas voulu aller plus avant dans ce domaine, qui ne nous était pas familier. D'autres s'en sont préoccupés et il existe une abondante littérature sur le sujet. Pour notre part, nous nous abstiendrons de chercher à communiquer avec les défunts, de faire du spiritisme. Laissons les esprits reposer en paix. Certainement cet état leur est-il nécessaire et prévu par Dieu.

En revanche, certaines âmes peuvent se manifester à nous, implorer du secours. La seule règle est l'amour. L'hôte qui accueillit Jeanlouis a eu, pensons-nous, la meilleure réaction, conformément à sa religion : il a fait ce que son père, lui même catholique, aurait voulu qu'il fasse en pareil cas.

Jung lui-même vécut plusieurs fois de telles situations. Il en relate certaines dans le recueil de ses souvenirs, *Ma vie* : *On se serait cru dans une maison hantée : ma fille aînée vit dans la nuit une forme blanche qui traversait sa chambre. Mon autre fille raconta – indépendamment de la première – que dans la nuit, par deux fois, la couverture lui avait été arrachée, et mon fils de neuf ans eut un cauchemar*[1][...]

Le dimanche [...] l'atmosphère était à couper au couteau. je me rendis compte qu'il fallait que quelque chose se passât. La maison entière était comme emplie par une foule, elle était pleine d'esprits ! Ils se tenaient partout jusque dessous la porte, et on avait le sentiment de pouvoir à peine respirer. Naturellement, une question me brûlait les lèvres : « *Au nom du ciel, qu'est-ce que cela ?* » *Alors, il y eut comme une réponse en chœur :* « *Nous nous en revenons de Jérusalem, où nous n'avons pas trouvé ce que nous cherchions.* » *Ces mots correspondent aux premières lignes des* « *Sept sermons aux morts* ».

Alors les mots se mirent à couler d'eux-mêmes sur le papier, et en trois soirées la chose était écrite. À peine avais-je commencé à écrire que toute la cohorte d'esprits s'évanouit[2][...]

Jung relate un peu plus loin qu'il avait *été saisi et subjugué par un message qu'il (lui) fallait transmettre.*

Contact avec des esprits ? Fantômes ? Imagination, illusions ? Notre monde recèle des mystères insoupçonnés. Aussi, ne refusons rien *a priori* et gardons l'esprit

---

1. *Ma vie*, p. 221.
2. *Op. cit.* p. 222.

ouvert ! Tout naturellement, nous en sommes venus à nous interroger sur la mort, sur le sort des âmes dans l'entre-deux-vies...

11

MORTS ET NAISSANCES : DES PASSAGES

Jeanlouis se souvient de sa mort, la mort de Gerhardt Lehmann, le petit garçon qu'il était dans sa vie précédente. Il n'a pas eu à faire une psychanalyse, un *rebirth* ou une régression. Non, cet épisode, la fin d'une vie, était encore inscrit en lui, à sa naissance. Il n'avait rien oublié. Il n'avait pas bu l'eau du Léthé, dont les Grecs de l'Antiquité disaient qu'elle faisait disparaître les souvenirs. Durant toute son enfance, il a rêvé de cette mort. C'était beaucoup plus qu'un songe : tout y était si réel, si vrai :

« Il fait terriblement chaud, j'étouffe. Avant que la lampe ne s'éteigne, je vois une dernière fois le visage de mon oncle Aaron. Puis c'est l'obscurité, le trou noir. La poussière me suffoque, le sol tremble, les murs s'effondrent... Mon corps est pulvérisé, déchiqueté par une déflagration. Une douleur intense me saisit, me déchire. Je ne sais pas à quel instant précis je suis mort. J'ai juste senti la main d'Aaron presser mon épaule. Un bruit strident, une sirène hurlante a retenti. Je suis tombé, j'ai glissé dans le vide obscur, le long d'une cascade vertigineuse. La douleur a cessé. Je n'éprouve plus rien, seulement ce vertige, l'étourdissement dû à la chute. C'est là, soudain, que je comprends que je suis mort... Je suis soulagé, car je n'ai plus mal. Ma glissade s'interrompt. Je flotte dans un espace sombre, chaud, illimité. On dirait un ciel sans étoiles et sans lune, noir. Pourtant, je n'éprouve aucune peur. Non, je suis bien, calme, paisible. Je sais que j'ai laissé mon corps derrière moi. Cela m'est égal, sans importance. Je ne pense plus à rien, plus même à ceux que j'ai abandonnés, mes parents, ma sœur Rosa, Aaron... Je goûte juste cette quiétude, ce bien-être, ce repos, après toute cette agitation, ce bruit, cette confusion, cette peur... Je suis soulagé que tout cela soit passé. L'épreuve a eu lieu. Maintenant, c'est fini. L'épreuve, ce n'a pas été seulement cette mort violente – si brève en fait – mais toute ma vie de petit garçon, ces douze années, où j'ai eu si peu le temps d'être heureux et insouciant. Il avait fallu fuir, se cacher... Je ne regrette pas d'être mort.

« Cette plongée dans le néant est très courte. J'aperçois une lumière dans le lointain, un scintillement très vif, qui m'attire irrésistiblement. À une allure prodigieuse, je me rapproche d'elle, tandis qu'elle avance vers moi. C'est une lumière intense, d'un blanc très pur, un ange. Je sais que je n'ai plus rien à craindre. La Lumière est Amour. Elle me protège. En une fraction de seconde, je revis ma vie. Les images se chevauchent, les visages de ma mère, de mon père, de Rosa... Je demande : "Pourquoi mon temps sur Terre a-t-il été si court ?" Une voix en moi répond : "Il fallait que tu comprennes, que tu vives ce que tu as vécu..." Je réalise qu'il avait été nécessaire pour moi d'être juif. Je me souviens alors qu'autrefois, dans une autre vie, où pourtant j'avais été religieux, j'avais manqué de tolérance et commis des exactions au nom de Dieu. La voix ne me fait pas de reproches. Je ne suis pas un enfant que l'on dispute. D'ailleurs, je ne suis plus un enfant. Je n'ai pas d'âge. Je suis simplement une âme qui a habité de nombreux corps... La voix est si douce. "Comprends-tu, maintenant ?" Non seulement, je comprends, mais j'éprouve une joie indicible. Cette mort précoce ne me paraît plus ni cruelle ni injuste. Elle est dans l'ordre des choses. J'ai vécu en tant que Gerhardt Lehmann pour progresser, pour évoluer. Aussi, je contemple les images de mon passage terrestre sans regrets ni nostalgie, avec un détachement bienveillant, une curiosité intéressée... Le film s'arrête. J'ai l'impression que le bilan est fait. J'ai été mon propre juge – et je suis content de moi. Je n'aspire plus qu'à contempler la Lumière, à rester ainsi, immobile, dans ce silence apaisant, bienfaisant, dans ces vibrations d'amour.

« Cependant, une force m'appelle. Je sens que je n'ai pas achevé mon parcours... Je dois retourner sur Terre, vivre dans un nouveau corps. Je suis si bien pourtant, si heureux. Je refuse de quitter la Lumière. Je voudrais me dissoudre, me fondre en elle, pour l'éternité. J'ai rejoint Dieu.

« Mais malgré mon refus, malgré tous mes efforts, je suis happé, aspiré... Je dégringole à nouveau dans un tunnel noir. La Lumière s'éloigne, rapetisse... Elle disparaît tout à fait. En dessous de moi, je vois un homme et une femme. Ils s'étreignent. La scène est fascinante, aimantée. Je ne peux plus remonter. Je tombe encore, à vive allure. Je veux résister, je n'y arrive pas. C'est trop tard. Je suis sans force, sans pouvoir. Le choc, ce déchirement, cette peur brutale, sans doute la conception de mon corps actuel...

« Cette sensation est si familière. J'ai vécu cela tant de fois... Je regrette la présence de la Lumière, ses rayons bleutés. Je sais que j'en garde une étincelle en moi, immortelle, invulnérable. Je suis resté au sein de la Lumière pendant plus de vingt années terrestres, entre ma mort et mon retour ici-bas... Vingt années humaines : pour moi un instant furtif, une fraction de seconde. Le temps n'existe pas pour l'âme libérée du corps. »

Les sensations de chute, de flottement, l'image du tunnel, du couloir, du corridor sont fréquentes lors d'une régression. Les vivre permet de se familiariser, d'apprendre à ne plus craindre ce passage de la mort.

Car la mort n'est qu'une simple transition entre deux mondes. Cela, Jeanlouis l'a su très tôt : « Lors du décès de ma grand-tante Juliette, dont j'étais particulièrement proche, je ne m'étonnais pas de la sentir encore auprès de moi, de la voir sous forme d'une petite sphère de lumière, très pâle, aux reflets verts. J'avais une douzaine d'années, mais j'étais bien sûr que ce n'était pas mon imagination. Non, elle me "parlait", nous communiquions par télépathie. Elle me disait qu'elle était beaucoup plus heureuse là où elle se trouvait. Les premiers temps, elle se tenait très souvent auprès de moi, m'encourageait avec amour. Le jour où elle m'expliqua qu'elle devait partir – un an environ après sa disparition physique –, je ne m'en étonnai pas. Je savais qu'elle devait aller vivre une autre vie, ailleurs ; elle s'éloignerait de moi pour un temps, mais c'était nécessaire. De toute façon, nous nous retrouverions...

« Ainsi, il m'a été possible de communiquer, par transmission de pensées, avec quelques êtres chers qui venaient de mourir. La durée du contact avec eux a pu varier, de quelques heures, quelques jours, à quelques semaines, voire plus. Il arrivait cependant un moment où ils devaient rompre le dialogue pour se réincarner ailleurs, dans ce monde-ci ou dans un autre. Ce temps intermédiaire passé, nous pouvions parfois nous retrouver à nouveau. C'est ce qui s'est produit avec ma tante Jane, décédée en 1980. Elle s'est présentée à moi lors d'une relaxation sous l'apparence de la femme indienne, Yanoma, qu'elle fut lors d'une autre vie. Son âme avait choisi l'aspect qui lui semblait le meilleur pour me parler, me transmettre un enseignement précieux. Elle me dit être en attente d'un nouveau corps et me guider, me protéger depuis son monde. Peut-être sera-t-elle ma propre fille dans le futur ? »

Lorsque nous échangeons d'âme à âme, il n'y a plus d'enfant, plus de vieillard. L'âme n'a pas d'âge, et le temps n'existe plus. De même que l'espace n'a pas de réalité. Hors du corps, nous pouvons voyager instantanément à l'autre bout de l'univers, à la vitesse de la pensée... Lorsque nous nous délivrons de notre enveloppe physique, nous échappons aux contraintes imposées par nos sens. L'être handicapé retrouve une parfaite mobilité, l'aveugle recouvre la vue... Il existe une nouvelle forme de corps, qui s'apparente à un nuage, une fumée, qui prend le plus souvent la forme d'une sphère. Mais nous continuons à voir, à entendre. L'attachement que nous pouvions éprouver pour notre apparence physique, – beauté, séduction... – nous semble bien vain, et notre dépouille charnelle ne nous apparaît plus que comme une coquille vide. Précisons qu'il ne s'agit pas pour autant de négliger ce réceptacle de notre âme. C'est un temple que nous devons entretenir, à la manière dont on surveille un feu afin que la flamme ne s'éteigne pas.

Jeanlouis poursuit : « J'ai tout à fait conscience de l'étrangeté de ces contacts. Mais ils sont spontanés. Je ne suis pas doté d'un pouvoir quelconque. Je ne provoque rien. Seulement, je fais en sorte d'être à l'écoute. Je suis persuadé que nous ne sommes jamais, jamais véritablement séparés de ceux que nous aimons, et qui nous aiment. Un lien invisible nous relie toujours. Il ne faut pas hésiter à le dire, car cette conviction est porteuse d'un immense espoir pour tous ceux qui craignent de ne pas retrouver leurs défunts.

L'amour est la force qui peut vaincre le temps, l'espace et la mort. Parmi nos anges gardiens, il peut y avoir des êtres que nous avons aimés, aujourd'hui décédés. Ils veillent sur nous et nous protègent. »

Le monde des morts est sans doute beaucoup plus proche de celui des vivants que nous le pensons habituellement. Souvenons-nous du beau film des frères Taviani, *Kaos*, où un écrivain rencontre le fantôme de sa mère et dialogue longuement avec elle. Ou de cette chronique d'Allemagne, *Heimat*, qui raconte la vie d'Anna, l'héroïne. Après sa mort, tandis que les vivants s'amusent dans la salle des fêtes, les disparus dansent juste au-dessus d'eux, dans le grenier du bâtiment. Les deux univers se superposent. Est-ce une métaphore ou l'image d'une exacte réalité ?

Communiquer avec des êtres chers, décédés, n'est pas impossible, ni réservé seulement aux enfants ou à ceux qui sont doués de médiumnité. Il faut pour cela être attentif, à l'écoute, afin de capter les messages d'amour, les signes parfois ténus, presque imperceptibles, qui nous parviennent. Avoir la foi en la survie des âmes...

En revanche, nous n'avons jamais ni appelé ni forcé une âme, même celle d'un proche, à entrer en contact avec nous. Nous rejetons toute forme de spiritisme. Non seulement il s'agit de se méfier des charlatans, mais nous devons penser aussi que les âmes méritent le repos. Nous n'avons pas le droit de les troubler. Nous devons faire face à nos problèmes nous-mêmes. Demandons l'appui de notre Dieu selon nos croyances, d'anges ou de saints, ou même d'amis bien vivants. N'oublions pas que les connexions entre les mondes, si elles ne sont pas spontanées, peuvent être nuisibles, aux uns comme aux autres. Chercher à retenir auprès de nous l'âme d'un être disparu n'est pas un acte d'amour. Car ce serait l'empêcher d'évoluer, de poursuivre son chemin. Nous devons en être très conscients.

L'expérience personnelle que nous relatons ici nous a toujours paru naturelle, sans doute parce que nous vivons cette dimension depuis notre enfance. Jamais ces contacts n'ont revêtu pour nous de caractère ésotérique, étrange ou paranormal : ils allaient de soi, même s'ils nécessitaient toujours un état de calme complet, de tranquillité, tels que peuvent en procurer le repos, le sommeil, la relaxation, le yoga, la méditation...

C'est sans surprise que nous avons par la suite appris que nous n'étions pas seuls à vivre de tels phénomènes : sortie de l'âme hors du corps, contacts avec d'autres âmes... Nous sommes persuadés qu'il existe une vie après la mort, que la mort n'est qu'un passage. Même si nous n'avions pas toujours été croyants, le fait d'avoir recontré la Lumière entre nos deux vies, l'actuelle et la précédente, et de s'en souvenir, nous aurait convaincus de l'existence de Dieu. Car cette fusion est amour, un amour immense, intense, inimaginable sur notre Terre. Ce ne peut être qu'une manifestation divine. Ne lit-on pas dans tous les textes sacrés que Dieu est Lumière...

Nous avons retrouvé une concordance frappante entre nos expériences et celles relatées par le Dr Raymond Moody dans ses ouvrages *La Vie après la vie* et *Nouvelles Lumières sur la Vie après la vie*[1] : tunnel, rencontre avec la lumière, absence de temps... Les travaux sur l'accompagnement des mourants du Dr Élisabeth Kübler-Ross présentent aussi un grand intérêt, comme ceux d'Hélène Renard, sur *L'Après-vie*[2]. Il peut être utile de confronter ses propres sensations, intuitions, avec ce que d'autres ont pu vivre, sans, souvent, oser en parler. La mort dans notre monde occidental est un tabou. On la rejette, on la cache, alors qu'au contraire nous devrions nous familiariser avec elle, l'apprivoiser pour ne plus la craindre.

Il convient d'accompagner le mourant comme on accueille l'enfant lors de sa naissance – cet autre voyage. Car ces passages peuvent être douloureux. Mourir dans la dignité, entouré d'amour, c'est, avec certitude, arriver

---

1. J'ai lu, 1987.
2. Hélène Renard, *l'Après-vie*, Lebaud, 1985.

plus facilement dans l'autre monde. N'est-ce pas ce dont témoignent mère Térésa et toutes ces sœurs qui offrent aux mourants des rues de Calcutta et du monde une main tendue.

D'autres civilisations que la nôtre n'ont pas occulté ce fait essentiel qui est de guider celui qui expérimente la mort. Les cérémonies funéraires qui remontent à l'aube de l'humanité prouvent cette préoccupation, de même que des ouvrages très élaborés, comme le *Livre des morts égyptien* ou le *Livre des morts tibétain*[1]. Le *Bardo Thödol* décrit les étapes intermédiaires entre la mort et la renaissance. Cette adaptation bouddhique d'une tradition du Tibet, écrite avant le VIIIe siècle, était lue au chevet du défunt pour l'aider à comprendre ce qui l'attendait de l'autre côté, et à choisir la voie qui lui conviendrait le mieux, entre les différents mondes et la libération, l'accès au « paradis ».

Nos propres expériences nous ont intimement persuadé que l'âme n'est pas entièrement dépendante du corps, qu'elle peut parfois s'en échapper et surtout qu'elle survit à la disparition de ce dernier, qui n'est plus ressenti alors que comme un véhicule, un vêtement transitoire. De nombreux témoignages, on l'a vu, corroborent notre conviction. Mourir, ce n'est que partir pour un voyage un peu plus lointain. La vie n'a pas de fin.

---

1. Ou *Bardo Thödol,* Maisonneuve, suivi du commentaire de C.G. Jung, 1987.

DEUXIÈME PARTIE

VOTRE ITINÉRAIRE

12
À LA DÉCOUVERTE DE VOTRE KARMA ET DE VOS AUTRES VIES

Qu'est-ce que le karma ?

Mehdi, par l'intermédiaire d'Ibn Arabî, a pu s'approcher du soufisme. Atibi N'Dwala nous a parlé de l'animisme. Le vénérable Wung nous a livré sa connaissance du Tao... Ainsi, dans chacune de nos vies, nous avons été en contact avec des religions, des conceptions différentes, et nous avons été amenés à élaborer une synthèse entre ces diverses croyances qui furent les nôtres, séparant le bon grain de l'ivraie et extrayant la quintessence de leur sagesse... Nos expériences de régressions et nos recherches sur nos autres existences ne nous ont cependant pas mis en présence de ces traditions religieuses où le concept de la réincarnation est si présent – telles que celles de l'Inde et du Tibet. Nul souvenir de ce genre ne nous est pour le moment revenu en mémoire. Peut-être n'avons-nous jamais vécu dans ces pays, peut-être aussi avons-nous oublié... Nous nous sommes penchés avec d'autant plus d'intérêt sur ces textes sacrés que sont la *Bhagavad-Gitâ*, l'*Astavakra-Gitâ*, l'*Advaita-Gitâ*... qui sont des références fondamentales pour tout chercheur de vérité. Nous les avons abordés par l'intermédiaire des ouvrages d'Alexandra David-Néel.

Car c'est vers ces doctrines, chinoise, hindoue, tibétaine, que l'on doit se tourner lorsqu'on aborde le domaine de la réincarnation. En effet, de nouveaux concepts se présentent à nous, pour lesquels notre vocabulaire occidental ne possède pas réellement de mots. Ainsi, de nombreux termes sanskrits, difficilement traduisibles, sont-ils passés dans notre langage courant. Ce sont eux, sans nul doute, qui expriment le mieux certaines subtilités. Dans cette ancienne langue sacrée qu'est le sanskrit, le mot « karma » signifie « action ». Par extension, il signifiera la « loi de cause à effet » : selon cette loi, chacune de nos actions, même la plus infime, a une répercussion, qui finalement reviendra vers nous. Nous obtenons en fin de compte ce que nous méritons... Mais le karma est universel. Même dans la Bible, nous trouvons de nombreuses assertions qui mettent parfaitement ce principe en lumière. C'est la parole du Christ lorsqu'il nous dit : *Quoi que vous ayez semé, vous le récolterez.* De même, nous pouvons lire dans l'Apocalypse (chap. 13, verset 10) : *Celui qui emmène avec lui des captifs sera lui-même captif, celui qui tue par l'épée périra par l'épée.* Cette loi se retrouve aussi dans le monde physique. C'est ce qu'a défini Newton en affirmant : *Toute action a sa réaction qui est égale et contraire...*

Le karma nous clame que nous sommes responsables de nos actes. Il nous faut assumer cette responsabilité, sans pour autant diviser nos actions en « bonnes » et « mauvaises ». En effet, ces qualificatifs dépendent d'une morale, d'un mode de pensée, d'une conception du monde, et il n'existe aucune règle universelle définissant ce qui est bien ou mal. On se gardera surtout de dire, par exemple : « Il est infirme parce qu'il a fauté, péché, dans une vie antérieure. » Non ! Il aura choisi ce corps pour évoluer, pour apprendre. Nous nous incarnons sur Terre pour y recevoir des leçons. À nous de les assimiler. Nous sommes libres d'en tirer parti ou de ne pas les entendre. Quoi qu'il en soit, tenons-nous éloignés de tout sentiment de culpabilité judéo-chrétienne... Laissons les choses telles qu'elles sont. Comme il s'agit de construire notre vie dans l'ici et maintenant, les remords ou la contrition ne nous seront d'aucune utilité, à moins bien sûr que nous éprouvions le besoin personnel d'expier. Mais il en sera ainsi parce que, au moins inconsciemment, nous le décidons nous-mêmes. N'oublions pas que chacun de nous est son propre juge. Nous appliquons nos propres lois. Alexandra David-Néel nous le rappelle : *Seuls les ignorants parlent de punition et de récompenses. Il n'y a là que la loi inexorable, souverainement rationnelle des causes et des effets de « l'acte et de ses fruits »*, disent les Tibétains[1].

Elle poursuit : *Généralement, tous les effets des actes accomplis dans une incarnation ne se manifestent pas ou ne sont pas entièrement épuisés dans l'incarnation suivante. Ces effets « tenus en réserve » peuvent se combiner avec ceux émanant des actions accomplies dans l'incarnation immédiatement précédente. La loi des causes et des effets ne consiste pas en des lignes droites et simples, mais en des combinaisons, des enchevêtrements qui, bien que ne déviant jamais du principe initial, en laissent les résultats, la plupart du temps, imprévisibles. Remarquer, aussi, qu'un effet n'est jamais le produit d'une cause unique, mais celui de plusieurs causes combinées. De plus, les causes principales ne jouent qu'associées à des causes secondaires : ambiance physique et mentale, etc*[1].

Dans tous ces « enchevêtrements », nous serons amenés à distinguer divers types de karmas, et afin d'éclairer les multiples formes qu'il peut revêtir, une classification sera établie.

Le karma immédiat n'attend pas une incarnation future pour être réglé. Il correspond en quelque sorte à l'adage « Il y a une justice sur Terre ! » : une personne intègre et très travailleuse se verra récompenser par une promotion professionnelle allant de pair avec un changement de statut social. À l'opposé, une jeune femme pourra séduire le mari de sa meilleure amie et le lui ravir. Quelques années plus tard, cet homme la quittera pour une autre femme, plus jeune qu'elle. Le scénario se répète de la même manière et le karma se dénoue rapidement, apportant au cours de l'existence actuelle joie ou chagrin.

À l'opposé, *le karma « tenu en réserve »*, pour reprendre la terminologie d'Alexandra David-Néel, se règle au cours d'une autre incarnation, lorsque les conditions favorables sont réunies. Ainsi, on peut être très heureux en amour parce qu'on a déjà passé plusieurs vies de droiture et d'honnêteté affective, l'inverse pouvant, bien

---

1. *Immortalité et Réincarnation*, Le Rocher, 1987, p. 53.
1. *Op. cit.*, note 1. p. 55.

entendu, jouer. Si l'on va d'échec financier en pertes d'argent, c'est qu'on a pu être peu scrupuleux dans une autre vie... Le karma, en quelque sorte, reste en l'air, comme un boomerang, pour jouer ultérieurement.

Une autre distinction peut être faite en fonction de la forme que revêtira le karma.

Le karma « à l'identique » reprend des formes exactement similaires. Il correspond à l'adage « Œil pour œil, dent pour dent. » Une malhonnêteté dans un domaine particulier entraînera une perte ou des difficultés dans le même domaine, immédiatement ou dans une autre vie... Une tromperie affective apportera ultérieurement des soucis sentimentaux, des exactions provoqueront des problèmes de santé ou des douleurs inexplicables.

Le karma symbolique, lui, revêt une forme différente, liée aux nouvelles conditions socio-économiques par exemple. Il adopte par analogie un caractère symbolique. Si l'on a frappé des esclaves avec un fouet lors d'une vie de négrier, on aura plus simplement des migraines insoutenables. Ou si l'on a été particulièrement bon et généreux lors d'autres vies, on naîtra dans l'existence avec la sensation réelle que tous les bienfaits de la providence nous sont destinés.

Le karma collectif, enfin, est un karma global qui dépasse le destin de chacun de nous en particulier. Des accidents de train ou d'avion, des explosions nucléaires, des inondations, des tremblements de terre... peuvent toucher des milliers, voire des millions de personnes. De nos jours, la planète entière peut être détruite par l'énergie atomique... Face à cette terrible constatation, nous ne pouvons que relativiser l'importance de notre ego. Si la loi de cause à effet implique des bouleversements terrestres, des catastrophes écologiques, il se peut que l'homme, et avec lui tous ses « petits » karmas individuels, soit balayé.

Car Gaïa, la Terre, a elle aussi un karma. Tout comme chaque ville, chaque nation, chaque continent, chaque peuple, a un karma qui lui est propre. Nous pouvons penser qu'il en est de même pour le système solaire, la galaxie... et ainsi de suite jusqu'à l'infini...

Chaque ensemble fait partie d'un système plus grand que lui-même. Nous sommes entraînés dans un gigantesque mouvement circulaire. De nombreuses cultures ont représenté cet aspect en créant des « roues de la vie », des *mandalas*. Soyons davantage conscients que nous agissons au sein d'un Tout, dont les parties sont indissociables. Tout est Un. Et chacun de nos actes se répercute, s'amplifie. Voilà pourquoi, malgré notre petitesse, notre apparente finitude, chacun de nos gestes, chacune de nos actions, revêt une immense importance. Car tout s'enchaîne et provoque un effet de boule de neige.

Nos karmas individuels ont donc leur raison d'être. Tout au long de cette seconde partie intitulée « Votre itinéraire », nous aurons l'occasion de vous présenter différents types de karmas, tels que le karma physique, sexuel, psychologique. Nous verrons aussi comment la loi de cause à effet peut intervenir dans le cadre du couple, de la famille, lors de la conception d'un enfant, puis au long de son éducation, lors d'un choix professionnel. Vous pourrez découvrir des exemples concrets, des témoignages vécus, le plus souvent au cours de régressions menées par nos soins.

Comment retrouver vos autres vies ?

À ce stade, la question que vous vous posez sûrement est : « Comment savoir quel est mon propre karma ? » et « Comment découvrir mes autres vies ? »

Retrouver son karma est une démarche sacrée, religieuse. La sagesse voudrait qu'on l'entreprenne avec déférence et respect. Il ne doit pas s'agir de simple curiosité mais d'une réflexion menant à une meilleure connaissance de nous-mêmes, une étape sur le chemin vers la Lumière, vers la libération où, enfin affranchis du karma, nous ne nous réincarnerons plus et où notre âme vivra dans l'éternelle extase du Paradis, du *Nirvâna*.

Il est bon de commencer cette démarche par une

volonté d'apaisement intérieur, afin d'acquérir la conscience d'être. Prendre du recul sur notre vie et ses événements. De nombreuses voies se présentent alors, chacune possédant sa richesse propre : le yoga, la relaxation... Certains préféreront méditer devant un *mandala*, cette figure géométrique, ce cercle qui rappelle l'unité primordiale. D'autres réciteront des *trantras*, prieront dans le calme d'une chapelle ou au bord d'une rivière...

L'essentiel est de commencer une recherche spirituelle, de se découvrir en harmonie avec le monde. De nombreuses lectures pourront nous guider, de multiples enseignements sont à notre disposition : les livres de Prajnanpad, de Krishnamurti, d'Ibn Arabî...

Dès lors, nous serons prêts à développer une nouvelle philosophie de vie et à accepter ce que nos découvertes vont nous apporter.

Comment connaître notre karma ?

Faisons le point sur nous-mêmes, sur notre caractère, sur ce que nous aimons, détestons, sur ce qui nous dérange. Étudions nos relations avec les autres. Prenons un cahier, notons tout. Inscrivons le nom de ceux pour lesquels nous éprouvons une vive attirance ou, au contraire, une forte répulsion inexpliquées. Pensons à ceux qu'il nous semble connaître depuis toujours. Interrogeons-nous sur le pourquoi de ces impressions... Classons, trions ! Marquons tous les indices qui pourraient nous suggérer que nous avons déjà vécu : les sensations de déjà vu, les visions fugitives. Prenons l'habitude d'inscrire nos songes. Un rêve récurrent peut nous révéler beaucoup. Ainsi, c'est grâce à un tel rêve que Jeanlouis n'a jamais oublié son existence précédente. Écrivons. Essayons même l'écriture automatique : quand, en état de relaxation ou de transe, la plume glisse d'elle-même sur le papier. Allongés, détendus, nous pouvons laisser venir les mots, les enregistrer au magnétophone.

Cherchons à connaître l'origine de nos goûts, de nos violons d'Ingres. Parlons de notre cheminement à nos proches, à nos parents, à certains amis. Nous pouvons obtenir des recoupements étonnants.

Pour aller plus loins, nous aurons la possiblité de nous tourner par exemple vers la numérologie, afin de « calculer » notre karma, selon la méthode que nous indiquons dans le chapitre suivant. Nous pouvons aussi consulter un astrologue qui lira notre karma dans notre ciel de naissance, car certains points particuliers du thème astral permettent d'apporter un éclairage sur notre héritage karmique. Ainsi, la position des nœuds lunaires, et l'axe du dragon, nous fourniront de précieuses indications.

Ensuite, peut-être vous sentirez-vous prêts à faire une régression. Certes, tout le cheminement que nous venons de conseiller n'est pas obligatoire. Mais il offre l'occasion d'un profond enrichissement de l'âme. Il serait triste de n'y voir qu'un amusement, un passe-temps ou des futilités...

Parfois, il se peut que nous n'ayons pas été dans une vie antérieure ce que nous pensons. Il ne faut pas croire le premier « voyant » venu, mais plutôt, dans le cadre d'une recherche intérieure, recourir à une régression. L'expérience cependant n'est pas sans danger et il convient de mûrir longuement sa décision.

Nathalie est une belle jeune femme blonde, très séduisante. Son père est d'origine allemande, sa mère bretonne. Elle s'est complètement identifiée à sa famille maternelle et rejette violemment tout ce qui peut lui rappeler l'Allemagne. Elle refuse de voir ses oncles et tantes, de même que ses nombreux cousins, qui vivent au-delà du Rhin. Elle ressent une aversion profonde envers ce pays. Nathalie croit aux vies antérieures et explique ainsi son rejet : « J'ai vécu en Allemagne dans une autre vie. Ma voyante me l'a affirmé. Elle m'a dit que c'était une existence précédant juste celle-ci, sous le troisième Reich... J'étais juive... » Nathalie s'interrompt, pâlit, s'excuse : « Je ne peux pas y penser sans avoir des palpitations. C'est une angoisse terrible qui me prend, des nausées, des vertiges... J'ai dû être gazée. D'ailleurs, j'ai toujours eu de l'asthme. Ça va mieux maintenant, mais quand j'étais enfant, c'était terrible. Quand quelque chose me fait peur, quand je me sens en danger, ça peut me reprendre. J'ai des crises, j'étouffe. À chaque fois, je crois que je vais y passer. C'est pour ça que je veux revivre ma vie de juive. Je veux savoir. Je sais que ça va être dur. Mais je m'y prépare. Je veux être débarrassée de cette angoisse, et puis de cette haine horrible qui me ronge, qui me dévore. Je suis hôtesse d'accueil – je parle anglais, espagnol – j'ai toujours refusé d'apprendre l'allemand, malgré mon père qui voulait m'y forcer. Dans mon métier, je dois guider des touristes. Parfois, il arrive que ce soit des Allemands. J'essaie toujours de me faire remplacer. Si je ne peux pas, j'en tombe malade. J'ai envie de tuer, un instinct de vengeance. Je n'en ai pas l'air, mais je peux être très violente. Je crois que je pourrais leur arracher les yeux. Cette violence en moi me fait peur. Je voudrais pardonner, pour l'holocauste, la *Shoah*. Je ne peux pas... »

En commençant sa régression, Nathalie ne s'attendait pas du tout aux images qui allaient surgir en elle : « Je suis une petite fille blonde, avec des nattes. Je dois avoir huit ans. Nous sommes pauvres. Nous vivons entassés dans un taudis... J'entends ma mère qui m'appelle : "Ilse ! Ilse !..." C'est étrange, mais... mais je n'ai pas l'impression d'être juive. En tout cas, je suis allemande. Nous manquons de tout. Je suis très malheureuse.

« Papa a disparu. Il ne revient plus. Nous n'avons pas d'argent. Maman est malade, fatiguée. Qu'allons-nous devenir ?...

« Maman a trouvé un travail, dans une famille de juifs. Le monsieur est médecin. Ils sont riches, eux, ils ont tellement d'argent à côté de nous qui n'avons rien. Des fois j'accompagne maman. Je l'aide à faire le ménage, à laver la vaisselle. Un jour, j'ai regardé dans le bureau. Il y avait de beaux objets, étranges, des meubles en bois noir, des livres. J'ai touché les couvertures. Le monsieur est entré et il m'a vue. Il m'a giflée en criant. J'ai pleuré. Il a dit à ma mère que j'étais une voleuse, qu'il ne voulait plus me revoir là.

« ... J'ai grandi. Hitler est arrivé au pouvoir. C'est un homme extraordinaire. Il va rendre sa fierté à l'Allemagne. J'ai quinze ans. Je me suis engagée dans les Jeunesses hitlériennes. Pour la première fois de ma vie, j'existe, je suis reconnue...

« Ma mère est morte. Je travaille dans un camp où des juifs sont parqués. Je vais les faire payer. Ce sont eux qui sont responsables de tout, de notre malheur. Je me venge. Je leur fais payer cher à ces sales femmes. Je les hais. Je voudrais les tuer, tous... Il faut les exterminer... Mon Dieu ! »

Nathalie éclate en sanglots. Nous parvenons à l'apaiser, non sans difficulté. Elle se redresse, très agitée : « Je n'aurais jamais cru ça. Et pourtant c'était moi. J'en suis sûre. C'est évident... J'étais un monstre. J'avais une telle douleur en moi. Nous avions été tellement humiliées, ma mère et moi. C'était une revanche. Je ne savais pas... Maintenant je comprends. Je ne sais pas comment faire. Je me sens coupable. C'est pour ça que je me suis identifiée à mes victimes d'autrefois... »

Cette expérience nous a montré qu'il fallait être très prudent. Les régression révèlent souvent des vérités, amènent des prises de conscience surprenantes qui, si elles ne sont pas forcément agréables à admettre, apportent toujours un enrichissement spirituel.

Il est nécessaire lorsqu'on désire faire un « retour en arrière », d'aller vers un praticien sérieux, ayant déjà lui-même retrouvé des souvenirs lointains et connaissant parfaitement cette technique.

Il se peut que votre régression vous fasse revivre des moments très pénibles : une noyade, une mort violente... C'est pourquoi il faudra la présence constante d'un thérapeute avisé auprès de vous qui saura vous guider, vous rassurer, vous aider, voire vous accompagner. Il devra à tout instant être capable de vous ramener dans votre corps, dans votre présent. Il faut être extrêmement vigilant. Car revivre certains événements peut les récréer dans la réalité. La souffrance, la douleur tout comme la joie sont bien là, à nouveau présentes. Quelqu'un qui serait mort par étouffement ou de crise cardiaque peut revivre ce passage avec une telle intensité que sa vie sera peut-être mise en danger : il pourra suffoquer, son cœur s'emballer. L'accompagnateur devra donc être particulièrement prudent. C'est la raison pour laquelle nous voyageons avec la sphère bleue, que l'on peut réintégrer à tout moment, et qui joue un rôle protecteur fondamental.

Le patient peut aussi se retrouver dans un tel état de bien-être, dans un monde si merveilleux qu'il refusera de revenir à lui...

Voilà pourquoi une telle démarche nécessite d'avoir effectué une recherche préliminaire. Mettons en garde contre les régressions de groupe, où des dizaines – voire des centaines – de personnes tentent de revivre leurs autres vies en même temps. Deux ou trois intervenants ne sont pas assez nombreux pour agir efficacement en cas de difficultés. La régression doit être individuelle : c'est une démarche éminemment personnelle dans laquelle il faut être assisté, protégé.

Toutes ces précautions réunies dans l'harmonie, le calme et la sécurité, vous pourrez retrouver enfin les souvenirs de vos autres vies, comprendre le pourquoi et le comment des choses, les tenants et les aboutissants de votre venue sur Terre. Ce pourra être l'occasion d'une thérapie salutaire où peurs, angoisses et phobies seront coupées à la racine. Les nœuds karmiques pourront être dénoués, les leçons assimilées. Peut-être même pourrez-vous, après plusieurs retours en arrière, retracer votre cheminement de corps en corps, de vie en vie. Ainsi parviendrez-vous à connaître toutes vos existences, selon la démarche que prônait le Bouddha à ses disciples, et parviendrez-vous à l'extinction du jeu karmique, des illusions, pour, libérés, goûter la plénitude de la Vérité.

13

LA NUMÉROLOGIE KARMIQUE

La numérologie, ou science des nombres, étudie les significations symboliques et ésotériques qui se cachent derrière les figures que nous connaissons, et qui servent habituellement à compter. De tout temps, les hommes leur ont attribué d'autres valeurs que simplement quantitatives. Dans toutes les traditions, les religions, les civilisations, on retrouve ces aspects symboliques, mystiques, sacrés, au-delà des apparences : la face cachée des nombres.

L'étude approfondie de la numérologie nous met très vite en contact avec les notions de rythme, de périodicité, de vibrations. Les nombres émettent une énergie impalpable et, par le biais de notre inconscient, nous déterminent et nous dirigent. Les rapports existant entre cette science et d'autres approches comme l'astrologie, la géomancie, les biorythmes, le tarot, sont nombreux, comme faisant partie d'un grand Tout, qui préside à l'origine et au devenir des hommes et de l'univers.

La gamme des premiers nombres va de 1 à 9 et vit à chacun de ces stades la symbolique qui lui est attachée. Dans notre parcours terrestre, nous connaissons tous cette progression, passons par toutes les étapes. L'objet de ces pages n'est pas de faire un bref résumé, un illusoire raccourci de cette science ancestrale, mais bien d'établir ses rapports avec le cycle des réincarnations. On retrouve cette symbolique des nombres et des lettres partout, dans le monde entier. Les hindous y font appel, ainsi que les Chinois. La numérologie arabe est universellement réputée. Les civilisations aztèque et maya établissaient une périodicité et procédaient déjà à un découpage cyclique du temps. Certains évoquent l'Atlantide ou la civilisation lémurienne. Tous reconnaissent Pythagore comme étant le père et précurseur de la numérologie moderne. Vivant au VIᵉ siècle avant notre ère, en Grèce, et grand mathématicien, il fonda l'école qui porte son nom, qui nous en a transmis les connaissances.

Tous les textes sacrés font référence à la science des nombres. La tradition hébraïque rattache les vingt-deux lettres de l'alphabet aux vingt-deux sons correspondants et aux vingt-deux sentiers de l'arbre de vie. Dans la Bible, l'Apocalypse de saint Jean comporte vingt-deux chapitres qui peuvent être mis en étroite liaison avec la symbolique des vingt-deux premiers nombres. Quant aux arcanes majeurs du tarot, ils sont, eux aussi, au nombre de vingt-deux... Vingt-deux, ce « maître nombre » qui possède en numérologie des significations bien précises, des vibrations très fortes et élevées, revient dans chacune de ces traditions. Est-ce un simple hasard, une pure coïncidence ? Les nombres, au-delà de leur signification primaire, quantitative, ont un contenu symbolique d'une portée et d'une richesse extrêmes.

Numérologie et réincarnation sont intimement liées. On évoquera simplement ici l'*anamnesis*, doctrine platonicienne dont l'origine remonte certainement à Pythagore et qui consiste à retrouver ses souvenirs de vies antérieures. Pythagore lui-même croyait en la métempsycose et se souvenait de ses autres vies. Empédocle reconnaissait qu'il possédait une science extraordinaire qui lui permettait de se rappeler ce qu'il avait été en une vingtaine d'existences humaines. Les traditions des confréries pythagoriciennes considèrent l'entretien de cette mémoire des vies passées comme fondamentale.

Ce n'est pas par hasard si nous naissons un jour donné, d'un certain mois d'une année particulière. Tous ces éléments, mois, jour, année de naissance, et le total obtenu par leur addition, nous permettent de parcourir un chemin qui nous est propre, notre chemin de vie, avec ses bonheurs et ses peines, ses opportunités et ses obstacles. Cette vie, c'est notre âme qui a choisi de la vivre, de suivre cette voie, de dépasser certaines difficultés, pour progresser, se perfectionner.

Cette évolution, nous la vivons déjà au cours de notre actuelle vie terrestre. Les cycles se suivent les uns les autres, se succèdent, par périodes d'égale longueur, et nous permettent d'intégrer les leçons, de ne pas répéter les mêmes erreurs. Ainsi, la vie nous donne des chances à intervalles réguliers. Et nous met à l'épreuve, tout aussi régulièrement. Lorsque nous n'avons pas su saisir une opportunité, ou lorsque nous n'avons pas compris la leçon à un certain moment, la chance nous sera accordée d'en bénéficier ultérieurement, ou bien le piège se représentera à nouveau, au cours du cycle suivant, pour nous amener à bien assimiler les règles du jeu...

Tout va par neuf dans notre vie actuelle, car neuf est le cycle de l'homme. La période de gestation, neuf mois, n'est-elle pas, en quelque sorte, un premier clin d'œil ? Les cycles se répètent, tout au long de notre vie, et ont une durée uniforme de neuf : neuf jours, neuf mois, neuf ans... Les événements se reproduisent, parfois sous des formes différentes, les grands bonheurs et les coups du sort, avec une grande régularité. Vous pourrez vérifier dans cette propre vie, et constater cette périodicité.

Pour parcourir le chemin de vie issu de notre date de naissance, nous nous sommes donnés un certain nombre de bagages, aussi étrange que cela puisse paraître au premier abord : il s'agit du nom de famille et du prénom que nous portons à notre naissance. Rien n'est hasard, rien n'est gratuit. Notre âme a décidé, même si notre conscient le refuse. Elle a décidé de s'incarner dans un contexte familial et social donnés, une époque, un pays, une civilisation. Tous ces éléments sont contenus dans notre nom de famille, qui peut déjà donner certaines constantes de vie aux membres de ce même cercle. Mais pour nous transmettre notre individualité, toutes nos particularités, notre âme va porter un état civil complet, formé aussi d'un prénom. Qu'il s'agisse d'une tradition familiale, d'une mode ou de toute autre bizarrerie apparente, rien n'est le fruit du simple hasard : notre âme a insufflé à nos parents, d'inconscient à inconscient, le choix du prénom, afin de posséder tel ou tel trait de personnalité, afin de vivre tel ou tel événement. Cette subtilité est souvent difficile à accepter, se heurte à ce que l'on nomme la logique, la raison. Et pourtant... L'étude approfondie de cette science, puis une longue pratique vont dans le sens de cette conviction. Cette hypothèse se vérifie par l'adéquation étonnante existant entre l'ensemble constitué par un prénom et un nom de famille d'une part, et les traits de caractère et composantes psychologiques de celui ou celle qui les porte, d'autre part. Cela permet parfois, au cours d'une consultation, d'émettre des doutes sur l'état civil d'une personne : les caractéristiques numérologiques étant par trop éloignées de la réalité, nous ferons des recherches et découvrirons la vérité. Le prénom usuel n'était pas celui porté à la naissance, ou bien les parents auront donné un autre prénom usuel que celui figurant sur l'extrait de naissance, parfois même l'officier d'état civil se sera trompé... Mais à chaque fois, il faudra en convenir : les données indiquées sur le document officiel correspondent le mieux aux traits psychologiques et au comportement du sujet.

Quant aux références à la réincarnation, elles proviennent d'un grand nombre de questions et de recoupements, d'hypothèses et de vérifications. Chaque cas individuel est unique en soi, mais permet d'obtenir des constantes et d'en extraire des règles plus universelles.

Comme nous faisions, en parallèle de la pratique de la numérologie, nos recherches communes sur les vies antérieures et les cycles de réincarnations, nous avons pu mettre en lumière les résultats obtenus par le procédé des régressions, et le comparer à ceux tirés de l'analyse numérologique.

Nous allons, dans les paragraphes qui vont suivre, exposer le plus simplement et le plus clairement possible ces règles, afin que chacun puisse faire son propre « bilan karmique ». Le but de ces pages est de fournir un outil pratique et à la portée de tous, pour faire une recherche personnelle sur soi-même, sans avoir recours à un avis extérieur ni à un quelconque professionnel.

Les nombres, nous l'avons déjà noté, se réduisent à la gamme allant de 1 à 9. Pour les octaves supérieures, on applique le principe de l'addition théosophique, pour les réduire aux neuf premiers nombres. Un mot bien compliqué pour une méthode on ne peut plus facile :

10 fait 1 car 1 + 0 = 1
19 fait 1 car 1 + 9 = 10 et 1 + 0 = 1
59 fait 5 car 5 + 9 = 14 et 1 + 4 = 5
Voilà pour le principe.

Lorsqu'on établit la correspondance entre les lettres et les nombres, la règle est appliquée de la même manière :
A = 1 car A est la première lettre de l'alphabet ;
B = 2 car B est la deuxième lettre de l'alphabet.
Et ainsi de suite jusqu'à I = 9 car I est la neuvième lettre de l'alphabet.
Dans la deuxième octave des lettres,
J = 1 car J est la dixième lettre et 1 + 0 = 1 ;
K = 2 car K est la onzième lettre, et 1 + 1 = 2 ;
Jusqu'à R = 9 car R est la dix-huitième lettre, et 1 + 8 = 9.
Enfin, dans la troisième octave des lettres,
S = 1 car S est la dix-neuvième lettre, et 1 + 9 = 10 = 1 + 0 = 1 ;
T = 2 car T est la vingtième lettre, et 2 + 0 = 2.
Jusqu'à Z = 8 car Z est la vingt-sixième lettre, et 2 + 6 = 8.
Ainsi, les lettres se regroupent selon leurs valeurs dans le tableau suivant :

Lettres de valeur 1 AJS	Lettres de valeur 2 BKT	Lettres de valeur 3 CLU
Lettres de valeur 4 DMV	Lettres de valeur 5 ENW	Lettres de valeur 6 FOX
Lettres de valeur 7 GPY	Lettres de valeur 8 HQZ	Lettres de valeur 9 IR

Mais quel est le rapport existant entre les nombres, les lettres, et notre passé karmique ?
Prenons un exemple :
Premier prénom porté à la naissance : Alexandra ;

Nom porté à la naissance (nom de jeune fille) : DURAND

Indiquons sous chaque lettre la valeur correspondante :

ALEXANDRA   DURAND
1 3 5 6 1 5 4 9 1   4 3 9 1 5 4

Regroupons les valeurs ainsi trouvées dans le tableau des nombres manquants :

4 lettres de valeur 1	0 lettre de valeur 2	2 lettres de valeur 3
3 lettres de valeur 4	3 lettres de valeur 5	1 lettre de valeur 6
0 lettre de valeur 7	0 lettre de valeur 8	2 lettres de valeur 9

Dans l'ensemble formé par le premier prénom et le nom de famille porté à la naissance (nom de jeune fille pour une femme mariée) existe un certain nombre de manques :
— il n'y a pas de lettres de valeur 2,
— ni de lettres de valeur 7,
— ni de lettres de valeur 8.

Ces trois nombres, le 2, le 7 et le 8, sont manquants, et chacun correspond à une « leçon karmique ». Chacun des nombres de 1 à 9 peut être manquant dans cette grille d'analyse. Selon les cas, ce peut être un seul nombre, ou deux, ou trois, ou même davantage.

C'est à ce stade qu'interviennent les leçons issues de nos parcours dans d'autres vies. Nous avons, dans notre existence actuelle, selon nos comportements lors d'autres vies, des atouts sur lesquels nous appuyer et des difficultés à surmonter. La numérologie ne va pas nous fournir d'indications précises quant à une époque de l'Histoire, une civilisation ou une vie particulières. Elle ne va pas faire référence à une existence dans l'Égypte ancienne, sous le règne d'un certain Pharaon, mais nous livrer une sorte de bilan. Nous connaîtrons ainsi globalement les travers qui ont pu être les nôtres. Si nous avons commencé notre existence actuelle avec, dès le départ, un certain nombre de handicaps, surtout n'allons pas croire qu'une malédiction, une implacable fatalité nous accompagneront toute notre vie. Bien au contraire, plus tôt prendrons-nous conscience de ces travers liés à nos autres existences, plus rapidement progresserons-nous sur le chemin de la perfection. Au lieu de mettre les autres en cause, ou le destin, ou le hasard, nous pouvons comprendre que nous répétons sans cesse les mêmes scénarios dans des circonstances identiques. Mais la vie se charge de nous mettre face à nos responsabilités... Tant que nous n'aurons pas accepté de modifier notre comportement sur les points précis de notre personnalité, nous serons malheureux, car sans cesse confrontés aux mêmes problèmes.

Vous pourrez vérifier dans les paragraphes suivants la corrélation existant entre vos nombres manquants et les leçons karmiques correspondantes. Vous serez peut-être étonnés des descriptions relatives à votre présent. Des indications faisant référence à des travers et des attitudes erronées lors d'autres vies vous permettront de comprendre le pourquoi de certains aspects répétitifs dans votre quotidien. En accepter les causes et surtout bien vouloir effectuer les modifications au jour le jour vous donneront l'opportunité de vous améliorer et faciliteront vos rapports avec autrui. Vous progresserez rapidement alors, dénouerez vos points karmiques et avancerez plus facilement, sur la voie de la sagesse et de la vérité.

1 Le 1 se rapporte au moi, à l'ego, à l'individualité, à l'indépendance, à l'autonomie, à l'aptitude à s'assumer, à commander ou à diriger.

Dans la vie actuelle, le nombre 1 manquant (absence des lettres A, J, S) apporte le plus souvent un déséquilibre dans le rapport avec les autres : manque de confiance en soi, oubli de soi ou, à l'opposé, ego très dominant, culte de la personnalité, attitude tyrannique.

Dans d'autres vies, on se sera déjà heurté à ce problème : culte du moi, prises de commandement injustifiées, exercice de pouvoirs dictatoriaux en ne se préoccupant pas des autres.

La non-prise en compte de cet élément dans la vie actuelle entraînera des scénarios à répétition, des crises personnelles et des chutes ou des situations d'échec.

2 Le 2 se rapporte aux sens de la conciliation et de la coopération, à l'union, au couple, à la relation à deux, avec l'autre, le partenaire, le conjoint ou l'associé.

Dans la vie actuelle, le nombre 2 manquant (absence des lettres B, K, T) apporte une sensibilité exacerbée, une grande émotivité et des difficultés relationnelles. À moins que l'on ne réagisse par de l'agressivité ou de l'indifférence, attitude visant à se défendre ou à se protéger.

Dans d'autres vies, c'est le rapport avec l'autre qui a déjà posé problème : manque de conciliation et de souplesse, obstination, égoïsme, absence de prise en compte du partenaire ou, à l'opposé, oubli de soi.

Il faudra donc travailler dans cette vie cette relation privilégiée afin de ne pas revivre ces travers et ne pas risquer de se retrouver seul ou abandonné.

3 Le 3 représente toutes les aptitudes liées à la créativité et à l'expression, à la communication, au charme et à la séduction, à l'expression écrite et verbale.

Dans la vie actuelle, le nombre 3 manquant (absence des lettres C, L, U) entraîne des handicaps dans ces domaines : difficultés à communiquer et à s'exprimer, manque de sens social et blocage dans l'aptitude à éprouver bonheur et joie de vivre.

Dans d'autres vies, peut-être a-t-on déjà mal utilisé ces talents. Soit par problèmes relationnels ou d'expression, à moins que l'on ait agi par excès : arrogance et vantardise, superficialité, jalousie, emploi négatif de la parole et du verbe.

Il faudra donc réagir dans cette vie et trouver un point d'équilibre, se dépasser, se surpasser, quitte à vivre le trac et toutes les angoisses liées à la timidité.

4 Le 4 représente toutes les notions relatives à l'ordre et à l'organisation : rigueur, assiduité, application, souci du détail, persévérance et goût du travail.

Dans la vie actuelle, le nombre 4 manquant (absence des lettres D, M, V), apporte un déséquilibre : paresse, négligence, esprit brouillon, manque du sens de la synthèse, ou mesquinerie, maniaquerie.

Dans d'autres vies, on aura certainement négligé ces aspects de l'existence. Vie trop oisive, désorganisée, absence de volonté et d'opiniâtreté, laisser-aller général ayant eu de graves répercussions.

Dans cette vie, il faudra prendre le taureau par les cornes, s'astreindre à la tâche et avoir la volonté de bâtir, pierre après pierre, l'œuvre de sa vie, sans éprouver de découragement et en faisant de son mieux.

5 Le 5 se rapporte à l'adaptabilité et à la liberté, au mouvements et aux voyages, au sens du commerce, à la vie sexuelle et à tous les plaisirs.

Dans la vie présente, le nombre 5 manquant (absence des lettres E, N, W) apporte le plus souvent un manque de souplesse et d'adaptation, une difficulté à vivre et provoquer les changements, et une attitude particulière quant à la sexualité et aux plaisirs, avec tous les risques liés aux abus, ou tous les blocages dans le cas contraire.

Dans d'autres vies, ces excès auront été certainement vécus : papillonnage, donjuanisme, mœurs dissolues peut-être, vous seul pouvez le ressentir ! À moins que l'on ait déjà trop changé, dans tous les domaines : profession, vie sentimentale, etc.

La leçon dans l'existence actuelle est de bien doser ces éléments. De la liberté oui, mais pas trop... Il faut savoir se fixer, rester stable et ne pas sombrer, non plus, dans la routine et la monotonie.

6 Le 6 est relatif à l'aptitude à assumer les responsabilités et à effectuer des choix. Il concerne tout ce qui se rapporte au foyer, à l'environnement sentimental et familial, et à la prise en charge des autres.

Dans la vie actuelle, le nombre 6 manquant (absence des lettres F, O, X), correspond à une difficulté réelle à choisir, décisions affectives le plus souvent... Alternance de perfectionnisme exagéré et de laxisme, fuite des responsabilités ou, à l'opposé, tendance à vouloir assumer celles des autres.

Dans d'autres vies, le domaine affectif se sera révélé la pierre d'achoppement. Difficultés à choisir, vies sentimentales parallèles... Les conséquences auront été lourdes pour l'environnement, le foyer et le bonheur des autres.

Au quotidien, maintenant, il faut réagir, savoir trancher, dire non quand cela s'avère nécessaire. Ne pas rechercher non plus une perfection idéale, mais se contenter de l'approcher, celle-ci n'appartient-elle pas qu'à Dieu ?

7 Le 7 représente tous les éléments impalpables, l'esprit, la foi, la vie intérieure, les facultés d'analyse et d'auto-analyse, les aptitudes à la réflexion, l'étude, la recherche...

Dans la vie actuelle, le nombre 7 manquant (absence des lettres G, P, Y) met le sujet seul face à lui-même. Très souvent cela se traduit par un manque de confiance en soi, la peur de la solitude, parfois des tendances dépressives ou des périodes de marasme intérieur.

Dans d'autres vies, on aura certainement négligé ces aspects essentiels, en ne consacrant pas suffisamment d'énergie à la recherche de la paix de l'âme, par l'étude, la réflexion, la pratique religieuse.

Il sera donc nécessaire de retrouver l'équilibre en privilégiant ces aspects et en développant une quelconque foi, ou une recherche, culturelle, intellectuelle, spirituelle, et en cultivant l'art de se retrouver seul, bien face à soi-même.

8 Le 8 est lié aux notions de pouvoir et d'avoir, et concerne tout le domaine matériel. C'est aussi par définition le nombre du karma, éminemment puissant et pouvant avoir des répercussions dans tous les aspects de l'existence.

Dans la vie actuelle, le nombre 8 manquant (absence des lettres H, Q, Z), est très caractéristique d'une attitude déséquilibrée face aux domaines de l'argent, de l'avoir et du pouvoir. Crainte de manquer, peur du lendemain, alternance de périodes d'avarice et de prodigalité extrême, difficultés dans l'exercice des diverses formes de pouvoir, tels en sont les traits essentiels.

Dans des vies passées, ces éléments ont sans nul doute été très puissants : excès de pouvoir et d'autorité, ou au contraire, fuite. Recherche essentielle des satisfactions matérielles au détriment des autres valeurs, humaines en particulier.

Au quotidien, il faudra acquérir foi et optimisme, faire confiance. Ne pas craindre la pénurie, cela étant le plus souvent le meilleur moyen de la provoquer. Être juste dans ses rapports avec autrui, et cesser de se sentir coupable.

9 Le 9 se rapporte à nos penchants altruistes et à notre désintéressement, notre sens de l'humain. Il est relatif au don de soi, aux aspects sociaux et publics, à l'ouverture sur le monde et l'univers, tous les autres « ailleurs ».

Dans la vie actuelle, le nombre 9 manquant (absence des lettres I et R) apporte une bien faible prise en compte des autres, et l'on a tendance à tout rapporter à soi. Égoïsme et culte de l'ego vont le plus souvent de pair, même si cela se cache sous des apparences plus trompeuses.

Dans d'autres vies, ce travers aura déjà été expérimenté, et les valeurs altruistes et le don de soi n'auront pas fait partie des caractéristiques majeures.

Au quotidien, dans la vie présente, il faut réagir et faire l'apprentissage des valeurs humaines et du désintéressement, savoir donner et se donner, se dévouer à une cause ou participer à des œuvres à caractère humanitaire ou philanthropique.

Un dernier point de détail : il peut arriver que l'état civil complet d'une personne comporte des lettres de chacune des neuf valeurs possibles. Dans ce cas, aucune case du tableau des « leçons karmiques » n'est vide, et il n'y a pas de nombre manquant. Deux explications peuvent alors être fournies. Peut-être êtes-vous une vieille âme qui a déjà tout expérimenté, tout vécu, et approchez-vous de la fin de votre cycle de réincarnations. Mais il se peut aussi que vous soyez une très jeune âme, qui ne fait que commencer ce cycle et qui doit tout connaître, tout apprendre, expérimenter toutes les erreurs. Dans ce cas-là, de très nombreuses vies vous attendent...

14

KARMA PHYSIQUE

Des troubles physiques que nous éprouvons, des malaises, des maux inexpliqués... peuvent-ils avoir leur origine dans une autre vie ? C'est au cours d'une régression, que nous faisions dans un tout autre but, que nous a été livrée une réponse. Cherchant à retrouver plusieurs vies antérieures de Bernard afin de compléter nos recherches, un retour en arrière a exhumé cet épisode du passé :

« Il fait chaud. Une chaleur accablante. La lumière du dehors inonde la pièce. Le moment semble très important. Je touche mon vêtement. C'est un uniforme, très ajusté. Il me donne chaud, et je passe sans cesse la main sur mon visage. Pourtant, je dois supporter cette chaleur chaque jour, à cheval, sous un soleil torride. Je n'ai jamais pu m'habituer à cette température, à cette atmosphère.

« Mon uniforme est d'un beau bleu un peu délavé. Des galons et des boutons dorés me font penser que je ne suis pas un simple soldat. Je suis tête nue à l'intérieur de cette pièce. Il y a plusieurs autres personnes autour d'une grande table, ou plutôt ce qui en fait office : un grand plateau, recouvert d'une pièce d'étoffe. C'est un drapeau. Des hommes autour de moi portent également des uniformes bleus, d'autres des uniformes gris-vert. Il n'y a pas de femmes. C'est la guerre, oui, c'est bien cela, en Amérique du Nord, la guerre entre le Sud et le Nord, la guerre de Sécession, et j'ai un rôle important à jouer autour de cette table. Le moment est grave. Il s'agit de la signature d'un traité. Je ne sais pas exactement, mais le conflit semble arriver à son terme, et les deux camps doivent trouver un arrangement, une conclusion.

« J'ai toujours si chaud ! Peut-être la gravité du moment accroît-elle ma tension et mon malaise. Tous les participants se sont tus. Ils sont tous assis alors que je me tiens debout. Je dois signer le document, je sais que mon rôle est déterminant, mon intervention capitale. Pourquoi suis-je le seul debout ? Le silence s'est fait, les respirations même se sont tues. Je me penche sur le papier. Pourquoi au moment d'apposer ma signature, vais-je lever les yeux ? Dans l'ouverture de la porte, un homme s'est interposé, braquant sur ma poitrine une arme à feu. Tout se passe alors en un éclair. Quelqu'un frappe le bras de l'homme au pistolet. Mon voisin de gauche me jette à terre. Le coup de feu est parti. Je suis blessé. L'homme au pistolet est maîtrisé et entravé. Je suis tombé et mon bras gauche saigne, mon uniforme est ensanglanté. Mon coude me fait mal à hurler. On me relève et on m'asseoit. Quelqu'un me confectionne un garrot de fortune. Je suis blessé et j'ai mal. Je serre les dents. Il fait de plus en plus chaud. La transpiration baigne mon front, coule dans mes yeux, inonde mon cou. Les gouttes salées entrent sous mes paupières et me brûlent. Le sol chavire, la pièce tourne, tout bascule... »

Nous avons fait des recherches pour tenter de retrouver les réalités d'un fait historique. Mais est-il nécessaire de vouloir absolument se persuader d'avoir été le général Lee ou, pour d'autres, le général Custer ? N'est-ce pas une nouvelle tentative pour flatter son ego ? Dans toutes les périodes chahutées de l'Histoire, des faits anodins surviennent, qu'aucun chroniqueur ne pensera relater. Qu'est-ce qu'une balle de plus ou de moins lors d'un conflit qui anéantit des millions d'êtres ?

Le plus étrange est le rapport que nous avons pu faire à la suite de cette régression avec le quotidien de Bernard. Ce n'est que plusieurs jours après, au cours d'une conversation, que cette réalité s'est imposée. Nous cherchions à comprendre le pourquoi de cette incursion dans cette autre vie, lorsque tout à coup il s'est écrié :

« Mais, je n'ai plus du tout mal à mon bras ! En fait, je m'étais tellement habitué à cette douleur qu'elle faisait partie de moi-même. Elle est apparue sans aucune raison il y a plusieurs années, et j'en ai longtemps recherché la cause : radiographies, analyses de sang... Mais rien, tout était normal, pas de rhumatismes ni de fracture... Et je prends soudain conscience que cette douleur a totalement disparu. »

Ainsi, revivre par une régression une sensation aussi fulgurante et brutale qu'une balle reçue dans le bras au cours de la guerre de Sécession avait fait disparaître une douleur inexpliquée mais non moins réelle au même bras, en cette fin de XXe siècle ! Rapport de cause à effet, ou simple autosuggestion ? La réponse ne peut être catégorique, certes, mais après tout, n'est-il pas déjà satisfaisant de constater les faits et de se débarrasser ainsi d'un fardeau désagréable à porter...

Au fil des régressions, nous avons pu vérifier que l'âme, la partie immortelle en nous, peut être marquée par des épisodes traumatisants. Elle reproduira alors les stigmates d'une blessure ancienne sur un nouveau corps, ce qui peut expliquer les marques de naissance chez les nouveau-nés. Elle pourra aussi raviver des douleurs d'une autre vie, comme dans le cas de Bernard. Pour que celles-ci disparaissent soudainement, il aura suffi simplement d'en exhumer le souvenir enfoui dans l'inconscient. Le but caché était peut-être de s'interroger, de se tourner vers le passé. La souffrance était un appel signifiant : N'oublie pas qui tu as été ni ce que tu as fait... L'existence antérieure retrouvée, tout rentre dans l'ordre.

Pour notre part, nous nous sommes toujours fabriqués, d'une vie à l'autre, des corps qui se ressemblaient assez. Quelle que soit la couleur de notre peau, nous retrouvions une apparence physique qui nous est familière. Ainsi, le petit Gerhardt ressemblait-il fort à Jean-louis enfant, lui-même presque sosie de Mehdi... Les différences majeures sont dues aux conditions extérieures : nourriture, activité physique, habitudes d'une époque, port de certains vêtements...

Mais ces retrouvailles avec un corps familier ne semblent pas être une règle. Par exemple, nous avons rencontré de nombreux noirs qui avaient été blancs, et leur chevelure, de blonde et lisse était devenue brune et crépue... En fait, l'âme se construit le corps qui lui semble être le plus adéquat pour son évolution. Trop souvent, la loi de karma est perçue comme un système de récompenses et de punitions, attribuées en fonction du bien et du mal en d'autres temps commis... Mais qu'est-ce qui est bon, qu'est-ce qui est mauvais ? Ces questions morales sont fonction de cultures, de civilisations. Ce qui est admis dans l'une est répréhensible dans une autre. Si même les détails les plus anodins sont perçus de manière tellement opposée, qu'en est-il de faits plus importants, touchant à la vie, à la mort ? En revivant une existence aztèque, Jeanlouis s'est aperçu que les sacrifices humains – qui nous horrifient pourtant – avaient une réelle valeur sacrée, et que mourir pour le dieu représentait un véritable honneur, une faveur inestimable qui permettait à l'élu d'accéder au meilleur des mondes de l'au-delà.

Oui, l'âme choisit en fonction de ce qui sera propice à son cheminement vers la Lumière. Et même des handicaps qui sont lourds, difficiles à vivre, peuvent être des tremplins pour l'évolution spirituelle. Pensons à Helen Keller, née sourde, muette et aveugle, qui parviendra cependant, avec une extraordinaire volonté, à communiquer et deviendra écrivain... Nous avons tous dans notre entourage des handicapés moteur qui, à force de courage et d'acharnement, ont dépassé leur condition et pratiquent un sport tel que la natation, l'escrime... ou apprennent à piloter un avion. Ils forcent notre admiration. Ils ont compris que chaque incarnation est une leçon, une façon de tester notre volonté, notre ténacité... notre foi.

Au cours de nos diverses existences, nous avons pu expérimenter beaucoup d'états différents : être riche puis pauvre, beau puis laid, infirme ou bien portant... jusqu'à ce que nous comprenions l'essentiel : l'homme véritable est une âme – immortelle – et non un corps – mortel. Le but est de ressentir le lien qui nous unit les uns aux autres, savoir enfin que la vraie beauté est intérieure.

Trop souvent, nous nous identifions au corps sans réaliser combien il est transitoire, illusoire... La société occidentale, perverse, veut faire croire à l'éternelle jeunesse, au corps incorruptible : pour cela, elle invente liftings et produits miracles. Elle cache les vieillards, les relègue dans des hospices ou des mouroirs de luxe. Elle placarde des jeunes femmes nues sur les murs des villes. Mais la vérité n'est pas là. La réalité est que nous allons tous vieillir, puis mourir ! Nos corps ne sont que des vêtements : ne nous y attachons pas trop ! Entretenons-les cependant avec respect : ce sont les temples de nos âmes, mais ne les glorifions pas !... C'est une des raisons pour laquelle la représentation humaine est interdite par la religion musulmane : ni peintures ni statues. Car Dieu est tout autre : Il n'est pas chair. Il est Lumière.

Étant le réceptacle de notre âme, notre corps peut, nous l'avons vu, receler des indices concernant nos vies précédentes. Il n'est pas vain de l'interroger. Ainsi nous avons eu l'occasion d'étudier le cas de Sophie, jeune femme de trente ans au physique étonnamment longiligne.

« Je suis anorexique depuis que j'ai treize ans. Non seulement je n'aime pas manger, je n'absorbe presque jamais rien, mais je me regarde sans cesse dans une glace et je me trouve toujours trop grosse. C'est une véritable obsession. Je ne suis cependant pas cliniquement malade, je vis tout à fait normalement et j'ai une profession très vivante, dans le secteur commercial. J'ai commencé une psychothérapie. Mais j'ai abandonné, j'en avais au moins pour deux ans, je n'ai pas le temps et j'ai besoin de résultats rapides. »

Nous avons l'un et l'autre fait faire à Sophie plusieurs régressions. Elle a eu au départ beaucoup de mal à se relaxer, et les premiers essais n'ont pas été fructueux. Elle est très nerveuse, ressemble à une corde de violon prête à casser. L'apprentissage de la relaxation a été une première étape importante. Puis des images sont venues, des sensations diffuses, pour être couronnées ensuite par la découverte de plusieurs autres existences, mais ne débouchant pas à première vue sur la clef du nœud karmique. Un jour, cependant, la lumière se fit :

« Je vois mes doigts et mes mains. Elles sont très potelées, petites et grasses. Je porte des bijoux, de belles bagues, à tous les doigts. Des bracelets aussi. Je suis allongée sur un lit. Plutôt une banquette ou un sofa. Il y a de beaux tapis, des étoffes partout, c'est luxueux, très riche. Je suis dans une pièce sans fenêtre, mais il y a des portes. De grandes portes en bois peint, de très beaux dessins géométriques dans les tons rouge et or. La pièce est grande. Il y a beaucoup de va-et-vient, des femmes habillées de robes longues. Je ne vois que des femmes d'ailleurs. L'une d'elle s'approche. Son visage porte des dessins. Ses yeux sont ourlés de noir. Elle ne me parle pas mais dépose à ma droite un plateau argenté couvert de gâteaux qui semblent très collants. Je détourne la tête. Je suis posée sur ce divan, comme une potiche. Je suis grosse, énorme, monstrueuse. Je suis fastueusement habillée, fardée, maquillée. Il y a un miroir à main, et je peux me regarder. J'ai de beaux yeux foncés, mais très tristes. Mon visage est gras, bouffi. Je sens que j'ai envie de pleurer. Je m'ennuie à mourir. Je n'ai pas faim, je n'ai pas envie de manger, cela me fait mal. Mes mains se promènent sur mon corps, il est affreux, des plis de graisse partout, un amas de chairs informe. On dirait un tas posé sur un divan et qui s'affaisse de toutes parts : c'est moi. La femme me présente de nouveau le plateau de friandises, et son regard est méchant. Sa bouche dessine un sourire mais ses yeux me foudroient. Je dois manger. Je ne peux pas faire autrement. Je dois grossir davantage, être toujours plus grosse. On m'aide à me déplacer d'un endroit à l'autre car je ne peux plus marcher toute seule. Je suis comme handicapée, je suis toujours assistée. On doit m'aider pour tout, m'accompagner partout. C'est humiliant, affreux !

« Je n'étais pas comme ça lorsque je suis arrivée ici. Avant de connaître celui qui m'avait choisie pour épouse. Je ne savais pas qu'il avait déjà d'autres femmes. J'étais très jeune, presque une enfant. Je n'ai rien compris à ce qui m'est arrivé, depuis le début. Je me souviens avoir beaucoup pleuré, nuit et jour, si longtemps. Puis peu à peu, je me suis résignée. J'ai mangé, sans arrêt. C'est alors que le vrai calvaire a commencé. Ma boulimie a beaucoup plu à mon mari. Ici, avoir une femme grasse est signe de prospérité. Il m'a élue pour que je devienne le symbole matrimonial de sa richesse. Et il a commencé à me faire gaver. Il y avait des amoncellements de gâteaux autour de moi, et je les dévorais du matin au soir. J'ai commencé à avoir des haut-le-cœur, j'ai alors voulu arrêter, mais cette femme m'a forcée à me nourrir, tous les jours, sans cesse elle m'a harcelée. Je mangeais en pleurant. Maintenant, il suffit d'entretenir cette grosseur impossible.

La régression s'est arrêtée là. Sophie est revenue très émue, mais aussi très détendue.

« Je comprends maintenant. Cette vie s'est passée il y a longtemps en Orient, dans un palais. Je vis dans la réalité toutes les conditions strictement opposées. Je ne mange presque rien, je travaille comme une forcenée et j'adore ça. Je suis encore célibataire à mon âge... Et je me méfie des hommes, sans qu'aucun événement dans mon existence actuelle ne puisse expliquer cette attitude. J'ai vraiment la sensation que c'est bien moi, là, plusieurs siècles en arrière, souffrant de la chaleur lors des étés torrides, devant être portée d'un endroit à l'autre. Cette vision peut tout à fait expliquer ma vie actuelle. Au fond, j'ai toujours eu peur de grossir, alors que je suis maigre. J'étais devenue dépendante, infirme, simplement à cause du bon vouloir d'un homme et des traditions. Cela peut expliquer aussi chez moi une révolte innée. Je me suis toujours battue contre ma famille, le poids des habitudes et des usages. J'ai toujours compris les mouvements de libération des femmes, sans cependant être féministe. Tout s'explique... »

Oui, tout s'explique ! Mais gardons-nous cependant de penser que tous les maux physiques trouvent leur origine dans une autre vie. En revanche, une régression peut éclairer des manifestations et des symptômes inexpliqués et aura un réel pouvoir de guérison. Dès lors, ne serait-il pas absurde de rejeter cette possibilité ?...

15

KARMA SEXUEL

La loi de karma touche tous les domaines de la vie. En toute logique, nous pouvons penser que notre comportement sexuel, lui aussi, a été conditionné par des habitudes prises lors d'autres existences. Rares sont ceux qui se disent parfaitement satisfaits en la matière. Il est évident que des éclaircissements peuvent être fournis en retrouvant des éléments d'un passé lointain. Un couple peut enfin comprendre ses problèmes si les deux partenaires réalisent qu'ils étaient mère et fils autrefois. Voilà pourquoi ils sont passés à une relation simplement amicale et pourquoi leurs rapports leur semblaient incestueux. Dans le recueil de ses mémoires[1], l'actrice et chanteuse Tina Turner relate ce même sentiment qu'elle éprouvait envers Ike, son mari de l'époque. Elle découvrit qu'en Égypte, ils avaient déjà été roi et reine, frère et sœur, du temps où l'inceste était accepté chez les Pharaons et même, en l'occurrence, recherché. Ainsi, nous dit-elle, elle a compris les raisons de la violence terrible d'Ike envers elle : il n'assumait pas cet inceste autrefois pratiqué. Ensuite, elle a mieux vécu son divorce et elle a pu repartir sur de bonnes bases... Forte de la certitude d'avoir été Hatchepsout, elle s'est lancée dans une nouvelle et retentissante carrière.

Inhibition, désirs inassouvis, blocages, passions puis haine... Tout a une raison d'être. Nous avons un karma à vivre – et ce aussi sur le plan sexuel. Dans ce domaine encore, la connaissance peut apporter la solution à des conflits – avec soi-même ou dans le cadre du couple.

Les exemples qui vont suivre, les témoignages de

---

1. *Ma vie*, Carrère, 1987.

Stéphane et de Sylviane, nous montrent que nous pouvons passer successivement d'un corps d'homme à un corps de femme, et vice versa... Ils expriment la difficulté d'être, de vivre une sexualité épanouie.

Les maris, les femmes, les maîtresses, les amants... Des relations tumultueuses, compliquées, où la loi de karma joue pleinement. Il faut savoir en dénouer les fils emmêlés avec patience. Pour, enfin, dégager l'esprit de sa gangue de chair et retrouver la véritable nature de l'être humain qui est Lumière. Car être homme, sexué, n'est qu'une étape dans l'évolution de l'âme. Ne dit-on pas en effet que les anges n'ont pas de sexe ?

Nous avons rencontré Stéphane dans un célèbre club de vacances où nous faisions une série de conférences... C'était en Grèce, à la fin du mois d'août. Le thème de la soirée était : « ambiance cabaret ». Le final constituait le clou du spectacle. Sur la scène : deux créatures. L'une dans le style de Joséphine Baker, l'autre dans le genre de Marlène Dietrich, dans l'*Ange bleu*. Si la première était visiblement un jeune homme travesti, aux traits masculins, un doute planait sur la seconde. Les gens chuchotaient : « Des jambes immenses, aussi longues, une taille aussi mince, une allure aussi élancée, un visage aux traits fins, des yeux en amande... » Ce ne pouvait être qu'une femme, et quelle femme ! Une perle rare ! Un macho s'exclamait : « C'en est une, c'est sûr, je m'y connais ! » Une dame très chic haussait les épaules, visiblement jalouse : « Elle est trop maquillée ! » Marlène rayonnait. Les lumières s'éteignirent sans que le mystère soit résolu. Nous l'avons revu le lendemain, sur la plage. Les cheveux courts, sagement coiffés, ses yeux bleus pétillants, maniéré mais sans trop, Stéphane enseignait le ski nautique aux vacanciers ! Il nous a confié :

« Vous êtes étonnés, mais c'est normal ! Quand ils voient le spectacle, d'habitude les gens ont du mal à faire le lien entre la fille qu'ils voient sur scène et moi.

« J'ai toujours été comme ça. Quand j'étais enfant, on me prenait toujours pour une petite fille. Même plus tard, on me disait "Mademoiselle" dans les magasins. Je mettais des vêtements de ma mère en cachette. J'ai toujours aimé me déguiser. J'adore les parfums féminins, l'odeur de la poudre de riz, me mettre du rouge à lèvres. C'est sensuel, c'est ambigu...

« Je n'ai pas connu mon père. Il est mort avant ma naissance. Et ma mère m'a toujours dit : "C'est toi mon petit homme." Ça ne l'a pas gênée quand elle a su que j'aimais me maquiller. Elle était plutôt complice. C'était ma confidente. Mais en même temps, elle était très possessive. Elle avait des violentes crises de jalousie. Elle ne voulait pas que j'aie des amis, surtout pas des filles. Elle voulait me garder pour elle. C'est pour ça que je suis parti dès que j'ai pu, pour respirer. J'ai toujours aimé le spectacle, la fête, le strass. Alors, ici, je me sens comme un poisson dans l'eau. J'aime le contact avec les gens, j'aime les faire rêver. C'est bizarre, c'est surtout quand je suis sur scène que je me sens moi-même, que je vis pleinement, vraiment. Ça commence dans la loge, quand on se passe le fard, quand on est tous ensemble à enfiler nos costumes. Si je suis comme ça, c'est parce que j'ai été une femme dans une autre vie. Dans ma tête, je suis une femme. Je pourrais rester en fille toute la journée. Je ne le fais pas, mais ça me plairait bien. Mon grand rêve, ne riez pas, ce serait d'être enceinte, d'avoir un enfant, de le sentir grandir en moi. Je suis sûr que j'ai connu ça autrefois. Je n'ai pas fait de régressions – j'ai écouté votre conférence, hier, vous en avez parlé – je n'ai pas vu de médium, rien. Pour moi, je n'ai pas besoin de tout ça, que quelqu'un me dise qui j'ai été. Parce que c'est une évidence. En fait, je ne me sens ni homme ni femme, ou tantôt l'un, tantôt l'autre. Ça me sert pour mon métier. J'aime être entre les deux, faire rêver les uns et les autres. Peut-être que c'est comme ça, je suis moitié-moitié. Il doit falloir s'adapter quand on passe d'un sexe à l'autre, d'une existence à une autre. Il faut une transition. C'est ce que je vis.

« Bien sûr, je suis homosexuel. C'est normal, non ? Je rêve toujours d'un grand brun, costaud, de type latin. À dire vrai, j'ai dû être, au Moyen Âge, la femme d'un seigneur. Un Croisé en armure qui serait allé combattre en Terre sainte et qui m'aurait laissé languir des années dans un château humide et froid. Je ne sais pas d'où ça vient, cette impression. Ce sont des images que j'ai en moi depuis toujours. Je ne crois pas que l'apparence physique, la sexualité, tout ça, ce soit génétique. Pour moi, on tient tout d'une autre vie ou de plusieurs vies. Moi, j'ai toujours été femme, c'est sûr ! Ça ne me dérange pas. On me dit même parfois que je suis un ange, ça me plaît bien. J'ai lu quelque part qu'avant Adam et Ève, l'homme, l'être humain, était androgyne, comme moi, indéfini. Il devait y avoir moins de problèmes... »

Le cas de Stéphane se passe de commentaires, tout cela est tellement clair, n'est-ce pas ?

Sylviane, elle, est une belle jeune femme, saine, sportive, dynamique. Médecin, elle aime beaucoup sa profession. Elle respire la gaieté, la joie de vivre. Seulement, à trente-six ans, elle est toujours célibataire, et sa vie affective ne la satisfait pas.

« Je suis comme la plupart des femmes. Je voudrais rencontrer un homme, avoir un enfant, même plusieurs, fonder un foyer stable, uni. Vivre une belle histoire. Mais c'est plus fort que moi, dès que je m'installe dans une routine, dès que je me sens en sécurité, ça me devient insupportable. Je casse tout. Je viens de rompre avec Jean-Jacques. Tout allait bien, on faisait du parapente ensemble. On parlait d'avoir un enfant. J'ai cru que j'étais enceinte. On allait officialiser. Et je me suis vue avec un bébé en moi, dans mon ventre. C'était atroce. Je me suis dit que je n'en serais pas capable. Il n'a rien compris...

« C'est après cette rupture que j'ai commencé à me poser des questions. Il m'arrive de passer devant un miroir, comme ça, sans y faire attention, et je suis toujours surprise par mon visage de femme. Je m'attends à voir une tête d'homme, barbu en plus ! Souvent, cette image se superpose. Je me ressens comme ça. Je rêve que je suis un homme. C'est toujours dans une ambiance tropicale, une atmosphère chaude, moite, étouffante. Il y a un bruit de tam-tam au loin. C'est tout. Je me réveille. Ces impressions reviennent régulièrement. Spontanément, il m'arrive de me prendre pour un homme – pas n'importe lequel, lui – cet autre moi. Je ne suis pas lesbienne pour autant, mais ça me pose des problèmes sexuels. Je ne suis pas très définie. Mais je ne suis jamais passée à l'acte avec une femme. Ça m'attire et en même temps je ne peux pas. Comme avec un homme, finalement. Alors, je me jette à fond dans mon travail, je me lance des défis, je cherche à repousser mes limites, je mets ma résistance physique à l'épreuve. Je fais beaucoup de plongée, de l'escalade. »

Sylviane n'a pas eu de mal à se relaxer. Très vite, elle s'est retrouvée dans le tunnel.

« Je vois, oui je me vois en train de soulever un morceau de toile de bâche. C'est une tente de couleur beige. Je penche la tête. Il fait à peine jour. C'est magnifique. Le soleil se lève à l'horizon. Nous sommes dans une clairière. Tout autour, il y a un rideau d'arbres immenses, remplis d'oiseaux qui font un vacarme incroyable. C'est inimaginable. Je vois plusieurs tentes. C'est un campement. Des serviteurs noirs qui raniment un feu et préparent du café. Je me frotte les mains pour me réveiller. Il fait un peu frais... Ce sont des mains d'homme, épaisses, rugueuses. Je suis un homme. Devant ma tente, il y a une table, avec une cruche remplie d'eau, une cuvette, une serviette. Je me regarde dans une petite glace. C'est moi ! Enfin, c'est lui, je le reconnais. Barbu, la moustache assez longue. Je passe la main dans mes cheveux. Je suis entomologiste. J'aime la nature, les animaux, ce métier me plaît. J'ai laissé ma femme en Angleterre, près de Londres. Nous avons deux petites filles, d'adorables chipies. Mais je ne m'entends pas avec ma femme. Ça s'est dégradé très vite entre nous. Elle a pris un amant. Je n'ai rien dit parce que je ne peux pas..., comment dire ? Je suis devenu impuissant. C'est aussi pour couper court aux ragots de la bonne société : c'était plus honorable de partir. Et puis, je n'avais pas envie de rester. Je devais me jeter à corps perdu dans autre chose, pour oublier. Surtout que l'amant de ma femme était mon meilleur ami, un ami de collège. Nous étions inséparables, nous étions très, très proches. Même que... Enfin, trop proches. Ça a commencé par un jeu à trois. Je ne peux pas en vouloir à ma femme, c'est moi le fautif. C'est moi qui l'ai poussée, ça me plaisait bien de la voir dans les bras de James. Au début. Après, j'ai réalisé que j'étais en trop. Je suis responsable de tout dans cette histoire. J'ai joué avec le feu, je me suis brûlé. C'est normal.

« Je ne regrette même pas. Si, pour mes filles. Mais James sera comme un père pour elles. Il les aime beaucoup. Il les connaît depuis toujours. Il les a même tenues dans ses bras à leur naissance. Moi, elles vont m'oublier. Tant mieux. Je ne vaux rien pour elles. Je suis un mauvais père. J'étais un mauvais mari, un amant pitoyable...

« Ici, je m'efforce d'oublier. J'aime cette chaleur, cette fatigue. Les deux hommes qui m'accompagnent, des Anglais eux aussi, travaillent sous mes ordres. Ils ne savent rien, ou du moins font semblant de ne rien savoir. J'aime bien Chester, qui est roux avec des taches de rousseur. Il est plutôt rond. Il me plaît... Enfin, je ne sais plus qui je suis, ce que je veux.

« On m'a offert des jeunes Négresses... J'ai dû accepter de les prendre avec moi. Elles riaient beaucoup. Elles attendaient quelque chose. Ça m'a mis hors de moi. Je les ai mises dehors.

« Dès que le soleil apparaît, la chaleur devient torride... Je m'éponge le front. Oliver est déjà levé. Il me fait un signe. Je vais boire du café avec lui. Il est respectueux. Je suis content d'être là. Que la nature est belle ! Ça ravive ma foi en Dieu. Je prie le soir, à genoux dans ma tente. Je prie pour qu'Il me pardonne mes péchés. Car je suis coupable, coupable... »

Sylviane revient à elle, et nous avons du mal à calmer son agitation. « Je comprends ! Je comprends tout. J'étais un homme, je m'appelais Charles. Je m'en souviens. Je me rappelle du visage de ma femme, de mes filles. De James ! C'est incroyable, et pourtant je l'ai toujours su. Comme si je n'étais jamais mort ! Je suis lui ! »

Avec nous, Sylviane a fait une autre régression :

« Je suis allongé sur un lit de fer. Je suis toujours Charles Dawson. Oui, Dawson, c'est ça. Je regarde au plafond. Une lampe à pétrole posée sur une table de nuit éclaire mal et je contemple les ombres qui dansent... Je suis dans une sorte de baraquement en planches. Il fait terriblement chaud. Je me maudis d'être venu ici. J'ai de la fièvre. J'ai froid. Je suis glacé, je tremble. Je sens des gouttes sur mon front. Je me dis que je n'ai jamais aimé Virginia et que j'ai toujours été épris de James. Il était beaucoup plus brillant que moi, plus beau. Il a réussi sa carrière, lui. Il est aimé, reconnu. C'est pour ça que je lui ai laissé ma femme. Il la méritait. Et puis, Virginia était si belle. Ils formaient un si beau couple, tous les deux. Mais pourquoi me suis-je marié ? Pourquoi l'ai-je épousée ? Et lui, pourquoi a-t-il accepté de la prendre ? Pourquoi ne m'a-t-il pas empêché de la lui donner ? C'était mon meilleur ami et il a voulu ma perte.

« Je ne peux plus vivre. Malgré la quinine et les drogues, j'ai attrapé la fièvre. Je vais mourir. Tant mieux... Et si je n'étais pas gravement atteint ? Et si je devais guérir ? Cette idée m'est insupportable...

« Je chassse les moustiques. Ma main retombe sur la couche. Mes doigts se dirigent vers la lampe, pour l'éteindre. Ils s'arrêtent sur le tiroir de la table de nuit. Il y a mon revolver. Chargé. Il est toujours chargé, on ne sait jamais. J'entends des pas dans le couloir. Si c'était Chester ? Non, quelqu'un frappe à une autre porte. J'aurais aimé que ce soit Chester. Il serait entré, intimidé comme d'habitude. Je l'aurais fait asseoir à côté de moi et je lui aurais tenu des propres obscènes, juste pour le voir rougir. Chester... Mais ce n'est pas lui. Je vais me tuer.

« J'ouvre le tiroir. Oui, je vais me tuer. Je plaque le canon de l'arme contre ma tempe. Mon Dieu, venez à mon aide ! Le coup part. Un éclair bleu me traverse la tête. Je suis mort... C'est horrible. Comment dire ? Je n'ai réussi qu'à tuer mon corps. Je suis mort. Je flotte au-dessus de mon corps inerte. Je ne sais pas quoi faire. Où aller ? Je me regarde, fasciné, épouvanté. Ce n'est pas le calme, le repos, la fin. C'est horrible. Mon corps est mort, et pas moi.

« Et ces images qui défilent, mon enfance, l'adolescence, ma rencontre avec James, déjà, son sourire trop sage. Nos lectures. C'est insupportable.. Je veux revenir ! »

Dans un cri, Sylviane réintègre son corps actuel. Elle a froid. Il faudra une longue relaxation pour la calmer... L'expérience de Sylviane est très dense. De nombreux aspects de sa vie actuelle s'expliquent par son autre existence. Le côté sentimental et sexuel est au premier plan. Son ambiguïté et son inaptitude à former un couple stable s'analysent ainsi clairement. On peut d'ailleurs penser que la complexité de sa vie en tant que Charles remonte beaucoup plus loin encore. Dans un cas si compliqué, non seulement il faudrait continuer à analyser les rapports qui l'unissaient à Virginia et à James, mais aussi retourner aux sources, quand le karma s'est cristallisé, peut-être même de nombreuses vies avant. Sylviane est prête à effectuer ce travail. Elle en ressent la nécessité. Mais elle veut l'accomplir lentement, à son rythme, afin de pouvoir comprendre. Déjà, elle sent en elle un mieux-être.

Les exemples de Stéphane et de Sylviane sont caractéristiques des problèmes que peuvent engendrer le changement de sexe d'une vie à l'autre : vie conjugale difficile à établir, homosexualité latente, vécue ou refoulée, rapport ambigu à la maternité pour les femmes, avec parfois une stérilité inexplicable biologiquement et due à un refus inconscient. Tous les cas, bien sûr, ne sont pas systématiquement aussi douloureux. On peut très bien avoir été homme et devenir femme, ou réciproquement, sans problème. Et l'on apprend ainsi que l'apparence physique, le sexe n'ont pas une telle importance. Comme nous le relatent nombre de texte sacrés, l'âme est androgyne et, pour utiliser la belle expression d'Élisabeth Badinter, *l'un est l'autre*... Même si cette constatation ne se vit pas toujours sans difficulté.

Comme nous avons pu être noir, blanc, jaune ou rouge, nous avons pu être homme ou femme, successivement... Sans que cela ne soit une règle absolue. Ainsi, de la même manière que nous ne nous sommes ni l'un ni l'autre retrouvés de vies en Inde, nous n'avons pas revécu d'existences où nous aurions été femmes...

Les comportements sexuels plongent aussi leurs racines dans les vies antérieures.

16
KARMA PSYCHOLOGIQUE

La psychologie permet d'éclairer la plupart des comportements humains. Mais nous avons rassemblé dans ce chapitre des traits de personnalité, des orientations, des passions, des attirances ou des répulsions qui, en apparence, ne s'expliquent pas... Pourquoi certains se convertissent-ils à une autre religion quand rien dans leur éducation, leur vie, ne les prédisposait à ce bouleversement ? Pourtant un jour, tout bascule. Pourquoi d'autres abandonnent-ils soudain des conditions de vie agréables et un avenir professionnel prometteur pour aller créer une orphelinat au fin fond de l'Afrique ? Pourquoi un acteur connu quitte-t-il son confort matériel pour aider un pays en voie de développement ? Prises de conscience, rejet de la civilisation, besoin de partager, de donner, oubli de soi... Certes, toutes ces explications sont plausibles, et peuvent correspondre à la majorité des cas. Mais pour certains, ces raisons ne sont pas convaincantes ni suffisantes. L'évocation du karma peut éclairer d'une lumière nouvelle ces réalités. Ainsi, des sentiments comme la responsabilité, la culpabilité, peuvent-ils trouver leur origine dans d'autres vies.

Bernard, après un voyage particulièrement significatif dans une autre existence, a pu trouver une explication à certains traits fondamentaux de son caractère.

« La porte est devant moi. Celle que j'ai envie d'ouvrir.

« Elle est très lourde mais pas très grande, en bois massif, peut-être un peu vermoulu. C'est une porte très ancienne, avec d'énormes clous en fer. La serrure est très grande, et il n'y a pas de clef. Elle ressemble à la porte d'une remise d'un château, ou celle d'un souterrain, que l'on n'ouvre pas souvent.

« Le moment de la pousser vient très vite. La porte à peine entrebâillée, je sens un froid intense.

« Un vent glacial souffle, j'ai l'impression d'être sur un bateau en pleine mer. Pourtant, ce n'est pas un bateau. C'est étrange, je me sens à la fois sur la terre ferme, et je ressens du roulis, ou du tangage, ça va dans tous les sens. Je passe ma main gauche sur mon corps. Il est couvert d'une pièce de toile rugueuse, comme un sac de jute. C'est rêche. Autour de la taille, une corde en guise de ceinture. C'est tout pour mon vêtement. Comme chaussures, de simples sandales, ajourées, avec des lanières.

« En un instant, je comprends tout, les impressions se précipitent dans mon esprit, et j'essaie de les traduire.

« Je ne suis pas sur un bateau, je descends un escalier, un escalier à flanc de falaise, au bord de la mer. Le vent marin souffle très fort, et j'ai pour tout vêtement cette pièce d'étoffe grossière, ces sandales légères. Mon crâne est rasé, je suis tête nue. Ma main droite tient un objet bizarre, il rythme ma progression. Mes yeux et mon esprit se concentrent sur lui ; il oscille et se balance. C'est un encensoir.

« Je suis un moine ou en tout cas un religieux. Je descends à pas comptés les degrés irréguliers d'un sentier escarpé, à flanc de falaise. Je parcours ce chemin chaque soir, ou plutôt chaque nuit, lorsque tout est calme et que les autres dorment. Je me rends chaque fois au même endroit : une anfractuosité, un trou dans le roc, un sanctuaire naturel. C'est ma chapelle, une simple grotte, où ne se trouve qu'un seul objet, un bougeoir en terre qui porte une bougie. J'allume un morceau de chanvre dans les braises de l'encensoir. Et ce point rougeoyant donne vie à la chandelle. La flamme s'allume, vacille, hésite, se redresse. Elle fume, ce ne doit pas être de la cire de bonne qualité, mais plutôt du suif. La lueur incertaine éclaire peu à peu le trou dans la roche. Je sais au plus profond de moi-même que c'est mon antre, mon refuge, mon havre. Je viens m'y recueillir, réfléchir et surtout prier.

« Mon regard suit les ondulations de la flamme. Un

instant, il se détache et se pose sur la paroi du fond. Soudain, une illumination se produit en moi. Je sais qui je suis, où je suis et pourquoi je suis là. Une image saisissante s'est matérialisée au fond de la grotte, au-dessus du bougeoir, tel un tableau criant de vérité. Là réside toute l'explication, tous les pourquoi. Je me vois sur cette image qui ressemble à une toile de la Renaissance italienne. Je suis jeune et beau, élégamment habillé, des vêtements de soie sans aucun doute. Je suis mince, mon visage est fin, mes traits réguliers. Mes cheveux sont bruns, je porte un léger collier de barbe, mes yeux noirs sont perçants et expressifs. J'ai posé négligemment ma main sur le meuble précieux en marqueterie aux élégantes volutes dorées. Mes pieds reposent sur un sol de marbre blanc. Je vis dans une belle demeure, mais n'en suis ni le propriétaire ni son fils. Simplement le précepteur des enfants de la maison. Je leur enseigne des rudiments de musique et les bonnes manières. Leur père m'a confié leur éducation et m'accorde une confiance absolue. Je m'occupe des deux garçons, mais je m'arrange pour voler de nombreux moments que je passe en compagnie de leur sœur. Elle est très jeune, quinze ans, et si belle, si gracile, un tableau de Botticelli. Je l'aime, et elle m'aime aussi. Nous oublions souvent les partitions pour d'autres jeux. Cette enfant est très pâle. Elle s'éteint peu à peu, mais je dois la faire vivre, c'est moi seul qui peux lui donner le goût du bonheur. Elle se meurt. Elle est morte de langueur. Je n'ai pas su l'empêcher de mourir. Je suis coupable, coupable de n'avoir pas su l'aider à vivre, coupable de lui avoir fait connaître des plaisirs interdits, coupable d'avoir trahi la confiance de son père, coupable de lui avoir fait préférer la mort comme refuge. Coupable, je suis coupable, responsable de tout, de sa mort...

« Elle est morte, et j'ai choisi d'expier. J'ai recherché l'ordre le plus strict. J'ai voulu ne plus jamais voir un laïc et me suis retiré dans ce monastère, sur ce piton rocheux, accroché au flanc de cette falaise. C'était il y a si longtemps, j'étais si jeune alors, vingt-cinq ans peut-être. Aujourd'hui, j'approche de la fin de ma vie. Mon existence aurait dû être encore plus dure, plus austère, j'aurais dû marcher pieds nus, partir sur les chemins, vivre d'amour et de pitié, meurtrir mon corps, mais je n'en ai pas eu le courage. J'aurais dû être plus intransigeant avec moi-même, aller au bout, jusqu'au renoncement. Dieu me pardonnera-t-Il ma faiblesse ? Aurai-je, à mon dernier souffle, l'absolution ? »

Bernard ajoute : « J'ai pris conscience que j'avais suffisamment expié, qu'il s'agissait d'une autre vie et que cela ne devait plus peser sur mes épaules. En conséquence, cette régression m'a permis de me libérer du poids du passé. Cette expérience m'aura apporté aussi d'autres éléments positifs. Cette réclusion monacale m'aura donné la force intérieure, l'aptitude à vivre la solitude sans la craindre, ce qui est un cadeau sans pareil. La possibilité aussi d'affronter des situations difficiles et de détenir rigueur et fiabilité, à la manière de l'Ermite du Tarot. »

De tels retours en arrière peuvent ainsi apporter des lumières nouvelles, renforcer la personnalité, amener à l'individuation. Il faut cependant être capable d'en comprendre la leçon, de l'accepter et d'assumer des changements qui, le plus souvent, s'avèrent nécessaires. Changer n'est pas une aventure facile. Il faut savoir perdre d'un côté pour gagner d'un autre et acquérir l'aptitude de marcher sur une corde raide, tel un équilibriste. Il faut aussi se forger une grande sérénité intérieure, braver les interrogations et les craintes de ceux qui vous entourent, qui peuvent vous critiquer, sans comprendre les modifications qui s'opèrent en vous, pour votre bien. Il se peut que cette transformation soit lente et douloureuse mais elle vous permettra de repartir sur des fondations saines et solides, le karma ayant été compris et assumé.

Il peut être question tout autant de mutations moins primordiales... La régression permettra alors de connaître l'origine, le point de départ de certaines peurs, phobies, angoisses... de comportements qui, vus de l'extérieur, pourront sembler secondaires, alors qu'ils restent fondamentaux pour les intéressés.

Ainsi, des sentiments négatifs peuvent avoir leurs racines dans un lointain passé. Souvent, même une longue analyse ne réussite pas à dénouer le nœud du problème et d'obtenir une explication satisfaisante. Les nouvelles thérapies y parviennent parfois plus rapidement. Certaines sont très proches des techniques de régression. Par exemple, le *rebirth* permet de faire revivre la naissance. Il arrive qu'involontairement, il fasse plonger dans d'autres vies... Les visualisations, accompagnées des pensées positives, peuvent aider à surmonter le handicap, mais ne donnent pas non plus d'explication, alors qu'une régression sera susceptible d'en fournir. Citons l'agoraphobie, ou peur devant certains espaces à traverser, qui peut trouver son origine dans une existence où l'on aura été piétiné par un rassemblement humain incontrôlé. La crainte de se retrouver dans l'obscurité ou enfermé dans un ascenseur peut être expliquée par une autre vie où l'on aura passé une longue période d'isolement dans un cachot où l'on sera mort. Ou bien, quelqu'un éprouvera des angoisses et cherchera à arracher un lien imaginaire autour de la gorge, comme un cache-col ou une cravate trop ajustés. On se souviendra dans un premier temps qu'à la naissance, le cordon ombilical serrait le cou de l'enfant. C'est déjà une explication. Puis l'on revivra lors d'un voyage dans le temps, une mort par strangulation. Le problème se trouvera alors doublement éclairé, la venue au monde s'étant faite avec les stigmates de cette autre vie, comme si le nœud karmique se manifestait dès la naissance.

D'autres vivent des obsessions, des répulsions inexpliquées. Ainsi, Josette a toujours eu peur des serpents. La simple évocation de ce mot lui donne des sueurs froides. Elle est très souvent inquiète, regarde autour d'elle si rien ne suggère cet animal honni. C'est quasiment un handicap.

Nous avons fait faire à Josette plusieurs voyages dans d'autres vies :

« Ce sont des temps très, très anciens. Je ne sais pas où je suis, j'ai du mal à définir une période. Je suis près d'un feu, je me réchauffe. C'est une grotte. Je suis une sauvage. Je suis à moitié nue, vêtue de peaux de bêtes assemblées. Je ne parle pas, je prononce des sons, des grognements, oui, c'est ça, je grogne. Je me déplace accroupie, mes mains reposent parfois sur le sol pour m'aider à marcher. Nous sommes toute une tribu, hommes, femmes, enfants, réfugiés dans cette grotte, où nous protégeons le feu. Réfugiés, car je me souviens qu'il y a eu une attaque. Des ennemis nous ont sauté dessus, ils ont dévalé sur nous en hurlant, en frappant, un véritable carnage. Mais je n'ai pas peur, c'est la lutte pour la vie en permanence. Les animaux, les fauves, les hommes, c'est pareil. Tous aussi terribles les uns que les autres. La lutte s'est terminée en notre défaveur, et il a fallu fuir. Les femmes et les enfants survivants sont partis sous la protection des hommes, les plus vieux et les très jeunes sont restés et auront été capturés, mangés peut-être... Nous nous sommes dispersés pour nous retrouver plus tard au pied du grand arbre, celui que nous voyons depuis le campement, celui qui est notre dieu, celui au pied duquel nous déposons des cadavres en offrande, et les nouveau-nés, parfois, lorsqu'ils naissent quand la boule de feu de la nuit est ronde. Puis nous nous sommes mis en chemin, et certains portaient le feu. Il faut le feu. Nous avons traversé la terre et l'eau, marché beaucoup. Les bêtes aux dents longues nous ont attaqués et ont dévoré des hommes. Il fallait marcher toujours. Il fallait se protéger de la nuit, du froid, des autres hommes et des bêtes, et nous avons beaucoup marché. Sous le soleil et sous la lune, sous la lune et sous le soleil.

« Et nous sommes arrivés au grand trou. Un trou où tous ont pu entrer. Un trou où nous avons déposé le feu. Autour, il y avait beaucoup de branches. Il fait froid, grand froid. Les hommes ont bloqué l'entrée de la grotte en roulant des blocs de rocher. Quand il n'y a plus le soleil, on roule les pierres, et lorsque le soleil revient, on sort et les hommes chassent. Le soleil a disparu. Les femmes et les enfants sont sur les branches et les brindilles sèches que nous avons ramassées. Tous dorment là, près du feu. Mais le feu est plus loin, car il peut faire mal. Les hommes dorment près de l'entrée, pour les attaques. Je regarde les ombres du feu sur les rochers. C'est beau. Ce sont les dieux qui nous parlent. Il faut les aimer, ils nous protègent. Les hommes dorment aussi. Mais l'un d'entre eux se lève et court vers le feu, il prend une branche qui brûle, il la lance devant lui, sur le sol. Il grogne très fort. D'autres se précipitent et font comme lui. Ils grognent très, très fort. Je me lève aussi, mais ils me jettent sur les branchages. Il y a des choses a terre qui bougent, qui rampent partout. Dans tous les sens. Ils viennent vers moi. J'ai très peur. Il y en a beaucoup, beaucoup. Ça me pique, c'est le feu qui les a réveillés. Ils dormaient et le feu les a appelés. Les serpents qui piquent, les serpents qui donnent la mort. Je ne peux pas me lever, ma tête tourne. J'ai le feu en moi. Je tombe. La vie s'en va. La vie est partie. »

Josette hurle, et c'est dans un cas aussi difficile que la sphère bleue joue son rôle de protection. Nous suggérons à Josette des affirmations apaisantes dans le but de la calmer. Difficilement, elle retrouve le tunnel, revient. Nous avons mis un long moment à la rassurer. Elle pleurait, se débattait, gémissait. Peu à peu, elle s'est apaisée.

« J'étais vraiment dans ces temps préhistoriques. tout était froid et humide, incroyablement primaire. C'était il y a des milliers d'années. Ce qui m'a frappée, c'est que je ne pouvais pas compter. Je ressentais "beaucoup" par comparaison avec "peu". La nuit et le jour, aussi. Le jour, c'était le soleil, et la nuit, c'était tout le reste. L'humidité et le froid, les marécages... Je vais apprécier le confort de mon appartement en comparaison ! Et puis, ces piqûres, c'était effrayant. J'ai eu le temps de comprendre que c'est le feu dans la grotte qui les a réveillés. Ils avaient dû se réfugier là pour hiverner, et la chaleur leur a redonné vie. Moi, en tout cas, je suis morte de ça. Je ne sais pas si je vais être plus sereine maintenant, mais je tiens la solution à mon problème. J'ai trouvé le nœud, et pour faire un mauvais jeu de mots, le nœud de vipères ! »...

Josette a obtenu une explication à sa phobie.

En revanche, un processus inversé peut se produire, qui n'est pas sans danger. Mylène, une femme douce et effacée désirait comprendre pourquoi son premier mari s'était noyé. Elle s'était remise de ce deuil, vécu alors qu'elle n'avait qu'une vingtaine d'années. Le couple uni qu'elle avait reformé ensuite n'en souffrait pas. Mais elle était obsédée en rêve par ce tragique accident, et avait acquis une peur terrible du sommeil, devenant peu à peu insomniaque. Au fil du « retour en arrière », Mylène se retrouve femme de pêcheur. Des heures durant, elle attend, assise sur une falaise. Une nuit de tempête, elle se lève, est prise d'une intuition terrible, son mari est mort, sa barque s'est renversée... La mer ne rendra pas le corps. Dès lors, elle s'enferme dans sa maison, refuse de voir les autres villageois. Elle devient taciturne, étrange. Des voisins la nourrissent en posant des vivres sur le pas de sa porte. Elle les invective, les injurie. Peu à peu, elle devient folle.

Mylène se voit âgée, presque nue, dans une cellule aux murs lépreux, suintants d'humidité. Elle fait sous elle. De temps en temps, on lui jette un morceau de pain rassis. Elle se bat avec d'autres femmes, qui hurlent. Elle ne sait plus qui elle est. Mylène crie : « C'est horrible », puis elle se met à pleurer.

Lentement nous amenons son corps à se détendre et nous la faisons revenir dans le temps présent. « Mon Dieu, j'étais folle... » Nous demandons à Mylène ce qu'elle ressentait, si elle souffrait : « ... En fait, non, j'avais des images en tête. Je vivais ailleurs. C'est étrange... Quand mon premier mari est mort, j'ai fait une dépression grave. J'avais l'impression d'avoir déjà tout vécu : sa noyade, sa mort... C'était vrai. » Mylène, dans sa vie actuelle, n'a pas sombré dans la démence. Elle a su lutter. Elle a montré sa vaillance en reconstruisant un couple. Loin de la traumatiser, cette régression lui permet de dire : « La folie, je l'ai déjà vécue. C'est pour cela qu'elle n'est pas revenue. C'est derrière moi. Je préfère oublier maintenant. »

Le cas de Mylène nous a poussés à nous interroger sur le sort des handicapés mentaux. Nous pouvons penser que leur âme n'est que partiellement incarnée et qu'une partie d'eux-mêmes est restée en Dieu, où ils sont dans la béatitude et la paix – et ce, quelle que soit leur condition physique, malgré une violence éventuelle. Le processus doit être semblable pour les êtres plongés dans un coma profond. Quel karma dans ces cas-là ? Il s'agit toujours d'un dépassement de soi... que devra vivre tout autant, sinon plus, l'entourage. Une épreuve pour mûrir, évoluer... N'oublions pas que même l'enfantement, par exemple, se fait dans la douleur. Triompher des obstacles, tel est aussi le but de nos vies. Connaître notre karma, notamment psychologique, peut nous y aider.

17

KARMA DU COUPLE

Un coup de foudre, une attirance irraisonnée et réciproque... Une telle rencontre ne se produit pas que dans les films. Roméo et Juliette, Rhett et Scarlett... Comment mieux expliquer le jeu des attirances et répulsions que par une histoire antérieure qui ne fait que se prolonger ?

Vivre à deux, c'est vouloir construire un foyer, avoir des enfants. C'est aussi l'occasion de s'entraider, de progresser ensemble. Du point de vue karmique, la seule attraction physique ne suffit pas pour bâtir un couple heureux. Il faut que les plans mental et spirituel soient aussi en accord. Que cette union soit un tremplin pour chacun des partenaires, que la relation soit équilibrée. Souvenons-nous que l'amour véritable n'est pas égoïste, qu'il refuse la jalousie et la possessivité, qu'il est fondé sur l'égalité, le respect et la tolérance mutuels. Pensons aux héros de *La Nuit des temps*[1] de Barjavel. Ils ne se disent pas : *Tu es à moi* mais *Je suis à toi*... Un tel amour, qui est, simplement, ne craint rien. Il vaincra vents et marées. Car l'amour est éternel. Indestructible, il est au-delà du temps. C'est lui qui nous permet de retrouver ceux que nous avons aimés dans d'autres vies. Comme un aimant, il nous attire irrésistiblement vers eux et fait en sorte que nos chemins se rencontrent.

Certes, il n'est pas besoin de croire en des existences antérieures pour vivre tout cela. Cependant, il est réconfortant de savoir d'où nous venons et où nous allons.

---

1. Presses Pocket, 1971.

Mathilde, elle, l'a toujours su. C'était instinctif, inné. Elle n'a pas eu besoin de faire des régressions pour comprendre qu'elle et son mari étaient liés depuis des siècles.

Alexis et Mathilde ont respectivement soixante-dix-sept et soixante-quinze ans. La main de l'un repose sur celle de l'autre. De leur couple se dégage sérénité et plénitude. Au fil du temps, des habitudes devenues communes, ils en sont venus à se ressembler. Tout au long de l'après-midi, Alexis restera silencieux, hochant seulement la tête avec un léger sourire d'approbation. Rejetant derrière son oreille une mèche de cheveux blancs échappés de son chignon, Mathilde s'exclame :

« Au début, mon mari n'y croyait pas, il pensait que c'étaient des fariboles de bonne femme. S'il a fini par y croire, c'est que je suis aussi un peu rebouteuse et que, les gens, je les guéris. Alors, à force de voir ça, Alexis s'est dit : "Si ça marche pour une chose, le reste doit être vrai..." Mes visions, comme je dis, ça remonte à loin. Toute petite déjà.

« L'Alexis et moi, on se connaît depuis toujours, mais on se connaissait déjà avant... Dans une autre vie, je veux dire. On s'est mariés très jeunes, et moi je savais que ça allait durer.

« Tout de suite, je lui ai dit que je nous voyais sur un grand bateau, tous les deux. Oh ! C'était pas le paquebot *France*, non, c'était un gros raffiot en bois, avec plein de gens, des tonneaux partout. On était très pauvres. On devait partir. Peut-être bien qu'on était des Irlandais, je ne sais plus. Enfin, avant le bateau, ce qui s'est passé, j'ai oublié. J'avais un bébé, une toute petite fille. On était mal vêtus et on avait faim. Dieu ! Que j'ai été malade pendant la traversée. On n'était pas vieux alors, le même âge que quand on s'est mariés, dix-sept et dix-neuf ans, quoi. Et on était partis. C'est l'Alexis qui m'avait décidée. Il en a pas l'air, mais c'est lui qui décide de tout. Toujours est-il que nous voilà en route, sur la mer. Je vomissais tripes et boyaux. La petite a eu la fièvre. Je n'avais plus de lait. Elle est morte très vite. Il y avait un curé sur le bateau, je m'en souviens, il était tout en noir avec un bonnet noir, un chapeau. La petite, on l'a roulée dans un morceau de drap, il a dit des prières, fait un signe de croix et ils l'ont jetée par-dessus bord. Je voulais pas voir ça. Je pleurais toutes les larmes de mon corps. Je lui en voulais, à l'Alexis, mais, après tout, il n'y pouvait rien, lui, contre la maladie, contre la pauvreté. Et puis, il a été si bon avec moi. Les autres hommes buvaient, ils étaient rudes. Mon homme, il était sobre. Bien sûr, il parlait déjà pas beaucoup. Mais il était beau. Je ne pouvais pas demander mieux. Et si on était pauvres, ce n'était pas de sa faute. Il était travailleur et courageux.

« Le voyage a duré longtemps, ça m'a semblé des mois. Je ne sais pas. Je pensais sans arrêt à ma petite que le bon Dieu m'avait reprise. Quand on est enfin arrivés, j'ai été très déçue. Je ne sais pas ce que je m'étais imaginée, le paradis ou quoi ? C'était très différent. On était dans une petite ville, avec des marchands, des comptoirs, et tout. On aurait bien voulu rester. Alexis avait trouvé un travail sur le port. On louait une petite chambre.

Ça a duré quelque temps comme ça. Assez pour que j'aie d'autres enfants. J'avais trouvé une place de blanchisseuse, on gagnait assez d'argent. Mais, un soir, Alexis est revenu tout ensanglanté. Il y avait eu une bagarre. Il s'était battu. Il a perdu sa place. On pouvait plus vivre. Ça ne pouvait pas continuer.

« On nous a dit qu'à l'ouest, il y avait des terres, qu'on pourrait cultiver un lopin. Qu'on pouvait même gagner de l'argent. Alors, on a rassemblé ce qui nous restait d'économies et on est partis. J'ai toujours été très économe, je le suis encore. C'est moi qui tiens les cordons de la bourse.

« Nous sommes tous partis avec des chariots tirés par des bœufs. Toutes nos affaires rentraient dans une grosse malle. Nous avons voyagé vers l'ouest, et le convoi s'est clairsemé. C'est qu'il fallait être solide pour tenir ! Certains ont abandonné, s'en sont retournés. D'autres sont morts.

« Encore plus à l'ouest, nous n'étions plus que quelques familles. Nous n'avions plus la force de continuer. Alors, nous avons décidé de nous installer là où nous nous étions arrêtés pour faire une halte. Nous avons pensé que nous pourrions défricher la terre, et semer les grains que nous avions emportés. Mon mari avait ouvert les sacs : la vermine ne s'y était pas mise. Nous pourrions les semer et vivre de la récolte. Les enfants avaient peur. Nous avons rassemblé les chariots, en faisant des feux tout autour. Je me souviendrai toujours de cette nuit-là... Nous avons prié comme tous les soirs. Alexis et moi nous nous sommes embrassés. Nous étions couchés sous le chariot, sous une couverture. Il faisait très froid. Ou bien c'était la peur, en tout cas, je tremblais comme une feuille... Pourtant les hommes montaient la garde, deux par deux. Alexis et moi on s'est endormis... J'ai été réveillée par des cris horribles. Il y avait des hommes sur des chevaux qui nous encerclaient, des sauvages. Mon Dieu, j'en frémis encore ! Ça c'est passé très vite. Alexis s'est levé pour aller se battre. Il a reçu une flèche en pleine poitrine. Il est tombé. Je me suis précipitée sur lui, quand j'ai senti à mon tour une douleur terrible dans le dos. Le chariot s'est renversé sur les enfants. Je les ai vu mourir, écrasés. C'était atroce. J'ai regardé Alexis dans les yeux. Il m'a serrée dans ses bras. Autour de nous, c'étaient des hurlements, du sang. J'ai pensé : "Mon Dieu, pitié, pitié, ne me séparez pas de mon mari..."

Mathilde se tourne vers Alexis et l'embrasse : « Je sais bien, c'est une histoire de fous. Mais ça m'a poursuivie toute ma vie, cette image, le chariot renversé, mon mari mourant, tout... J'en rêve toujours la nuit. Je me réveille en criant.

« À l'époque, tout ce que je souhaitais c'est qu'on se mette à cultiver, qu'on ait des bêtes, qu'on soit tranquilles. C'est pour ça que j'étais heureuse de naître à la campagne. La vie de la terre, même si c'est rude, ça m'a toujours plu. Vous savez, je n'ai jamais lu beaucoup de livres. Je ne peux pas vous faire un grand discours, mais tout ça, j'y crois. Le bon Dieu, Il nous séparera jamais, Alexis et moi. Même quand on sera morts. »

Mais l'on ne se retrouve pas toujours pour vivre le meilleur. Le couple peut affronter aussi des drames, des remises en question. Dans tous les cas, il s'agit de penser que ces épreuves sont d'origine karmique. D'anciens conflits resurgissent, qu'il faudra tenter de résoudre. Le but est toujours de parvenir à comprendre la leçon. Même en cas de crise aiguë, il faut penser à dénouer le karma, afin qu'une telle situation ne se reproduise pas dans une vie future. Car nous nous retrouverons toujours dans des conditions similaires jusqu'à ce que nous ayons compris !... Comment résoudre cet imbroglio ? Par le dissolvant du karma : l'amour ! Une empathie certaine mais aussi une distanciation sont souvent nécessaire. Ainsi, au bord d'une rupture, il convient de s'interroger : pourquoi nous sommes-nous rencontrés ? Pourquoi cela n'a-t-il pas duré ? Qu'est-ce que nous avons bâti ensemble ?...

Se déchirer ne sert à rien. La haine n'entraîne que la haine. Même un divorce peut être constructif si les deux partenaires savent être modérés.

Bien sûr, la vie n'est pas simple, les choix à faire sont souvent difficiles. Et retrouver le pourquoi des choses en faisant une régression est peut-être une solution qui amènera la lumière.

Marie est une jeune femme de vingt-cinq ans. Une vie de bohème, un appartement partagé avec des copains, des fins de mois toujours difficiles et une vie sentimentale très compliquée.

Elle s'est allongée sur un divan :

« Je suis une jeune fille d'une vingtaine d'années. Je marche sur un chemin de campagne. Il fait très beau et le sentier ondule, bordé de noisetiers. Je cueille une brindille au passage, c'est le printemps car les arbustes portent une multitude de bourgeons. Je suis très heureuse aujourd'hui car je vais au château, dans la demeure de mon maître. Je vais peut-être le voir dans l'allée, à cheval. Peut-être va-t-il me regarder... Je suis mal habillée. Mes parents sont très pauvres, ils sont ses fermiers. La terre n'est pas riche, et leur parcelle est petite. Mon père travaille dur, il répare les outils, le soir à la veillée, près de l'âtre. Je ne sais pas s'il est heureux, il ne sourit jamais. Ma mère est souvent fatiguée, et je l'aide à la maison. Je regarde ses mains, elles sont toujours rouges, elles les essuie sur son tablier et les cache dans les replis de sa robe. Elle est toujours habillée de noir, et ses longs cheveux sont rassemblés en chignon, ce qui allonge son nez. Elle aussi a l'air triste. Ma mère va parfois aider au château, lorsqu'il y a beaucoup de travail, surtout pour laver les draps. On les entasse les uns sur les autres lorsqu'ils sont sales et on les recouvre de cendres. Deux ou trois fois par an, on lave tout dans la rivière. Ma mère aide aussi la cuisinière, on l'envoie chercher lorsque la chasse a été bonne. Et depuis longtemps, ma mère me prend avec elle. Au début, je jouais avec les plumes des perdrix et des faisans. La cuisinière me donnait un morceau de gâteau. J'aimais bien être là, il est si beau, le château. Et puis j'ai grandi, et ma mère m'emmenait toujours avec elle. Et il y a quatre ans, j'ai été éblouie par mon maître. Il rentrait à cheval de la chasse, et il a jeté à terre un cerf qu'il avait tué. Soudain il m'a regardée, et je me suis sentie rougir, blanchir, j'ai cru que j'allais m'évanouir. Il m'a regardée si fort, je ne sais pas pourquoi... Depuis, j'ai grandi et je sais que je l'aime. Il faut qu'il me remarque malgré ma robe raccommodée et mes sabots remplis de paille. Lorsque je vais au château, j'essaie d'être la plus belle possible.

« Mon maître est beaucoup plus âgé que moi. Je ne pourrai rien obtenir de lui, rien n'est possible... Mon avenir est perdu. Mais je veux un enfant de lui.

« Je marche sur le chemin. C'est plus tard. Je tiens mon ventre à deux mains. Il n'y a que moi qui le sais : je suis enceinte. Il m'a aimée. Plus jamais je ne ferai l'amour avec lui, c'est la règle. Mais je n'en demandais pas davantage. Dieu a exaucé mon vœu, ma vie a enfin un sens. J'ai connu le plus grand bonheur que je pouvais espérer. »

Marie est revenue à elle, très émue. Une existence vécue uniquement pour assumer la difficulté d'avoir un enfant sans père.

La vie a repris son cours. Mais quelle n'a pas été notre stupéfaction lorsque, deux mois plus tard seulement, Marie nous a annoncé qu'elle attendait un enfant ! Un homme déjà marié. Le test, le diagnostic : enceinte ! Marie a eu son bébé, un petit garçon. Elle essaie de fouiller dans les souvenirs de son lointain passé : cet homme, le père de son enfant, a-t-il les mêmes traits que le châtelain passionnément aimé il y a plusieurs siècles ?

La vie nous force parfois à supporter des situations bien compliquées... Mais ce n'est jamais sans raisons ! Certains ne trouvent jamais l'élu, restent célibataires... Là encore, il s'agit de comprendre le pourquoi de cette solitude. Sylviane, dont le témoignage figure dans « Karma sexuel », s'est suicidée dans une autre vie, après avoir délaissé sa famille. Aujourd'hui, elle a du mal à construire un foyer. Elle n'a plus confiance en elle. Depuis son « retour en arrière », elle a trouvé des explications à son célibat et nous a dit : « J'étais dure, pas très attirante... J'apprends à me "civiliser", à être plus douce... Comme ça, je serai prête lorsqu'il viendra. »

Célibat, rencontre, vie de couple..., prenons la vie comme elle vient. Mais n'oublions pas que nous nous sommes incarnés une nouvelle fois pour progresser, aller vers la Lumière.

18

LES ENFANTS

Lorsque l'âme s'incarne, elle choisit ses parents et son milieu familial. Deux possibilités se présentent alors. La première lui permet de retrouver des êtres qui lui sont proches, avec lesquels des liens d'amour ont été établis dans d'autres vies. En ce cas, une telle atmosphère sera favorable à l'évolution, lui offrira la possibilité de progresser, de s'épanouir. Ainsi avons-nous le bonheur de vivre auprès d'êtres qui nous étaient déjà très chers dans des existences antérieures. Cela permet de mieux affronter les difficultés que nous réserve le monde terrestre. Dans le second cas, l'âme se donnera des conditions d'incarnation difficiles, comme par exemple des parents absents ou indifférents. Ces épreuves de départ seront aussi placées sur son chemin pour la faire évoluer. Il y a toujours une leçon à apprendre. Les épreuves les plus douloureuses peuvent aussi être les plus enrichissantes...

Cependant, les retrouvailles au-delà de la mort ne sont pas systématiques. Certains d'entre nous sont orphelins, véritablement sans famille. D'autres ont l'impression de vivre parmi des étrangers, se sentent déplacés dans leur milieu de naissance, avec lequel ils n'ont aucune affinité. Cette éventualité trouve là encore son origine dans la loi de cause à effet. Mais avant d'aller plus loin, donnons la parole à Lucille, qui a résolu elle-même l'énigme et qui connaît la vie antérieure de son propre fils.

Lucille est une très belle jeune femme qui travaille dans l'édition. La trentaine heureuse et épanouie, elle porte à sa grand-mère une affection sans limites. La vieille dame adore le petit garçon de Lucille, son dernier-né. Lucille s'intéresse beaucoup aux phénomènes paranormaux, étudie le tarot, croit en la réincarnation. Il est de tradition dans la famille de penser que l'âme d'un disparu se réincarne dans le premier nouveau-né et perpétue ainsi la saga familiale. Lucille a cette certitude intérieure faite de calme et de tranquillité. Voulant en savoir plus sans influencer son enfant, elle l'a pris dans ses bras, un soir qu'elle se reposait dans leur belle maison de campagne, où s'entassent les souvenirs précieux de plusieurs générations. Un vaste vestibule est réservé aux photos de famille, portraits et peintures craquelées du siècle dernier. Ce soir-là, Lucille arpente cette pièce et, prise d'une intuition soudaine, demande à son petit garçon : « Qui es-tu, toi ? »

Très naturellement, après un moment de silence qui ressemble à un temps de réflexion, et lorsque sa maman arrive à la hauteur du portrait du grand-père, qu'il n'a pourtant pas connu, l'enfant le montre du doigt : « Moi, c'est lui ! » Question plus appuyée de Lucille : « Que veux-tu dire, mon chéri ? » « Mais, maman, avant, j'étais lui. » Lucille est persuadée que l'âme de son grand-père s'est réincarnée dans le corps de son fils. Elle en a parlé à sa grand-mère, qui lui a affirmé : « J'en suis certaine, cela ne m'étonne pas. J'ai tout de suite su que l'âme de mon mari, ton grand-père, est revenue dans ton dernier-né. Plus le temps passe et plus j'en ai la certitude. Certains de ses regards, ses attitudes, ses colères. Tu vois, je te l'avais bien dit et tu le sais maintenant, dans notre famille, on ne meurt pas, on change de corps. Pourquoi crois-tu que nous soyons si solidaires ? Et si j'aime tant ton enfant, c'est parce que c'est aussi ton grand-père que je retrouve en lui. »

Nous trouvons dans ce témoignage l'indice que la mort ne nous sépare pas de ceux que nous aimons, et que nous pouvons les serrer dans nos bras bien plus tôt que nous le pensions...

Seulement, il faut parfois accepter que les cartes soient distribuées différemment, que les rôles soient inversés. Le père devient le fils, la sœur l'épouse, une amie la mère... Cette distribution des rôles n'est pas due au simple hasard. Elle révèle toujours un enseignement.

C'est là que joue le karma. Ainsi, un père tyrannique envers sa fille, pourra-t-il renaître sous l'aspect de l'enfant de sa propre fille. Celle-ci, d'instinct, désirera sans doute se venger. Mais si elle a conscience des liens karmiques, au lieu de maltraiter son enfant sans comprendre, elle lui apportera au contraire plus d'amour. Car elle saura que seul l'amour permet d'équilibrer le karma. Et l'un comme l'autre seront libérés. Sinon, ils risquent de poursuivre une relation douloureuse durant de nombreuses existences.

À l'inverse, le karma peut se révéler positif et nous permettre de continuer le chemin de la vie avec des êtres que nous avons aimés autrefois. Écoutons la belle histoire de Laurence, Thierry et de leur fils...

« Nous avions tout pour être heureux dans la vie, mais j'ai vite compris que je n'arriverais pas à être enceinte. Il a fallu faire des examens. Les médecins disaient que tout n'était pas perdu, qu'il y avait encore des chances. Certains parlent du psychisme. Il y aurait des blocages, peut-être parce que je suis obnubilée par ce désir. Enfin, j'étais désespérée. Pour moi, construire une famille, mettre au monde un enfant, c'était le but de l'existence, une raison de vivre. Thierry m'a toujours soutenue. Tout de suite, il m'a dit que nous pouvions adopter un petit. Moi, je ne voulais pas. Ce n'était pas la chair de ma chair, comme on dit. Et les démarches sont très compliquées. Il faut des années. Une collègue de bureau m'a conseillé d'aller voir son astrologue, une dame très bien. J'étais complètement perdue. Je ne savais plus quoi faire ni à quel saint me vouer. Je me suis dit : "Pourquoi pas ?" et j'ai tenté ma chance. C'était une femme très chic, en tailleur, qui m'a reçue dans un bureau, comme un médecin. Je lui ai posé la question qui me brûlait les lèvres : "Est-ce que vous voyez si je vais avoir un enfant ?" Elle m'a tiré les tarots. J'ai choisi des cartes. Celle de la Lune est sortie. Elle m'a affirmé : "Vous allez avoir un enfant, j'en suis sûre et certaine. Soyez patiente." Elle m'a même dit : "Je peux prévoir quand, mais il faut que je fasse votre thème astral et celui de votre mari. J'étudie les deux thèmes ensemble et je vous indique les probabilités."

« Le mercredi suivant, elle avait tout préparé. Elle m'a expliqué des choses vraies sur mon passé. Et elle a de nouveau été catégorique : "Je vois un enfant, mais c'est dans plusieurs années..." »

« J'ai été très déçue. J'avais envie de pleurer. Je me suis effondrée. Mais elle était tellement sûre d'elle que je suis sortie un peu réconfortée.

« Le temps a passé et Thierry m'a persuadée d'adopter un enfant. Les démarches et les enquêtes ont duré plus de trois ans. Enfin, il est arrivé. C'était il y a six mois. Dorian est châtain aux yeux noisette, c'est plutôt rare, paraît-il. Il me ressemble, c'est incroyable. Dans la rue, personne ne peut penser qu'il a été adopté. Thierry me dit tout le temps : "Celui-là, c'est comme si tu l'avais porté toi-même."

« Les premiers temps nous allions le voir au Centre, juste quelques heures, pour qu'il s'habitue à nous. Tout de suite, j'ai eu un choc : c'était mon petit à moi, celui de Thierry et moi. C'est bizarre, je ne pensais pas que ça me ferait ça. Je ne m'y attendais pas. On a préparé sa chambre, et tout. Maintenant, tout est oublié. Nous sommes une vraie famille... Dorian, c'est son véritable prénom, celui que sa mère génétique lui a donné, mais elle l'a abandonné tout de suite. Je n'ai pas voulu changer son prénom. C'est joli. Il n'y avait pas à chercher plus loin.

« Je me suis dit qu'il fallait retourner voir l'astrologue. J'étais restée en contact avec elle entre-temps. Elle était au courant de tout et elle m'a beaucoup soutenue. Comme je lui avais confié l'heure de naissance de Dorian, elle m'a fait son thème karmique. C'est une méthode qui permet de savoir qui l'on a été dans une vie antérieure. Elle m'a dit que Dorian avait déjà été notre enfant, dans une autre vie. Et que sa mère génétique l'avait abandonné parce qu'inconsciemment elle savait qu'elle avait volé l'enfant d'une autre... L'astrologue nous a même dit que Dorian avait été un grand pianiste, qu'il fallait favoriser ses dons pour l'art... Nous sommes persuadés que c'est vrai. Nous allons tout faire pour qu'il s'épanouisse.

« J'ai cherché à en savoir plus. Il paraît que tous les trois nous avons été des Gaulois du temps des invasions barbares. Elle a pu voir ça aussi dans ses thèmes. Nous avons été très pauvres, misérables. Et la vie était très difficile. C'est ce qui nous a soudés et c'est grâce à ça que nous nous sommes retrouvés. C'est du bonheur bien mérité. Et je peux vous le dire : l'instinct maternel ne se trompe pas. Dorian est bien mon fils. Notre enfant. »

Le témoignage de Laurence et de Thierry est très touchant, de par l'amour et la foi dont ils font preuve. Ainsi, ils ont compris que notre véritable famille n'est pas d'essence physique : elle est spirituelle. Notre meilleur ami peut avoir été notre frère... Ne l'est-il pas toujours ? Notre héritage en effet n'est pas que génétique. Précisons que l'on peut d'ailleurs considérer que l'âme choisit aussi ses gènes avant de s'incarner. Quoi qu'il en soit, nous héritons surtout de nous-mêmes, de celui, de ceux que nous avons été dans nos autres vies. Comme l'a écrit Khalil Gibran dans son superbe livre *Le Prophète*[1] :

> *Vos enfants ne sont pas vos enfants.*
> *Ce sont les fils et les filles du désir de vie.*
> *Ils arrivent à travers vous mais non de vous.*
> *Et quoiqu'ils soient avec vous,*
> *ils ne vous appartiennent pas.*

L'enfant est un individu à part entière. Le rôle des parents n'est pas de l'asservir, de le façonner à leur idée, mais, au contraire, de laisser sa personnalité s'exprimer librement. Et ce, quel que soit son âge. Comme l'a expliqué le Dr Brazelton, *le bébé est une personne*. Souvenons-nous qu'il n'est jamais trop jeune pour comprendre. Il a encore en lui les richesses accumulées dans ses vies précédentes. Il ne s'agit pas que l'éducation lui fasse perdre ce bagage si précieux. Pour cela, il faut être à l'écoute des enfants dès leur plus jeune âge. Ils ont beaucoup à nous apprendre.

Les parents qui désirent un enfant doivent se rappeler aussi qu'un être se crée par une attente spirituelle. En se

---

1. Albin Michel, 1991, p. 33.

purifiant eux-mêmes, ils attireront l'âme la plus pure. La grossesse revêt une extrême importance. Déjà, durant cette période, il est possible de communiquer avec le bébé. Ainsi, Marie, dont on peut lire le témoignage dans le chapitre sur le couple, a réellement demandé à son fils le prénom qu'il désirait porter. En état de relaxation, elle a fait défiler en pensée une liste de prénoms. Le bébé a bougé deux fois. Elle les a répétés. Il s'est manifesté plus particulièrement pour l'un deux. Voilà qui peut conforter le numérologue qui affirme que l'on choisit soi-même son prénom en fonction de ses vibrations...

Petit à petit, de tels témoignages se font de plus en plus nombreux et nous allons vers une nouvelle société où la place de l'enfant aura changé.

Le karma nous place parfois devant de difficiles épreuves... Comment assumer la venue au monde d'un enfant anormal ? Sans doute pourra-t-on trouver l'origine de ce déficit dans le passé. Il faudra surmonter le choc, et aimer, aimer toujours plus. Malgré le sentiment d'injustice, d'incompréhension. Les disciples demandèrent au Christ : *Comment se fait-il que cet enfant soit né aveugle ? Est-ce lui ou ses parents qui ont péché ? Jésus répondit : Ce n'est pas que lui ou ses parents aient péché. C'est afin que les œuvres de Dieu soient manifestées en lui...* La leçon est donc de nous dépasser, de nous grandir, d'utiliser les épreuves comme des tremplins, aussi dures et éprouvantes soient-elles.

Marc et Véronique ont eu l'immense douleur de perdre leur petite fille, Anne, âgée de quelques mois. Elle est décédée de ce que l'on nomme la « mort subite » du nourrisson. Véronique a énormément souffert, mais elle croit en la réincarnation et pense que l'âme de son enfant, au dernier moment, a refusé de continuer à vivre. Elle a accepté le destin, essayé de comprendre. Elle et son mari ont beaucoup réfléchi sur la mort, sur les vraies valeurs. Depuis ce drame, ils ont décidé de vivre autrement, de prendre du temps. Véronique, qui attend un nouvel enfant, une autre petite fille, a décidé de ne plus travailler et de se consacrer entièrement au bébé qui va naître. Autrefois, elle n'aurait jamais délaissé son métier. Mais elle sait que désormais elle tient encore plus à sa vie de couple et à sa famille.

Comme Laurence et Thierry qui savent que le petit Dorian est réellement leur fils, pensons que nous ne sommes les membres d'aucune famille en particulier. Nous faisons partie d'un Tout. Non seulement de l'espèce humaine, mais aussi de l'Unité primordiale...

19

LA FAMILLE

La famille est un milieu particulièrement propice au jeu du karma. C'est un microcosme où l'enfant apprend les règles du monde. En général, il y trouvera le ferment de son comportement futur. Dans le chapitre précédent, nous avons pu voir l'importance fondamentale que revêt l'entourage familial. Tous les parents conscients de la réincarnation se doivent de ménager à leur progéniture des conditions de vie idéale, leur apporter amour, tolérance et compréhension.

Pour cela, il faut qu'eux-mêmes aient fait le jour sur leurs rapports avec leurs propres parents. Souvent, les problèmes se transmettent d'une génération à l'autre, inchangés, voire aggravés. Car, s'il y a un karma individuel, il existe aussi un karma familial. La famille – même celle qui sera en apparence désunie – forme un tout, dans tous les éléments agissent les uns sur les autres. Il s'agit certes d'hérédité génétique, mais aussi de transmission karmique.

Anita a quarante-quatre ans. Elle est venue vers nous dans une effroyable détresse, peu après avoir eu le verdict d'un spécialiste : « Cancer généralisé. Vous n'en avez plus pour très longtemps... » Anita est une femme très active, qui dirige une galerie d'art. Depuis plusieurs années, son couple bat de l'aile. Son mari a depuis longtemps des maîtresses qui furent autrefois, les « meilleures amies » d'Anita. Toujours amoureuse de son mari, elle ne comprend pas. Elle est consciente de s'être fabriquée un cancer pour échapper à cette situation. Elle pense même que c'est un suicide déguisé, une façon honorable de partir, de laisser la place. En conséquence, elle refuse de se faire soigner.

En parlant longuement avec elle, nous apprenons que presque au même âge, vers cinquante ans, sa mère est décédée d'une leucémie après avoir eu de graves problèmes de couple. Anita reproduit exactement le même scénario. Il semble que le processus se renouvelle de génération en génération. Son père, sa mère, son mari..., Anita sait que des liens très complexes les unissent tous. Elle voudrait savoir lesquels, comprendre enfin. Sa démarche est un appel au secours. Anita ne fera qu'une seule régression avec nous, mais saura aussitôt les tenants et les aboutissants.

« Je suis vêtue d'une robe légère, blanche, en coton... C'est une toge. Mes mains sont fines. Ce sont des mains de femme élégante. Les pans de mon vêtement sont retenus par une sorte de broche... une fibule. Je suis assise, mi-allongée sur un canapé recouvert de coussins. Il fait bon. Une douce brise me caresse le visage. Une servante natte mes cheveux et les parfume. Je suis heureuse. Je fredonne une chanson, tout en dépliant des coupons d'étoffes. Le jet d'eau gazouille dans la fontaine. Les oiseaux pépient dans les arbustes. Je ne suis pas dans un jardin, non, c'est un patio, l'atrium, au centre de la maison. Je suis émerveillée par tant de beauté, de simplicité. L'air est pur, le parfum des roses, entêtant...

« Mon cœur s'enfle dans ma poitrine. Il se dilate de joie. Je sais pourquoi... Parce que j'ai découvert le fils de Dieu. Je crois en lui... C'est lui qui m'emporte, qui me rend si légère. Il a ravi mon âme. Il est en moi, dans chacune de mes pensées... C'est une amie qui m'a parlé de lui la première fois... Je me méfiais de Lucilla. Je n'y croyais pas. Je pensais que ce n'étaient que des fantaisies de femme. Mais elle est si bonne, elle a su me convaincre de venir avec elle, de l'accompagner à une réunion secrète. Je n'étais pas préparée à cette rencontre. Comment dire ? Il était là, réellement, invisible. Lorsque nous avons prié tous ensemble en nous tenant par la main, il est apparu devant nous. J'ai vu un éclair très vif qui m'a éblouie. J'ai été transportée au Ciel. Il y avait des êtres de lumière. Ils étaient si doux. J'ai vu des jardins fleuris, des fleuves de miel. Des images que rien de terrestre ne peut égaler. Jésus-Christ m'a pressée contre lui, dans ses bras... Lorsque je suis revenue à moi, les chants étaient terminés. La flamme d'une torche vacillait dans la pénombre. Nous étions tous silencieux. Lucilla me regardait intensément... Moi aussi, j'ai voulu être baptisée.

« Ensuite... Ensuite je suis revenue avec ma mère, une femme assez âgée. C'est la mère de ma vie actuelle, je reconnais bien son visage, même si je ne l'ai jamais vue aussi ridée, avec des cheveux blancs. je suis émue de la voir ainsi, elle qui est morte si jeune...

« Et le miracle s'est reproduit. Il est venu la trouver, elle aussi. Elle l'a vu. Elle m'accompagne chaque fois, maintenant. Avant, ma vie n'avait pas de sens. Je ne m'attachais qu'aux futilités, je ne pensais pas à l'au-delà. Aujourd'hui, je sais : l'essentiel est après la vie sur Terre... Je veux retrouver le jardin qu'il m'a permis d'entrevoir. Il nous a promis que nous y retournerons.

« Il y a un vieil homme qui nous parle de lui, de Dieu son père. Quand je l'écoute, je dois essuyer des larmes tant ses paroles sont belles.

« J'ai voulu en parler à mon mari, Claudius. Je ne lui ai pas dit la vérité. J'ai juste fait allusion à ces gens qui disent avoir rencontré un Dieu vivant. Il s'est mis en colère, a haussé les épaules : "Il faut les jeter aux lions..." Je voudrais tant qu'il comprenne. Autrefois, je l'admirais mais, de jour en jour, je découvre un homme dur, impitoyable.

« Plus tard, quand elle sera assez grande, je parlerai de Jésus à ma petite fille. Je veux lui dire que son règne viendra ici-bas, qu'il va redescendre parmi nous. Ainsi, elle sera prête à l'accueillir. Cette enfant... c'est aujourd'hui ma fille Carole... Mon Dieu ! »

Anita s'interrompt et pleure d'émotion. Nous devons l'apaiser. Nous lui suggérons de revenir, de faire une relaxation. Elle refuse :

« Non, je veux rester là encore. Je suis si bien, si heureuse... Tout serait parfait s'il n'y avait pas Claudius...

« Ah, j'ai quitté ma maison... Je suis avec mes amis, des frères et des sœurs – nous nous appelons ainsi entre nous. Nous nous cachons pour prier. Ma mère est à côté de moi. Des soldats sont entrés avec fracas. Ils nous bousculent. Ils rient. Ma mère éclate en sanglots. Les images s'enchaînent, très vite. Je suis dans un souterrain. Nous sommes tous réunis. Une peur terrible me déchire la poitrine. Le vieil homme est avec moi. J'essaie de prier avec lui, mais je ne peux pas. J'ai trop peur. J'appelle, je crie, je hurle : "Jésus, Jésus !" Il ne m'entend pas. Je l'invective. Je renie. Ma mère me presse contre elle. Lucilla caresse mes cheveux. Elle est digne, sourit encore avec douceur : "Ne crains rien. Il nous attend de l'autre côté. Il est toujours là. Il ne nous abandonne pas."

« La grille s'ouvre. Des hommes nous poussent avec des fourches. Je frémis en entendant les rugissements des lions affamés. Ils vont nous tuer, nous dépecer. J'ai peur. Je ne veux pas. J'abjure.

« Lucilla est morte, j'ai vu le fauve se jeter sur elle. Sa tête roule à mes pieds. Elle a été décapitée d'un coup de patte. Je tombe à genoux, j'implore. Soudain, je sens un regard peser sur moi. Je lève les yeux. Dans la foule qui rit, qui acclame, je vois Claudius debout. Je lis en lui le défi, la haine, l'incompréhension. C'est à lui que j'en veux. C'est lui qui va me tuer, pas la bête. Ma mère agonise dans la poussière... Non, ce n'est pas possible, mon père, mon père est à côté de Claudius ! Je ne comprends pas. Des griffes lacèrent mon visage, mon sang m'aveugle. Jésus ! Jésus !... Je ne vois plus rien. Plus rien ! »

Anita revient à elle, bouleversée, persuadée de la réalité de ce qu'elle a vu : « Mon père a trahi ma mère, mon mari m'a trahie... C'est la même histoire, la même. Ça recommence ! Mais cette fois je veux me battre ! C'est vrai, moi qui étais très croyante, en apprenant ma maladie, j'ai renié, j'ai cessé de prier. J'ai eu tort. Je m'en souviens maintenant : je sais que je n'aurais pas dû renier avant de mourir dans l'arène. C'est à cause de ça que je suis revenue. Je n'ai pas été forte comme Lucilla. Ma foi n'était pas assez belle. Lucilla, c'est ma fille aînée dans cette vie-ci. C'est étrange. Je les retrouve tous. C'est incroyable et malgré tout la réalité. Je devrais en vouloir terriblement à mon père, à mon mari... mais non ! Je ne sais pas pourquoi. Sans doute parce que j'ai compris que ça ne sert à rien... »

Après cette régression, Anita a voulu mettre les choses

au clair avec son mari. Elle a décidé de rompre, de divorcer. Ce qu'elle croyait être de l'amour pour lui n'était en fait que des scrupules, un lien de dépendance. Elle est persuadée que leurs chemins se séparent. Que le karma vient de s'équilibrer. Elle veut se battre pour ses filles. Anita a entrepris une chimiothérapie. Elle ne s'avoue pas vaincue.

Dans ce cas, il y a bien un karma familial où les destins de plusieurs membres d'une même famille sont enchevêtrés. Il faut savoir en dénouer l'écheveau. Anita a su le faire. Peut-être, sinon, se serait-elle laissée mourir.

Elle nous montre avec courage que le karma ne doit pas être vécu dans la passivité, l'acceptation, le renoncement, mais qu'il s'agit de prendre son destin en main. D'assumer ses choix, ses responsabilités.

Souvent, la régression permet d'acquérir une nouvelle philosophie de la vie. D'instinct, celui ou celle qui revoit sa vie passée, comprend les règles karmiques et perçoit que la seule façon de résoudre une situation conflictuelle est d'y apporter amour et pardon.

C'est aussi ce qu'en a conclu Christophe, plongé lui aussi dans une situation familiale douloureuse. Christophe a vingt ans. Sa première régression l'a aussitôt mené au cœur de son questionnement :

« J'ai toujours été intéressé par la religion. J'ai même pensé entrer au séminaire. Étrangement, ça a toujours été pour moi un conflit passionnel, une sorte d'attirance-répulsion incessante. Il y avait sans arrêt des points qui ne me convenaient pas. Je me suis souvent disputé avec le curé de notre paroisse. Je trouvais ses idées trop étriquées. Il était injuste. Puis tout le monde a appris qu'il vivait en fait avec la jeune femme qui enseignait le catéchisme aux enfants. Il a quitté les ordres. Moi, j'étais autrement plus rigoureux, j'attendais autre chose. Je suis vraiment sévère, je pense qu'on ne transige pas en matière de foi. C'est sacré. J'ai fait plusieurs retraites, j'ai participé à des groupes de prière. J'étais toujours insatisfait. J'aurais voulu être prêtre, mais je me sens quand même trop humain pour cela. C'est une tâche que je place très haut. Je voudrais être irréprochable. Je m'y efforce.

« Maintenant, grâce à ce retour en arrière, je sais d'où je tiens ce caractère-là. Je me suis vu, réellement vu, dans une autre vie. C'était moi. C'est évident. J'en suis persuadé. C'était au Moyen Âge, je vois encore les maisons hautes, les toits pointus, les ruelles étroites. Je portais une robe sombre. J'étais déjà très dur. Je n'acceptais pas le péché chez les autres. J'avais la vocation, une foi dévorante. Je passais des heures en prière. Mon père ne voulait pas que je devienne prêtre. Il aurait aimé que je sois négociant, comme lui. C'est ma mère qui m'a poussé. Elle a eu raison. Elle était noble et bonne.

« Au Moyen Âge, mon père était déjà âgé quand il est devenu veuf. Comme il était faible, il a laissé sa gouvernante – en fait, une bonne à son service depuis des années – prendre de l'ascendant sur lui. Cette femme était une sorcière. Elle avait été mariée et son mari était mort dans d'atroces souffrances. Elle s'en était débarrassée en le tuant. C'était aussi une faiseuse d'anges, comme on dit, une empoisonneuse qui faisait des messes noires, une âme damnée, un suppôt de satan. Je l'avais surprise plusieurs fois à concocter des breuvages avec des herbes et des saletés. C'est elle qui avait assassiné ma mère. J'étais au courant de tout. J'en avais parlé à mon père, il refusait de me croire. C'était toujours elle qui avait raison. Elle l'avait envoûté. Alors, pour me défendre, pour le sauver, j'ai accusé publiquement cette femme de sorcellerie. Bien sûr, elle était coupable. Elle a été brûlée sur la place publique. Mon père est mort peu après, il avait du poison dans le sang.

« J'ai été pris d'une soif de vengeance. Je traquais le mal partout et la mécanique s'est emballée. J'ai dû faire condamner aussi des innocents. Je me croyais poursuivi par le démon.

« C'est en revivant tout ça que j'ai compris ma vocation religieuse dans cette vie-ci, mais aussi ma peur. Finalement, j'avais répondu au mal par le mal. Je m'étais perdu. Je sais que je dois trouver un juste équilibre.

« Dans ma vie actuelle, ma belle-mère me voue une haine effrayante. C'est réciproque. Longtemps, je l'ai combattue. Elle est perfide, mauvaise. Perverse. C'est étonnant, à des siècles de distance, c'est exactement la même histoire qui se reproduit.

« Si je comprends bien, la loi de karma nous place toujours face aux mêmes situations jusqu'à ce que nous ayons assimilé la leçon. Là, ni mon père ni elle n'ont rien compris. Moi, en revanche, depuis ma régression, je sais pourquoi je leur en veux. Je ne dois pas me mêler de leur karma. C'est à eux de le porter. Après tout, ça ne me concerne pas, même si je soupçonne cette femme d'être capable du pire. Si mon père est faible, ça le regarde. Je ne veux pas être entraîné dans un cercle infernal où la haine répond à la haine. Le Christ dit qu'il faut aimer ses ennemis comme soi-même. C'est difficile, mais il faut pardonner. C'est la seule façon d'avoir l'âme en paix. Sinon, on se torture, on a des remords, et on les traîne d'une vie à l'autre. Depuis, quand je vois ma belle-mère, je ne réponds plus à ses provocations. Elle en est désarçonnée. Elle ne sait plus quoi dire. J'essaie d'être gentil, prévenant. Je sais bien que, de toute manière, nous ne pourrons jamais être amis.

« Cela m'a soulagé de pouvoir enfin comprendre, de savoir l'origine de tout. Il fallait dénouer les fils qui s'étaient embrouillés. Je ne veux pas retomber dans les mêmes travers qu'autrefois. Avant de juger les autres, de les critiquer, il faut être soi-même parfaitement pur et intègre... »

Voilà effectivement un enseignement qui porte ses fruits. Dans toute situation conflictuelle, nous pouvons réagir comme Anita ou Christophe, et ne pas nous laisser entraîner dans la spirale infernale de la haine et de la vengeance... Car la loi de karma est implacable. Elle agira tant que les problèmes n'auront pas été résolus en profondeur.

Avant tout, il convient d'établir l'harmonie au sein de la famille, car elle est la matrice primordiale. C'est d'elle que naissent les êtres heureux qui forment ensuite une société saine.

D'ailleurs, il existe des foyers qui débordent de vie, de bonheur. Car la loi de karma sait aussi apporter des récompenses... Nous connaissons ainsi une très belle famille de huit enfants dont tous les membres sont musiciens. Ils vivent dans une grande maison entourée d'un jardin où l'on entend rire et chanter.... N'est-ce pas déjà à l'image du Paradis retrouvé ?

20

LE CHOIX PROFESSIONNEL, LA VOCATION

À partir du moment où l'on accepte la réalité des autres vies, il apparaît clairement que rien, dans notre existence actuelle, n'est le fruit du simple hasard. Aussi, lorsque intervient l'heure de l'orientation professionnelle, est-il judicieux de faire appel aux leçons de notre passé karmique. Ces décisions s'avèrent extrêmement importantes, car nous avons tous une mission à réaliser lors de notre parcours terrestre actuel. Un choix inadéquat entraînera un malaise général, une absence d'intérêt, des échecs renouvelés ou des difficultés. Des troubles ou maladies d'origine psychosomatique sont susceptibles d'apparaître et de se développer, comme autant de moyens de ne pas affronter la réalité. Mais il n'est jamais trop tard pour trouver sa véritable vocation, et l'âge n'a pas réellement d'importance. Combien d'exemples connaissons-nous de changements radicaux, l'un passant d'un simple emploi de bureau au magnétisme curatif, et l'autre de la vente de bonbons au vedettariat. On évoquera toujours les débouchés, les conditions économiques, la conjoncture, l'évolution prévisible des techniques... Mais pour celui qui trouve sa vocation, toutes ces considérations matérielles, temporelles donc illusoires, seront balayées. Si l'on a déjà soigné au cours d'une autre vie, il sera plus facile de se consacrer à autrui dans cette existence. Effectuer un choix erroné, c'est nager à contre-courant, se battre inutilement contre des moulins à vent. Mais c'est aussi stagner sinon régresser sur le plan karmique, ne rien comprendre au pourquoi des choses, passer à côté de l'essentiel.

Plusieurs techniques sont accessibles pour connaître les leçons des autres vies : régressions, rêves, astrologie ou numérologie karmiques... Privilégiez toujours ce que vous ressentez intérieurement, ce qui vous « parle » vraiment. Méfiez-vous de ce qui ne suscite rien en vous.

Mais vous pouvez avoir trente ou quarante ans, une solide formation, un excellent passé professionnel, une envie réelle de vous remettre en cause, et ne pas l'oser pour des raisons bien compréhensibles : des responsabilités familiales ou économiques, la crainte de l'avenir, la peur de vous tromper. Soyez persuadés que si vous le décidez, vous pouvez tout changer dans votre travail, il suffit d'avoir la foi. Certaines orientations seront facilement découvertes, celles, par exemple, touchant un domaine humain ou social. Si, dans une autre vie, vous avez eu des activités médicales ou paramédicales, il sera aisé de définir la voie qui vous convient le mieux dans la panoplie des professions actuelles correspondantes. Si vous avez été intendant dans une plantation en Louisiane au XVIIIe siècle, il vous conviendra peut-être mieux de devenir gestionnaire ou courtier en Bourse que psychologue. Si vous retrouvez une vie de peintre, d'artiste, vous devez posséder des talents particuliers ou des dons qui ne demandent qu'à être mis à jour.

Commencez déjà par pratiquer comme un violon d'Ingres l'activité qui vous semble la plus en adéquation avec votre passé karmique. Vous pourrez ainsi consacrer une partie de votre temps de loisirs à retrouver ces lointains souvenirs, et ne laisserez pas cette information lettre morte.

Aujourd'hui, Floriane a vingt-sept ans. C'est une très belle jeune femme brune aux longs cheveux qu'elle rassemble en haut chignon. Ses études en publicité terminées, elle s'est lancée à corps perdu dans la vie active : elle a créé sa propre agence.

Floriane nous reçoit dans son bureau noir et blanc ultramoderne. Nos regards se posent sur une statuette d'argile qui trône près du téléphone, une jeune femme nue lovée sur elle-même, les mains croisées sur sa poitrine. Les joues de Floriane s'empourprent légèrement. Elle sourit :

« La sculpture, c'est ma passion secrète... Tout petite déjà, je jouais avec la terre, je façonnais des personnages, des chats, des visages... Depuis ma plus tendre enfance, un songe revient sans cesse. Dans ce rêve, j'habite une maison ancienne, une sorte de manoir. Je vois les grilles de la grande porte, en fer ouvragé. Elles s'ouvrent devant moi, et je cours dans l'allée. Les cailloux crissent sous mes pas. Il y a du vent. Je porte une robe blanche, légère. Aussitôt, sans transition, je me retrouve dans un grand salon, un vieil homme barbu s'approche de moi et tapote ma joue. Il est laid, repoussant même. Il ressemble à Michel Simon. C'est lui qui m'apprend la sculpture. Il me fait un peu peur mais je l'aime beaucoup. Je l'admire. Il caresse un grand bloc de pierre. Suivant les rêves, je commence juste à sculpter ou bien le travail est plus avancé. Une nymphe apparaît. Elle est très belle, si grande. Le vieil homme grogne, me dispute. Il me dit que je n'y arriverai jamais...

« Dans ma vie actuelle, j'ai suivi des cours. J'étais passionnée, et je le suis encore ! Je lisais tous les bouquins sur la sculpture. J'adore Rodin, Camille Claudel surtout. J'ai parlé à ma grand-mère. Elle a très vite reconnu la maison de mon rêve, le vieil homme. Cette petite fille qui sculptait, c'était sa sœur Amélie ! Grand-mère était profondément émue. Elle m'a tout raconté. Amélie, qui est morte très jeune, au sortir de l'adolescence, voulait être sculpteur. Ses parents ne la prenaient pas au sérieux, mais ils l'ont laissée apprendre, sans trop y croire. J'ai demandé ce qu'étaient devenues ses œuvres, ce qu'elle avait fait, si elle se souvenait d'une nymphe. Mais grand-mère ne sait plus. À la mort d'Amélie, ses parents ont détruit tout ce qui pouvait leur faire penser à elle, et même la maison a disparu. À la place, aujourd'hui, il y a des immeubles. Mais grand-mère a conservé une photo d'elle et de sa sœur. Je suis tout le portrait d'Amélie...

« Je suis sa réincarnation. D'ailleurs, vous voyez, mon troisième prénom est Amélie. C'est tellement étrange, je me souviens de quelqu'un dont on ne m'avait jamais, absolument jamais parlé, je lui ressemble... Ce ne peut être que moi !

« J'ai une sorte de certitude, un sentiment de vérité... Amélie est morte en laissant ses rêves inachevés. Elle n'a pas réussi à être reconnue. Je crois que c'est elle qui m'a donné le goût de la sculpture. Elle me guide, me protège. C'est mon ange gardien, une partie de moi-même.

« J'ai voulu devenir sculpteur à mon tour, j'ai beaucoup travaillé. J'ai pris des cours aussi, en cachette de mes parents. Je ne sais pas pourquoi cela devait rester secret. J'étais douée mais j'ai réalisé que c'était trop dur. Je ne pouvais pas en faire un métier. Ça ne va pas avec notre époque. Et puis, pour moi, c'est trop intime. C'est mon jardin secret, un bonheur, un plaisir que je réserve aux vacances. Dans ces moments-là, Amélie revit en moi. J'ai hérité d'elle beaucoup d'énergie, de volonté. Sculpter du marbre, c'est, symboliquement, tailler son chemin dans la vie. C'est ce que je veux faire.

« Amélie est morte, d'un refroidissement, subitement, l'été, après avoir dormi en pleine chaleur sous un grand chêne. Il paraît que l'ombre de cet arbre est glaciale. Durant toute mon enfance, j'ai eu peur de ces siestes... C'est peut-être un souvenir. Enfin, moi, je ne crains pas la mort. Je sais qu'on retrouve ceux qu'on aime, j'en suis sûre. David, le garçon qui vit avec moi, partage mes convictions. Lui aussi, il croit que nous nous sommes connus dans une ou plusieurs autres vies. Nous ne savons pas quand, mais nous aimons tous les deux la Grèce antique. Nous avons dû nous connaître à cette époque-là. Quand nous aurons un enfant, nous l'appellerons Hadrien... »

Tant d'exemples connus nous éclairent sur les liens existant entre passé karmique et profession. Ainsi, Léonard de Vinci, artiste et inventeur de génie, possédait un potentiel que peu d'humains peuvent détenir au cours d'une même vie. Il dessinait des machines à voler très proches des avions et même des hélicoptères actuels, que la technique du siècle ne lui permettait pas de réaliser. Peut-être avait-il alors les souvenirs d'une vie future ! Certains jeunes virtuoses semblent posséder non seulement un don, mais aussi une perfection que seul le temps et une pratique assidue peuvent apporter. Auraient-ils déjà été des maîtres dans leur art, autrefois ? Un autre exemple très connu est celui de l'Allemand Schliemann : alors qu'il était admis et reconnu que Troie n'était qu'une ville mythique due à l'imagination d'Homère, Schliemann était persuadé, dès l'âge de huit ans, de son existence réelle. Devenu archéologue, il découvrit la véritable ville de Troie, démontrant que ces vestiges n'étaient pas le fruit de l'art d'un poète, mais que la cité mythique avait bel et bien existé. Peut-être en avait-il été un citoyen...

Mais parfois, un cheminement inverse intervient. Quelqu'un exerce une profession par vocation, une véritable passion inexpliquée en étant à l'origine. Puis un élément déchire le voile, l'irruption du souvenir issu d'une autre vie intervient, et l'on comprend alors...

Martin a la quarantaine. Bon pied, bon œil et bon vivant, il s'occupe d'une association internationale de défense des animaux.

« Je consacre ma vie aux éléphants, aux rhinocéros, aux orques, mais aussi aux singes, aux poulets de batterie, au trafic des chiens et des chats. Et puis, il y a un sujet qui me concerne tout particulièrement, c'est celui des ours des montagnes. Ils sont immenses, bruns, plus grands qu'un homme. J'aime les voir de près !

« J'ai souvent été amené à me demander le pourquoi de cet attrait, ce besoin de lire tout ce qui concerne les animaux, ma sensibilisation extrême à la défense de cette race en voie d'extinction...

« Je crois aussi beaucoup au chamanisme, et je suis sûr que mon animal totem est l'ours. D'ailleurs que ce soit dans ma vie professionnelle ou dans ma vie à deux, on me reproche d'être un ours, rude et pas toujours bien léché ! C'est comme ça, je suis fait ainsi.

« Je n'ai jamais complètement adhéré à tout ce que l'on raconte sur les phénomènes paranormaux. Je n'y croyais pas vraiment jusqu'à ma dernière mission auprès des ours. C'était en Espagne. J'ai eu l'occasion d'approcher un ours rescapé d'un cirque en faillite. C'était horrible, tous ces animaux, panthères, lions, éléphants, et l'ours, avaient été laissés quasiment à l'abandon, sans soins ni nourriture. Nous sommes arrivés in extremis. Je suis tombé en arrêt devant la cage de l'ours. Il était prostré, il semblait malheureux, et en tout cas inoffensif. Heureusement, je n'étais pas seul, et vous allez comprendre pourquoi.

« Alors que d'habitude je suis très conscient du danger que cela représente, ce jour-là, sans vraiment réfléchir, j'ai ouvert la cage de l'ours et j'y suis entré. Comme un somnambule... Pendant quelques instants, je ne sais pas combien – tout s'est passé si vite – l'ours est resté tranquille, puis il s'est levé d'un bond, m'a sauté dessus et m'a attrapé le bras avec une de ses pattes, par curiosité ou bien pour jouer. Là, c'est à la fois le trou noir, le vrai, et un film en technicolor. Pour le trou noir, ce sont mes deux assistants qui m'ont raconté. Ils se sont précipités dans la cage, l'un avec une fourche qui traînait par là, et l'autre avec une lance à incendie. Cela a été très, très vite, mais ils ont réussi à me faire sortir et à refermer la cage, laissant l'ours grogner épouvantablement. Je crois qu'en fait, je ne risquais rien, j'avais une fiche sur cet animal, et il était considéré comme relativement inoffensif, mais on ne sait jamais... C'était une grave imprudence de ma part. Moi, j'étais inconscient, je ne me souviens de rien.

« Et puis il y a cette aventure incroyable, ce voile qui s'est déchiré. En un quart de seconde, quand l'ours m'a attrapé le bras, je me suis retrouvé ailleurs, plusieurs siècles en arrière. En un instant, le monde a basculé, et j'ai vécu un moment merveilleux. Je me suis retrouvé, enfant, dans la cage d'un ours. C'est difficile à exprimer car cela semble délirant, mais comment dire : Il s'agissait bien de moi, un autre moi, ailleurs, dans une autre époque. Là, en accéléré, tout le film de la situation s'est déroulé dans ma tête. J'étais un enfant, j'habitais un grand château sombre et je portais de beaux vêtements. J'étais le petit garçon du château. C'était la fête, car une troupe de saltimbanques était venue faire des numéros. Il y avait l'avaleur de sabres, la femme à barbe, des êtres difformes et contrefaits et un montreur d'ours. Le soir, je suis allé voir l'ours de plus près, et comme il avait l'air gentil, je me suis faufilé dans sa cage. Il ne m'a rien fait. Je me suis allongé près de lui et endormi. À mon réveil, je me suis rendu compte que les saltimbanques avaient repris la route, et que j'étais toujours dans la cage. Je n'ai rien osé dire. Quand le montreur d'ours a voulu nourrir l'animal, il s'est approché et il m'a vu. Il a prévenu les autres, ils ont parlé un moment, et toute la troupe est repartie sans se reposer, en accélérant le pas et en m'emmenant avec eux. Ils avaient peur qu'on les accuse de m'avoir enlevé, qu'on les emprisonne, qu'on les pende ou qu'on les brûle. Et j'ai donc vécu avec eux leur vie de nomade. Le film s'arrête là. Je ne sais pas si je suis resté. Cela a duré tellement peu de temps. Mais ça m'a fait un tel choc, j'ai éprouvé un tel sentiment de certitude que je suis sûr, au plus profond de moi-même, que c'est vrai.

« Depuis, j'ai fait des recherches, surtout par rapport aux vêtements. Je pense que cela s'est passé en Italie aux environs de 1700... Je n'ai rien pu trouver de plus. Depuis cette histoire, j'ai compris, et cette attitude irraisonnée a trouvé un embryon d'explication. Mon rapport avec les ours est maintenant plus détendu, plus normal, moins passionnel. Comme si j'avais défait un lien trop fort qui m'attachait à eux, comme si j'avais dénoué un nœud. De toute façon, mon amour pour les animaux vient de cette vie-là... Voilà pourquoi j'ai choisi cette profession, c'est certain. »

Cherchons et trouvons, notre « mission » dans la vie, la tâche professionnelle terrestre qui nous convient le mieux. Non pas pour gagner beaucoup d'argent et accumuler les richesses, mais pour continuer une voie déjà empruntée précédemment, et que la mort sur un plan terrestre a interrompue. Ainsi, nous apprendrons et comprendrons plus vite et plus facilement. Nous nous réaliserons alors mieux, et nous éveillerons au plus profond de nous-mêmes des échos, des souvenirs, des émotions qui nous permettront d'aimer notre profession, d'être efficaces et de nous assumer pleinement.

21

VERS LA LUMIÈRE

Redécouvrir la mémoire de nos autres vies nous a apporté un profond enrichissement. Nous avons eu l'émotion de retrouver sous d'autres formes, avec d'autres corps, des êtres que nous aimons... Nous nous sommes rendu compte que rien ne peut séparer ceux qui sont proches par le cœur : l'amour est un aimant qui attire, rassemble les âmes.

Depuis, nous ne craignons plus la mort : elle n'est qu'un simple passage vers d'autres mondes. Certes, comme la naissance, elle est douloureuse. Voilà pourquoi il est nécessaire de s'y préparer, afin de la rendre familière. Comme nous l'apprennent Philippe Aries dans *L'Homme devant la mort*[1] et Edgar Morin dans *L'Homme et la mort*[2], ce rejet de la mort, que l'on dissimule, que l'on cache, est une attitude récente de notre civilisation occidentale. Il est bon de se tourner vers des cultures plus anciennes ou différentes afin de connaître d'autres conceptions. Ainsi le *Bardo Thödol*[3], que nous avons lu et étudié avec le commentaire de C.G. Jung, nous apprend ce qui nous attend dans l'au-delà. Autrement nommé *Livre des morts tibétain* et correspondant à la doctrine bouddhique du Nord, ou Grand Véhicule, cet ouvrage doit être lu au chevet du défunt afin de l'aider à intégrer l'univers qui lui sera le plus favorable dans l'après-vie. Cette lecture, effectuée pendant une période de plusieurs semaines après la mort, se révèle bien plus fondamentale que le simple accompagnement des mourants tel que nous le conce-

---

1. Points Seuil, 1985.
2. Points Seuil, 1970.
3. Maisonneuve, 1987.

vons de nos jours. Il ne s'agit plus de préoccupations concernant la douleur de celui qui part et de la fin de l'enveloppe charnelle, mais bien de l'avenir de l'âme. Car pleurer et se lamenter est une manière égoïste de retenir l'âme du défunt qui cherchera à se réincarner le plus vite possible auprès d'êtres chers. À l'opposé, l'aider à trouver la meilleure orientation pour son évolution karmique, n'est-il pas une façon plus noble de prouver son abnégation ?

Comme vous avez pu le lire précédemment, nous nous souvenons du passage. Et nous n'en avons plus peur. Quelle liberté cela nous donne ! Quelle hardiesse... Songeons aux Vikings qui se jetaient, intrépides, dans les plus difficiles combats et à l'assaut des océans. Ils savaient que, de l'autre côté, le *Walhalla* les attendait, un séjour bien meilleur que sur Terre... Lorsqu'on adopte cette foi, la vie devient un courant que rien ne peut interrompre.

Dans nos vies passées, nous avons puisé toute la sagesse que nous avons pu acquérir au fil des diverses incarnations. Chaque existence nous a apporté des trésors. Et il ne s'agit ni d'or ni de diamants. Car la plus simple des vies a pu être la plus riche. Ainsi Mehdi, berger puis conteur... ou bien Wung, devenu un vieux sage. L'un comme l'autre ne possédaient rien de matériel, mais leur esprit était libre. Ils connaissaient cette exaltation, cette dilatation du cœur que procure la foi, l'amour de Dieu. Grâce à eux, grâce à ceux qui furent d'autres nous-mêmes et que nous n'avons pas oubliés, nous avons compris que peu importe le nom que les hommes lui donnent : Yahvé, Dieu, Allah, Brahman ou bien Tao... Lui seul est. Les religions sont toutes Une en essence, les hommes sont tous frères. Ils sont tous Ses enfants.

Nous avons ramené à notre conscience tant et tant de nos autres vies. Les sensations sont tellement vivantes en nous. Jeanlouis se souviendra toujours de tante Zabée, de son parfum de fleur d'oranger. Bernard n'oubliera jamais les volutes de fumée s'échappant de son encensoir, lorsqu'il était moine. Tout ce que nous avons vécu n'a pas été en vain.

Chaque vie nous a offert des joies et des peines, des

succès, des échecs, des épreuves. Tantôt nous avons compris les leçons, tantôt nous nous sommes rebellés. Nous avons suivi un chemin tortueux, avec des haltes et des carrefours. Aussi, dans cette vie-ci, il nous a été donné d'établir un bilan de nos existences : qu'en avons-nous retiré ? Les grains que nous avons semés ont-ils germé ? Nous avons vu se dérouler en nous le fil de nos incarnations. Nous avons pu analyser les liens des unes aux autres, les considérer avec détachement et lucidité. Tout a un sens profond, une raison d'être.

Nous sommes comme la flûte,
Notre musique vient de Toi..., écrivait le poète soufi Djalâl-od-Dîn-Rûmî[1]... Nous sommes entre Ses mains. Nous devons nous abandonner à Lui pour que résonnent en nous les plus belles harmonies.

Nous avons accepté les heurts, les difficultés de la vie, car nous savons qu'ils nous procurent l'occasion de nous dépasser, d'être meilleurs, encore et toujours. Chaque obstacle peut certes nous faire vaciller, mais il peut aussi nous propulser vers la Lumière. Quant aux joies, elles nous permettent de Le louer avec d'autant plus d'intensité. Pensons au vieil homme de *Little Big Man*[2], le roman de Thomas Berger : il remercie le Grand-Père de l'avoir rendu aveugle car, dit-il, il a découvert la vision du cœur qui est bien plus belle... Voilà comment comprendre le karma, l'implacable loi de cause à effet.

Souvent, nous nous empêtrons en clamant à l'injustice, en pestant contre le sort, le destin... parce que nous ne connaissons pas notre karma. Et nous nous révoltons en vain. Revivre ses autres vies permet de dénouer les fils enchevêtrés, de comprendre enfin le pourquoi, les tenants et les aboutissants. C'est ne plus avancer à tâtons. Tous ceux que nous avons rencontrés, qui ont effectué une ou plusieurs régressions, se sont sentis libérés, allégés d'un grand poids, d'un lourd fardeau. Ils ont pu reprendre leur marche en avant, avec un nouvel éclairage sur leur vie. Tous ont été unanimes : un déclic s'était produit. « Une petite étincelle s'est allumée en

---

1. *Le Mathnawî*, Le Rocher, 1991.
2. Le Rocher, 1991.

moi, nous a confié Marie, j'ai trouvé, après cette régression, la force de me battre contre vents et marées ! Je vis maintenant comme je l'entends, et c'est fantastique... C'était ma voie, et je l'ai trouvée ! »

Certains ont eu besoin d'un seul voyage dans le passé. D'autres ont voulu approfondir une existence en particulier, en explorer de nouvelles, comme vous avez pu le voir tout au long de la deuxième partie de cet ouvrage. Tous ont été confrontés à la loi de karma : karma physique, psychologique, sexuel... Tout s'éclaircissait soudain. D'instinct, chacun a su quelle était la direction à prendre. Nous avons tout d'abord observé ces changements, ces transformations qui s'opéraient sous nos yeux, avec étonnement. Nous nous sommes émerveillés devant la logique de la voie divine... Il y a des siècles et des siècles de cela, le Bouddha prônait déjà à ses disciples la connaissance de leurs existences passées, car un tel savoir apporte la sagesse...

Après avoir recueilli les fruits de nos incarnations successives, il devient possible de vivre l'essentiel : l'ici et maintenant. Car ce n'est pas en se remémorant sans cesse ce qui fut ou en rêvant à ce qui sera que nous pouvons progresser. La quintessence de toutes nos vies se trouve dans notre présent. C'est là, aujourd'hui, tout de suite, que nous pouvons et nous devons agir. Comme Scarlett O'Hara dans *Autant en emporte le vent*, pensons que *Demain est un autre jour*. Oui, à chaque jour suffit sa peine. Être conscient de vivre le moindre instant, la plus infime parcelle de temps, et s'y investir pleinement : là réside la vraie sagesse. C'est s'harmoniser avec le Monde, l'Univers. Regarder une fleur et être tout entier dans l'acte de voir. Puis respirer son parfum. Être un avec cette fleur... Sans troubler cette osmose par des préoccupations venues d'ailleurs, des réminiscences du passé ou des obligations à accomplir dans le futur. ÊTRE, simplement. Conscient que tout, autour de nous, est éphémère, que nos corps eux aussi sont mortels. Notre âme, alors, reste sereine, en deçà du flot des illusions, hors de l'espace et du temps, dans un éternel présent.

Être, et contempler la Création avec un détachement aimant.

Être. Et savoir qu'en nous vibre une étincelle qui vient de Dieu.

Retrouvons le temps de nous connaître nous-mêmes. Qui sommes-nous ? Nous l'avons appris, peu à peu, au cours de nos régressions, nous avons établi l'enchaînement des causes et des effets. Découvrons plus avant le réceptacle de notre âme, ce corps que souvent nous ignorons trop, dont le seul fonctionnement, parfois, nous est mystérieux. Car ce corps, loin de le meurtrir, de l'asservir, de le négliger ou de le maltraiter, nous devons le transformer en un temple. Nous vivons avec lui. Nous devons nous en faire un allié. Nous habitons deux mondes : le monde terrestre, celui de la chair, de la terre, et le monde spirituel, celui de notre âme. Faisons en sorte qu'ici-bas soit un reflet de là-haut. C'est ce que signifie la parole biblique : *Dieu a créé l'homme à son image*. Efforçons-nous d'être des images fidèles et belles...

Un long périple débute toujours par un premier pas. Notre voyage commence, lui aussi, ici et maintenant, dans notre corps. Pour nous y préparer, il nous faut avant tout opérer des transformations en nous-mêmes.

Écoutons ce que dit à ce sujet Alexandra David-Néel[1] : *L'homme épris d'immortalité doit "fabriquer" la sienne. Le taoïsme ne conçoit point l'immortalité d'un principe spirituel séparé du corps physique. C'est donc à rendre celui-ci immortel qu'il faut viser, et ce corps immortel pourra continuer à servir d'habitat à l'esprit.* Ce corps immortel ne sera pas un corps de chair, mais un corps glorieux, tel celui du Christ comme l'ont vu Marie-Madeleine et les apôtres après la Résurrection. Il ne s'agit pas de s'abreuver d'élixir de longue vie, de repousser la mort au-delà des limites biologiques physiques. Alexandra David-Néel le précise bien : *Devenir immortel a, aussi, un autre sens, en taoïsme. Cette expression ne signifie pas nécessairement une très longue existence du corps physique, bien qu'elle comporte et renferme également ce sens. La signification principale*

---

1. *Immortalité et Réincarnation*, Le Rocher, 1978, p. 15.

est : S'unir avec le « Principe éternel » et, par conséquent, s'élever au-dessus de la nature[1].

Nous pouvons donc mettre notre incarnation actuelle à profit pour purifier notre enveloppe terrestre. Pour cela, nous avons en effet besoin de temps. Vivre le plus longtemps possible nous en donnera l'occasion. Comme le fit Wung, mort à plus de cent ans, ou Alexandra David-Néel, elle-même décédée à cent un ans. Il ne s'agit pas de prolonger sa vie pour jouir toujours plus des plaisirs du monde, mais nous permettre de nous construire dès maintenant un corps de Lumière.

Ce concept ne paraît plus étrange à tous ceux qui ont pu effectuer une régression. Ils savent que quelque chose subsiste de vie en vie, persiste après les morts successives. Ce « quelque chose » est assimilé à une sphère lumineuse. C'est aussi ce dont témoignent ceux qui affirment être sortis de leurs corps.

L'Histoire relate tant et tant de prodiges dont l'être humain est capable : vivre sans pratiquement absorber d'aliments ou de liquides, léviter au-dessus du sol, émaner des parfums délicieux... et surtout devenir rayonnant jusqu'à éclairer l'obscurité. Ces cas sont exceptionnels, mais bien réels et attestés. C'est ce que nous explique Hélène Renard dans son livre : *Des prodiges et des hommes*[2]. Elle nous suggère que l'état d'humain n'est peut-être qu'une étape dans l'évolution. Que serons-nous ensuite ? Pourquoi pas des anges aux ailes de feu, des soleils resplendissants d'amour ?

Un long chemin nous attend, mais nous avons marché déjà sur tant de routes. Nous avons été pierre, plante, animal, homme... Cela a duré des millénaires. Relativisons la valeur du temps. Et partons à la découverte de nous-mêmes. En nous dorment des facultés étonnantes, miraculeuses, qui ne demandent qu'à être réveillées. Connues d'antiques et lointaines civilisations, elles ont cependant été oubliées. La régression – en fait une simple relaxation – est l'une de ces aptitudes latentes... Savez-vous qu'en nous vit une énergie, la *Kundalini*, qui

---

1. *Op. cit.*, p. 35.
2. Philippe Lebaud, 1989.

sommeille dans notre ventre. Le but de certaines pratiques de yoga est d'élever cette énergie, de la faire se dérouler le long de notre colonne vertébrale, de centre vital en centre vital – les chakras – pour lui permettre d'atteindre le sommet de notre crâne. C'est alors l'illumination... Cette énergie est le feu.

Alexandra David-Néel nous suggère : *Vous n'avez qu'à faire circuler la lumière ; c'est là le plus profond et le plus merveilleux des secrets. Si l'on permet à la lumière de circuler suffisamment longtemps en un cercle, elle se solidifie. Elle est, alors, le corps spirituel naturel*[1].

Pour retrouver les souvenirs de nos autres vies, nous n'avons besoin d'aucun instrument sophistiqué, rien d'extérieur à nous-mêmes. Là encore, tout a lieu en nous. *En poursuivant cette méthode, vous n'en avez besoin d'aucune autre. Il vous faut seulement concentrer vos pensées sur elle*[2].

La plupart de ceux qui ont vécu une régression en sont revenus transformés. Ils ont manifesté le désir d'entreprendre une démarche spirituelle, une recherche intérieure. Certains ont vu renaître en eux une foi ravivée, un espoir renouvelé. De nouveaux horizons, soudain, sont apparus. De nouvelles possibilités. L'impression de limitation a disparu pour laisser place à une volonté créatrice. Le « retour en arrière », souvent, a été perçu comme la preuve qu'il existe d'autres dimensions, d'autres possibles, une infinité de voies à explorer, de découvertes à réaliser. Notre monde n'est pas limité aux seules apparences. L'envers du décor est une trame d'une richesse immense. Devenons des chercheurs de vérité, d'infatigables pèlerins, avides de voir et de comprendre.

Nous n'avons pas renié nos racines chrétiennes, catholiques, mais nous avons compris qu'il faut aplanir les différences entre les religions. Au-delà des rituels, la vérité est Une, même si elle emprunte des chemins multiples. Les rivalités, les guerres – comment peut-on combattre au nom de Dieu ? – n'ont pas de raison d'être.

---

1. *Immortalité et Réincarnation.*, p. 39.
2. *Op. cit.*, p. 39.

Tous les hommes sont frères, quelles que soient leur race, leur couleur. Les barrières que nous dressons entre nous doivent tomber, bousculées par l'Unité primordiale qui nous rassemble tous en son sein. Humains, animaux, végétaux, minéraux... tous nous appartenons au Grand Tout. Nous devons tolérance, respect et amour à tout ce, tous ceux qui nous entourent.

D'ailleurs, notre but n'est pas s'assener une vérité, d'imposer de force nos idées, de dire : « Vous devez croire comme nous en la réincarnation. » Non, nous apportons simplement notre témoignage, que nous voulons franc et sincère. Nous désirons susciter la réflexion, l'interrogation, non pas polémiques et affrontements. Chacun est libre de croire en ce qu'il veut. Sachez seulement que cette croyance en des vies passées et en des existences à venir a renforcé notre foi en Dieu, nous a guidés sur un chemin de connaissance. C'est ce que nous voulons vous faire partager.

Nous nous sommes incarnés pour apprendre : utilisons pleinement cette chance qui nous est donnée. Maintenant que nous savons qui nous avons été, quelles furent nos erreurs et nos réussites, nous pouvons avancer librement, car nous avons perçu le jeu du karma.

Mylène, Christophe, Marie, Stéphane..., tous nous ont dit qu'ils se sentaient animés par un souffle nouveau. Vous avez pu lire leurs expériences.

Mais les régressions nous ont aussi entraînés vers d'autres mondes où toutes nos conceptions, nos notions préétablies ont été bouleversées. Tout ce que nous croyions être notre savoir a été mis sens dessus dessous. Dans la troisième partie de ce livre, nous vous livrons sans fard le récit de notre itinéraire « au-delà du temps ». Passé, présent et futur ont été remis en question, à la suite de nouveaux « voyages ». Pour nous rassurer, tenter de trouver une logique, nous avons fait appel aux textes de Mircea Eliade, le célèbre historien des religions, ainsi qu'aux travaux de C.G. Jung et aux recherches des physiciens. Ils nous diront si nous avons pris la bonne direction...

TROISIÈME PARTIE

LE TEMPS N'EXISTE PAS

22

LE CHAMANE

Le processus de régression vient de commencer. Dirigé par la voix de Bernard, Jeanlouis vient d'achever la relaxation, il a laissé son corps au repos et flotte à présent dans le couloir obscur :

« J'ai épousé la forme d'une sphère et je retrouve des sensations maintenant familières... Je dérive le long du tunnel. Des portes ont défilé devant moi à toute allure. L'une d'elles m'attire. Je vois deux pans assez lourds, en peau, qui se chevauchent.
« Sans effort, je passe au travers. Je me retrouve au centre d'un grand *tipee*. Assis en cercle, les yeux clos, une quinzaine d'hommes psalmodient des incantations. On dirait qu'ils m'appellent. Je danse dans les flammes et ne ressens pas de douleur. Ils ne m'ont pas vu, pas encore. Les chants montent, enflent, puis s'apaisent en un flux et reflux de vagues. Je me suis habitué à l'obscurité. Un jeune homme est allongé à côté du foyer, sur le sol de terre dure. Il est presque nu alors que les autres sont habillés. Son visage, sa poitrine, ses bras, sont recouverts de peintures, de dessins, couleur de sang. Ses longs cheveux sont nattés. Il respire par saccades, rapidement. Je réalise soudain qu'il s'agit de moi, que je suis en train de me contempler. Je flotte au-dessus du front de l'Indien. Les hommes ont senti ma présence. Je sais que pour eux, je ne suis pas invisible. Je suis un minuscule point bleu qui grandit au rythme de leurs prières. Les incantations se sont muées en un sourd bourdonnement. Des tambours retentissent, envoûtants.
« D'ordinaire, je réintègre le corps qui fut le mien, et ma vision est celle que je pouvais avoir avec mes yeux d'alors. C'est la première fois que je peux m'observer de

l'extérieur, dans une autre vie. Je m'attends, cette fois encore, à pénétrer dans ce corps. Mais, à ma stupeur, je sens que je me matérialise face à lui. J'ai peu à peu moi aussi une consistance, un poids, des muscles de chair. Je suis assis en tailleur, les paupières closes, les mains posées, paumes ouvertes, sur les genoux. Mon souffle se calme, les battements de mon cœur ralentissent, au moment même où éclatent des cris de joie. J'ouvre les yeux. Je m'aperçois que tout en vivant cette régression, j'ai retrouvé mon corps du XXe siècle, celui de Jeanlouis. Cependant, je me trouve face à un corps presque identique – plus mat et plus musclé seulement –, un être qui me ressemble étonnament et me regarde avec bienveillance. Ce n'est pas mon frère : c'est moi-même. Il tend la main droite vers moi et la pose sur ma poitrine. Comme lui, je suis presque nu. Mais je n'ai pas froid. Bien au contraire, le feu brûle ma peau. Je le salue de la même manière. Sans qu'il ouvre la bouche, j'entends sa voix. Il me dit qu'il se nomme Chiparetawak, qu'il est moi et que je suis lui.

« Il m'explique que nous vivons l'un et l'autre à la périphérie d'un grand cercle et que nous venons de nous retrouver en son centre, là où le feu monte vers le ciel :

"Chacune de nos vies est étroitement liée à toutes nos autres vies, entre elles règne une interaction constante. Lorsque tu fais un pas en avant, tu progresses dans tous les mondes à la fois. D'ici, nous avons perçu ta lumière. Et nous t'avons appelé pour t'aider. Tu dois devenir un guerrier. Car tu es un Indien."

« Une femme se lève et s'approche de nous. Elle avance et frôle le sommet de mon crâne avec un bouquet de plumes qu'elle balance d'avant en arrière. Je la reconnais aussitôt avec une intense émotion. C'est ma tante Jane, disparue il y a des années. Elle aussi je l'entends me "parler" sans qu'un seul mot ne soit prononcé : "Oui, c'est moi. Ici, je me nomme Yanoma. Je veille sur toi depuis si longtemps." Je détaille son beau visage ridé. Elle est toujours forte, ses yeux sont toujours aussi brillants. Un homme âgé s'approche à son tour. C'est le chamane de la tribu. Je le vois à sa parure majestueuse. Ses cheveux gris sont nattés. Il me sourit. "C'est mon père, Atari", m'annonce Chiparetawak avec une immense fierté. Je retrouve en Atari le grand-père – décédé – de ma vie actuelle. À nouveau, une très forte émotion m'envahit. Je ressens un tel amour, une telle protection... Yanoma me tend un breuvage brûlant. À peine mes lèvres effleurent-elles le bol de terre que je plonge dans le sommeil.

« Derrière moi, la flamme de la bougie crépite. Je suis toujours dans mon corps, mais le décor a changé. Je me sens comme un acteur qui n'a pas quitté la scène alors que le rideau de l'entracte est tombé et que les accessoiristes s'affairent autour de lui, transformant un salon en jardin. Je me rends compte que je suis resté silencieux durant toute la régression. Après un moment de relaxation, j'explique à Bernard ce qui s'est passé, cette extraordinaire rencontre... avec moi-même !

« Dès lors, je devais retrouver souvent Chiparetawak. La grande prairie me devint familière. Dans cet univers, les couleurs sont profondes, pures. Les arbres, les plantes, les pierres diffusent une lumière douce. L'eau y est plus vive, l'air plus limpide. Le corps même semble plus léger. Je m'y sens plus fort, plus vigoureux.

« Bientôt, je n'aurai même plus besoin du processus de relaxation. Je retrouverai ce monde instantanément, sur simple volonté de ma part. Ou sur "appel" de Yanoma ou d'Atari, par forme de transmissions de pensées, ou d'images.

« Chiparetawak m'a appris à confectionner mon bouclier, dont il m'a dévoilé les forces magiques. Il m'a dit les pouvoirs du cercle tracé sur le sable. Yanoma qui sait guérir le corps et l'esprit, m'a légué les secrets des herbes et des incantations. Atari m'a enseigné le pouvoir de la sagesse.

« Après un incident survenu dans mon enfance, j'avais gardé une peur irraisonnée des chevaux. Lors d'une autre régression, Chiparetawak m'a emmené avec lui regarder les troupeaux galoper, ivres de liberté. À côté de lui, je me suis approché d'eux, j'ai pu dompter ma peur. J'ai posé ma main sur les naseaux frémissants d'un cheval. J'ai senti que Chiparetawak me transmettait sa force, et mes craintes ont disparu. Avec lui, je suis même parvenu à monter à cru dans les prairies. J'en garde des images magnifiques. Je sens encore l'ivresse du vent dans mes cheveux...

« Lorsque je me poserai des questions sur le cours de ma vie, Chiparetawak m'entraînera sur la falaise qui domine les vallées. "Laisse la rivière aller au fleuve", me dira-t-il en désignant l'eau qui ondule tout en bas. "Tu dois être à la fois dans la rivière et au-dessus pour connaître la meilleure direction à prendre. Il ne faut pas t'inquiéter des précipices, des chutes et des rapides... Tu sauras t'envoler à temps, pour reprendre ensuite le fil de l'eau quand les remous seront calmés. Tu pourras même suivre plusieurs bras en même temps. Sans choisir l'un ou l'autre, tu deviendras multiple, tentaculaire... Comme je suis toi, et comme tu es moi..."

« Avec lui, j'ai suivi la transhumance des Indiens. J'ai appris à me détacher des liens terrestres. À être libre. À accueillir ce qui vient et à "aller avec le vent". Ils m'ont initié au rituel de purification. Nos pensées se métamorphosaient alors en pierres. Les plus lourdes représentaient le poids d'autres existences, tandis que de simples cailloux symbolisaient des actes accomplis dans cette vie-ci. Tous, je les lavais à la rivière, puis les jetais dans le courant. À chaque fois, je laissais derrière moi les fardeaux du passé pour avancer, les mains libres. "La seule richesse est celle que tu caches en toi. Elle est au cœur de ton esprit, invisible.

« Parfois, le corps de Chiparetawak et le mien disparaissaient au cours d'étranges cérémonies... Nos âmes redevenaient une. Et nous n'avions qu'une seule mémoire, comme si nous n'avions jamais été séparés.

« J'ai – dois-je dire "nous avons" ? – subi des initiations successives, afin de devenir chamane. Je suis allongé sur le sol du grand *tipee*. Au-dessus de moi se tiennent Atari et Yanoma. La coiffure de Yanoma n'est pas habituelle. Elle porte pour le rituel deux plumes blanches, cassées à angles droits. L'une d'elle a l'extrémité noire. Mon corps est recouvert d'un tissu. Je tremble. Je suis glacé. J'ai l'impression terrible que l'on découpe mon corps en morceaux... Je lutte contre la douleur, mais la souffrance fait basculer mon esprit dans le néant. Je perds conscience. Je n'entends plus le vrombissement des chants, le martèlement des tambours.

« Lorsque je reprends connaissance, je suis au sommet d'une montagne escarpée. Plusieurs mâts sont dressés vers le ciel. Je sais que je dois y grimper. Je m'élance. Tout en haut se trouve un morceau de bois – une minuscule plate-forme – sur lequel je m'asseois en tailleur. La hauteur est vertigineuse. Je contemple les vallées encaissées, les éboulis de rochers ; l'eau des torrents scintille dans le lointain. J'ai à peine le temps de céder à la peur, au vertige, que des paroles de Yanoma résonnent en moi : "Tu es un aigle, Chiparetawak, écarte tes ailes, sens le vent dans tes plumes. Prends ton envol ! Vole !" Soudain, je suis un aigle noir, perché au sommet du mât. Je n'éprouve aucune crainte. Au contraire, un sentiment de joie, de puissance extrême m'envahit tout entier. Je suis libre, libre ! Je prends mon envol, plane au-dessus des sommets, dans l'azur. Jamais je n'ai ressenti une telle plénitude...

« Quand je retrouverai mon corps et la pesanteur terrestre, je saurai redevenir un aigle et contempler la vie de plus haut. Là où elle devient plus vraie, où les séparations s'estompent.

« Je reviens à moi-même, je suis toujours allongé dans le *tipee*. Beaucoup d'Indiens se pressent autour de moi. Ils ont revêtu leurs tenues de cérémonie. Atari aussi. Il a beaucoup vieilli. Il est presque aveugle, ses cheveux sont blancs. Il enlève son vêtement et me le tend. "C'est à toi, Chiparetawak, d'assumer mon rôle maintenant." J'ai réussi l'épreuve. Je suis l'Aigle Noir. Atari me pare de sa coiffure de plumes.

« Au fil de ces régressions, j'ai vu la personnalité de Chiparetawak évoluer. J'ai connu le jeune garçon plutôt insouciant qui galopait à cheval, des heures durant. Puis, au gré des initiations, il a mûri – et j'ai grandi au même rythme que lui. Ses découvertes étaient les miennes. Ses buts sont devenus les miens. Il m'a même été donné de connaître son futur :

« Je suis dans une hutte de branchages entrelacés. Une parure de fête est suspendue à une lance, cercle d'un blanc intense, avec en son centre des pierres rouges et vertes, très petites. Tout autour, sur la circonférence, à intervalles réguliers, sont accrochées sept queues de renards, blanches et soyeuses. Un feu de braises éclaire doucement la pénombre. Je suis dans la hutte d'initiation, celle du chamane. Dans l'obscurité, près de l'entrée basse et arrondie, est assis un très vieil homme. Il me sourit, et je reconnais Chiparetawak. Il tient dans sa main des pierres qu'il donne en offrande au feu. Un parfum entêtant se dégage des flammes bleues.

« Je me vois, je me trouve confronté à une image de moi-même âgé. Le corps est différent mais l'âme est si proche. Je ne suis plus Jeanlouis, je n'ai plus d'âge. Je ne suis ni jeune ni vieux. J'ai rejoint l'Universel, l'Unité. Cette profonde sagesse qui émane de Chiparetawak l'aurai-je un jour à mon tour ?

« Le but de la vie m'apparaît soudain clairement. Il s'agit de progresser sur le chemin, vers la Lumière. Bouleversé de voir comme le temps a passé – en fait, il n'existe pas – je contemple le beau visage usé. Et je prends conscience : nous ne sommes qu'un seul et même être. Il est un guide ; une partie de moi-même.

« Pour l'instant je ressemble toujours au jeune Chiparetawak, mais je sais que je peux me rapprocher de lui, de sa sérénité. Je peux puiser à la fois dans le courage, la force de l'un, et dans la foi, la connaissance de l'autre. Ils me protègent et ne sont qu'un. Comme je ne fais qu'un avec eux.

« Il se met à me parler : "Seul le soleil fait reculer l'ombre. Ne te pose pas trop de questions. Aie confiance. Les doutes obscurcissent le jour."

« Je regarde la hutte, autour de nous. Elle est simple, pauvre, dépouillée. Chiparetawak ne possède que ses vêtements, sa parure rituelle, le feu, et peut-être une peau de bison. Encore ne considère-t-il pas tout cela comme sien... Car il est libre, comme l'était l'aigle noir.

« Nous sommes restés longtemps, face à face, les yeux de l'un plongés dans le regard de l'autre... Ce contact allait bien au-delà d'une simple régression. J'en suis revenu profondément transformé, découvrant que nos autres vies sont en interaction constante avec nous-mêmes, que nous pouvons puiser en nos propres ressources pour avancer sur la voie. Enfin, Chiparetawak m'avait permis de voir ce vers quoi devaient s'acheminer mes efforts. Je sais que maintenant je peux lui demander de l'aide. Toujours à mes côtés, il est prêt à me tendre la main, à m'écouter. Atari et Yanoma aussi veillent sur moi. Il me suffit de me concentrer quelques minutes pour les rejoindre et retrouver leur monde. Je ne me lasse pas de contempler ces horizons infinis. J'y trouve chaque fois une vigueur nouvelle, un bien-être inexprimable. Et j'y suis un Indien parmi les siens.

« Bernard a suivi lui aussi cette évolution. À son tour, il a voulu savoir s'il avait eu une vie d'Indien. Aucun souvenir d'une telle existence n'a resurgi dans sa mémoire. Cependant, au cours de relaxations, son esprit a pu s'échapper de son corps actuel et rejoindre l'univers de Chiparetawak. Accueilli par Atari et Yanoma, Bernard a ainsi vécu les initiations chamaniques, assisté et participé aux cérémonies rituelles. Ensemble, nous avons vu les mêmes images, partagé les mêmes émotions. De ces voyages hors de nos corps, hors de l'espace et du temps, nous avons rapporté une riche moisson. Bernard a été accepté, aimé, initié par ceux de la tribu et il en est devenu membre à part entière. Il a pu découvrir et retrouver l'Indien en lui, qui a toujours été et sera toujours. Nous sommes la somme de nos potentialités. »

23

LE VOYAGE EN ATLANTIS, PASSÉ MAIS AUSSI FUTUR

Les régressions nous ont toujours entraînés vers un passé que nous pouvions situer dans l'échelle chronologique du temps. En retrouvant peu à peu les fragments du puzzle, nous avons dénoué les fils de la loi karmique. Nous avons pu déterminer dans quelle vie, à quel moment, un acte avait entraîné une cascade de conséquences. Eau trop vive que nous avons tenté d'endiguer afin de nous libérer du karma négatif. En revanche, nous avons toujours savouré les fruits offerts par le karma positif. Tout semblait bel et bien dans l'ordre, conforme aux philosophies traditionnelles, quand un nouveau voyage ébranla nos certitudes... Jeanlouis nous relate son expérience :

« Un flot évanescent m'enveloppa. Je respirai à pleins poumons. Très vite, je flottai, emporté par le courant. J'étais une eau limpide, transparente et fraîche. J'étais une source qui courait vers le torrent, se jetait dans la rivière, suivait le fleuve jusqu'à l'estuaire. Je rejoignais le rivage, les grèves de sable et de galets, puis la haute mer. L'océan enfin, sans limites. J'étais une âme emprisonnée dans une amphore. Mais la poterie se brisait et, d'un coup, je me fondais dans l'immensité. Le temps n'existait plus. Je ne connaissais plus que le bercement lancinant de la Grande Mer. Des sirènes chantaient, et je reconnus parmi elles une voix aimée. La mélodie ancienne me fascinait, m'entraîna vers les récifs, et je m'élançai vers les rochers mauves dans la clarté intense du soleil. Comme un nouveau-né, je sortis des flots, titubant et émerveillé. Quel était ce pays inconnu qui me semblait pourtant si familier ?... Une jeune femme brune m'attendait. Ses longs cheveux de jais flottaient dans la brise. Ses yeux noirs en amande avaient la franchise et le tranchant de l'acier. Un sourire rendait son visage radieux.

« Elle m'ouvrit les bras. Je posai mon visage sur son épaule. Je pensai : "Qu'il est bon d'être de retour !" Nous nous retrouvions après tant de siècles... Elle prit ma main et m'entraîna sur le sentier au milieu des pins. Des oiseaux bleus virevoltaient entre les branches. Nous avancions l'un près de l'autre. Une paix infinie gagnait tout mon corps. Était-ce le jardin d'Éden, le Paradis ? Je lus dans les yeux de la jeune femme qu'il n'en était rien. Sans parler, nous nous comprenions. Elle me "dit" que nous étions en Atlantis. Je m'étonnais de ce que les couleurs fussent si pures, l'air si léger. Les herbes, les plantes irradiaient une douce quiétude. Elle pressa ma main : "Viens !" Je vis un dôme de verre à travers les branchages. Un ruisseau courait sous les dalles transparentes du chemin. Une musique mélodieuse s'échappait du temple. Nous entrâmes. Comme elle, je me prosternai. Une lumière céleste coulait des murs. Une cascade glissait sans bruit, tel un rideau que nous écartâmes. Je fus saisi par la beauté du cristal. La pierre parlait. Je l'entendais penser et ne songeai même pas à m'en étonner. "Sois le bienvenu. Nous t'attendions..." Ce n'était pas un dieu, pas une idole, non ! C'était un esprit, une très sage et très ancienne âme, un guide. Je tendis les mains vers lui. Ses vibrations m'emplirent, glissèrent dans chacun de mes doigts, dans mes bras, dans mon corps tout entier. Je devins lumière, étincelle divine. Une félicité parfaite m'inonda. J'aurais laissé toute vie humaine pour rester ainsi, entre Ciel et Terre, où rien n'existe plus que ce Soleil prodigieux, Dieu ! J'avais soudain l'impression de tout connaître, d'être arrivé au bout de la route. Le vagabond à la lanterne avait enfin retrouvé son foyer. La lumière vacilla. Je clignai des yeux. J'étais redevenu un homme. Mais j'étais plus libre, plus heureux, différent.

« À reculons, nous traversâmes de nouveau la cascade. La nuit tombait. Un cerf s'arrêta non loin, huma l'air, puis s'approcha de nous.

« Nous le suivîmes dans la forêt. Des maisons blanches se dressaient dans une clairière. Tout me disait que j'étais l'enfant prodigue, le marin qui revient chez lui après tant d'années, tant de tourments, de naufrages. D'instinct, je me dirigeai vers la fontaine, y reposai mes mains. La fraîcheur de l'eau me rassura. Puis, sans hâte, je pénétrai dans une des demeures. Je la connaissais si bien. Les yeux clos, un homme et une femme âgés étaient assis en tailleur. Mon père. Ma mère. Oui, c'étaient eux. Ils avaient d'autres corps, mais c'étaient eux : mes parents. Je n'osai plus bouger. Je retins mon souffle...

« J'étais si bien. Je voulais tant rester... Je ne serais sans doute jamais revenu au XXe siècle si la sphère bleue, protectrice, ne m'avait happé. À une allure vertigineuse, je retraversai le temps... Je demeurai un long moment immobile, dans la pénombre, pensif. Je revenais apaisé, le cœur serré d'avoir ressenti un tel amour, d'avoir retrouvé, pour la première fois depuis son décès, ma mère qui, dans cette vie, n'avait pas eu le temps de devenir cette femme aux cheveux blancs que je venais de voir. J'aurais aimé la serrer dans mes bras, déposer un baiser sur son front. J'avais désormais l'assurance, qu'ailleurs, dans cette contrée que je nommais Atlantis, elle était vivante et m'attendait.

« Cette régression me semblait tout aussi réelle que les autres, avec pourtant un caractère particulier que je ne retrouvais que dans les grandes plaines d'Atari et de Yanoma : la luminosité des couleurs. Les objets, les plantes, brillaient en baignant l'amotsphère d'une pureté étonnante. »

Jeanlouis est retourné de nombreuses fois en Atlantis, régressions, rêves et transmisions se succédant sans effort : il avait établi – ou rétabli – le contact.

Bernard aussi a vu les mêmes images. Nous vous livrons l'un de nos voyages communs : « Nous sommes revêtus de tenues blanches, très fluides, qui ne gênent pas nos mouvements et tombent jusqu'à nos pieds. Bien qu'elles soient identiques, aucune des toges ne se ressemble. Chacune s'adapte à la personnalité de celui ou celle qui la porte. Il fait une température idéale. Ici, le climat est toujours égal. Soudain, une grande cascade coupe notre chemin, mais nous la traversons sans être mouillés. Cette eau n'est faite que d'énergie : fluctuations et vibrations. Lorsqu'on passe au travers, elle nous insuffle son ardeur.

« Nous mangeons uniquement les fruits que nous cueillons. Nous ne buvons que l'eau des sources.

« Nous parvenons à l'entrée d'un temple semblable à ceux de l'Antiquité, avec des colonnes blanches et une frise tout autour. Si on a l'impression de le voir en totalité, en fait chaque élément s'étire et fuit lorsqu'on cherche à le détailler. Ainsi, les colonnes touchent le ciel lorsqu'on les regarde d'en bas, et paraissent rejoindre le centre de la Terre si on les contemple d'en haut. Dans ce lieu de prières règne une sérénité absolue. Nous y déposons toutes nos pensées. En retour, il nous submerge d'ondes bienheureuses. C'est un régénérateur spirituel. Nous savons que la perfection existe de l'autre côté du miroir qui se trouve au centre du temple. Un miroir à la surface en perpétuel mouvement, à la couleur indécise à la fois transparente et bleutée. De l'autre côté se trouvent les êtres que nous avons aimés et qui sont morts. Ils nous attendent dans leur univers de symboles, où ils ne sont qu'esprits, dépourvus de corps... C'est ce que nous enseignent les livres sacrés.

« Nous savons tout cela depuis toujours et à jamais, et nous en ferons l'expérience en les rejoignant à notre tour, un jour. Nous pourrons ainsi connaître le monde des triangles bleus ou dorés, suspendus dans un espace infini, de toute éternité... »

Nous reviendrons souvent ici, dans ce temple, pour nous ressourcer. Nous y apprendrons beaucoup en dialoguant par télépathie avec le cristal ou avec les Atlantes. Ils nous enseigneront leur art de guérir, leur foi en la vie et en son abondance. À chacune de nos questions, ils apporteront, avec patience et rigueur, une réponse.

Très vite, nous avons eu l'impression, puis la conviction, qu'Atlantis ne représentait pas un monde passé mais un monde à venir : nous savons que ce monde nous attend, que là-bas, ils préparent notre venue. Mais il faut être digne d'y entrer. Notre comportement ici-bas, dans cette vie-ci, est la seule – et meilleure – garantie que nous puissions donner. Car il faut se purifier, devenir soi-même lumineux pour ne pas ternir cet Eden... dont nous savons qu'il n'est pourtant pas, malgré sa perfection apparente, le Paradis. Non, Atlantis n'est pas un univers parfait, mais une étape sur le chemin, étape que nous jugeons merveilleuse en la comparant à notre halte sur Terre, au XXe siècle. Certainement Atlantis peut être désigné sous d'autres noms... Mais peu importe. Il est cet âge d'or que nous promet l'Ère du Verseau, après les bouleversements attendus en cette fin de millénaire, où les hommes seront régénérés.

Atlantis. Ce nom n'allait pas sans nous évoquer la mythique Atlantide. N'était-ce pas le même monde ? Nos amis de là-bas nous apprirent que oui. En les rejoignant, nous vivons les débuts de la mystérieuse Atlantide, qui avait réellement existé, en des temps si lointains que l'homme en gardait à peine le souvenir et que Platon avait sauvée de l'oubli. Alors le futur rejoindrait le passé. Le temps serait-il un cercle, dessinerait-il une boucle ? Ils nous ont affirmé que tout cela était vrai.

Ainsi nous ne vivrions plus une succession de vies dans le temps chronologique. Nous pourrions aller, dans un apparent désordre, d'une époque à l'autre, être troubadour à la cour de François 1er puis potier dans l'Égypte de Toutânkhamon. Nos amis d'Atlantis nous répondirent que nous n'étions pas tout cela successivement, mais en même temps, que toutes nos vies étaient intimement liées, comme la trame d'un tissu aux mailles très serrées. Le temps n'existe pas, il n'a pas de réelle importance. Nos différents corps ne sont que des vêtements. L'essentiel est dans ce qui les unit tous : notre âme, notre Soi. Hors du temps, sentinelle semblable à la flamme d'une bougie dans les ténèbres, le Soi veille, gardien de l'Éternel.

Tous les « moi » s'assemblent en « Soi » qui s'unissent en Dieu. Cette vision vertigineuse nous parle d'Amour suprême, d'Unité. Tous les hommes, tous les êtres, toute la Création... sont réunis dans l'Un. Nous sommes tous des fragments d'un même Tout, et ce Tout est en nous.

Ces révélations ont fait basculer notre univers. Nous avons abordé une vie nouvelle.

24

L'ATLANTIDE : APOGÉE ET DÉCLIN
LE TEMPS FORME UN CERCLE

Au fil des régressions, nous avons découvert plusieurs de nos vies en Atlantide. Bernard a rejoint Atlantis, plusieurs siècles après l'époque que nous avons décrite dans le chapitre précédent :

« Une porte immense, vert-de-gris, se dresse devant moi, haute d'au moins quatre mètres, large de plus de deux mètres. Les battants sont ouverts. Ils semblent très lourds, en métal – de l'airain sans doute – dans lequel sont enfoncés d'énormes clous... Cela me fait penser à des temps très anciens, à l'Antiquité, Rome ou bien la Grèce... Je suis un homme jeune, vêtu d'une toge, légère, en coton blanc, drapée d'une manière particulière, puisque mon épaule gauche reste nue. Je porte aussi des sandales, tressées avec des fibres végétales. Je pénètre dans une pièce aux dimensions démesurées. Le sol de marbre blanc est légèrement veiné de rose. Il fait très doux, presque chaud. Un silence épais m'enveloppe, parfois coupé par les trilles d'un oiseau. Je sors, passe sous les arcades et réalise que je suis dans une sorte de palais qui m'évoque l'Alhambra de Grenade. La végétation s'étale de toutes parts jusqu'à l'horizon. De ci, de là, je distingue des pyramides de verre qui étincellent dans la lumière... Partout, des bougainvillées, des hibiscus..., c'est magnifique. Je respire à pleins poumons, l'air est merveilleusement pur.

« Je reviens en arrière. Mes pas résonnent dans la grande salle. Je passe entre deux rangées de piédestaux, colonnes coupées à un mètre de hauteur, sur lesquels reposent des bustes d'hommes. Ils ressemblent à des empereurs romains, comme on en voit dans les musées.

Cependant, ils ne sont pas sculptés dans la pierre ni peints. Ils sont représentés dans le même métal que la porte, ce qui leur donne aussi cet aspect gris-vert. Je sais que ce sont des hommes importants, des sénateurs peut-être. Ceux qui ont dirigé cette ville avant moi... Mais peut-on parler d'une ville, c'est plutôt un immense jardin. Je contemple leurs visages les uns après les autres. Les bustes sont nombreux : je sais qu'il s'agit d'une très ancienne civilisation. Ces hommes ont été élus par les représentants du peuple. Nous ne connaissons pas la corruption. Au-delà des océans, d'autres races nous entourent. Pour nous, ce sont des barbares. Nous communiquons peu avec eux, sauf avec certains qui nous prennent pour des anges ou des dieux. Toujours ils s'exclament et se prosternent lorsqu'ils nous voient nous envoler dans nos véhicules aériens, dont les plus petits accueillent trois personnes. Ils nous honorent, nous vouent des cultes... Nous ne tirons pas parti du pouvoir que nous pourrions avoir sur eux : nous tâchons juste de les maîtriser. Nous intervenons parfois pour interrompre les guerres incessantes qu'ils se livrent...

« Je suis un Atlante et j'éprouve une certaine fierté d'appartenir à ce peuple et d'être à la tête de cette ville. En fait, il s'agit plutôt d'un district, car nos habitations en osmose avec la nature sont très étalées. Nous ne mangeons pas de viande, car nous ne tuons pas les animaux : ils sont nos frères. Ils n'ont pas peur de nous. Nous communiquons avec eux et entre nous par télépathie. Nous vivons tous dans l'harmonie.

« Que j'aime ce pays ! Peut-être plus qu'aucun autre, dans aucune autre vie. Nous ne connaissons pas les conflits, à peine les disputes. Personne d'ailleurs ne cherche à troubler la paix. La plus grande cause de désordre est le manque. Or, ici, chacun dispose de tout en abondance, de l'essentiel, de l'air, de l'eau, de la terre, du feu. Nous avons des écoles où tous se rendent pour leur plaisir, quels que soient leur sexe et leur âge. Assis en cercle, nous nous échappons de nos corps – ce qui nous est parfaitement naturel – et nous lisons dans le grand livre de l'Univers. Les informations viennent à nous sous forme d'images, de symboles que nous savons décrypter. Ces écoles sont aussi des temples où nous nous recueillons devant les cristaux. Nous adaptons nos vibrations aux leurs. Nous puisons ainsi de la force et chassons les mauvaises pensées qui pourraient s'agiter en nous.

« Nous calquons notre vie sur le soleil qui, à l'image de Dieu, donne avec une générosité totale. Nous avons domestiqué ses rayons et nous bénéficions d'une énergie infinie, qui nous permet de construire, de nous déplacer sur nos véhicules volants... Nous nous servons de cette énergie dans tous les domaines de la vie : pour l'agriculture, pour alimenter nos machines, chauffer nos maisons quand le temps devient frais.

« Il règne ici une paix véritable, les hommes y vivent heureux.

« Quant à moi, je goûte cette existence avec joie. Les responsabilités qui m'incombent me paraissent légères. Je me dois de bien remplir le rôle que mes concitoyens m'ont dévolu. C'est une récompense, un honneur pour moi. Cette charge n'est pas lourde. Parfois, je consulte les âmes de ceux qui occupèrent cette fonction avant moi, et sont morts. Je me place devant leur buste et je lis dans leurs yeux. Soit ils sont incarnés dans d'autres mondes, le plus souvent bien meilleurs, soit dans l'entre-deux-vies, dans un univers où ils créent des formes-pensées. Le vieil homme qui m'a enseigné ce que je sais vit, lui, dans un univers de glaciers bleus où il contemple des aurores toujours renouvelées. Je me suis souvent plongé dans ses créations, qui sont les formes que prennent ses prières : tantôt dunes de sable infinies, tantôt océan en perpétuel mouvement. Il se livre à des études que je ne comprends pas. Mais je reconnais en lui l'artiste, le poète qui ressuscite la beauté.

« La pièce, tout au fond de la grande salle, est mon "bureau", en quelque sorte. Je m'y tiens souvent, assis sur un confortable fauteuil de métal. Tout autour de moi, sur les murs et jusqu'au plafond, des niches fermées – comme des tiroirs – contiennent une multitude de parchemins : des rouleaux que nous nous transmettons de génération en génération. Ils ont été écrits du temps où nos ancêtres ne connaissaient pas – ou plus – l'accès au Grand Livre du monde. Je les relis parfois, et reste bouleversé. Ils sont rédigés dans différentes langues. Je n'en ai appris aucune. Mais il me suffit de poser ma main sur le vieux parchemin pour voir défiler des images sous mes paupières closes. Je vois alors les hommes des temps anciens comme si j'étais parmi eux.

« ...Je sais que le temps prend la forme d'un cercle, que dans le lointain, le passé rejoint le futur. Je sais que les civilisations ne durent pas, qu'après une période exaltante de découvertes et d'enrichissement spirituel vient l'apogée, suivie aussitôt d'un déclin, le plus souvent rapide... Je sais qu'un jour, nous serons comme ces barbares auxquels je rends visite parfois... C'est d'eux que viendra alors le renouveau, c'est d'eux qu'émergera une nouvelle grande civilisation quand notre temps sera fini. J'y pense quand je me rends auprès d'un jeune garçon qui vit avec les siens dans une grotte. Ils sont très primitifs, subsistent de la chasse et de la pêche. Ils connaissent le feu et commencent à cultiver un peu... Ce garçon qui s'appelle Ham me ressemble, comme un autre moi-même. Sans doute est-ce pour cela que je vais le trouver. Il croit que c'est un songe, une vision... Je l'ai emmené avec moi. Nous avons survolé les forêts. Il écarquillait ses yeux d'étonnement, grognait. Son langage n'est pas très élaboré, mais je le comprends bien. Je lui ai même montré, d'en haut, notre pays, les pyramides de verre, nos rivages aux rochers mauves. Depuis, je sais qu'il a conçu l'existence du Paradis. Toutes ses forces vont s'unir : il désirera retrouver ou construire lui-même un tel monde. Cette idée va germer en lui, mûrir. Il la transmettra à ses enfants, qui ne l'oublieront pas. Peu à peu, ils quitteront la barbarie. Ils concevront une spiritualité... Pour Ham, tout cela n'est encore qu'un rêve, mais il tente de le décrire aux siens. Il est devenu un prêtre, un sage auprès de qui sa tribu prend conseil. Plutôt que de se battre, les hommes en conflit viennent le trouver. Il sait être juste et équitable... Je lui ai enseigné comment guérir certains maux. C'est un élève doué. J'ai confiance en lui.

« Rares sont ceux qui comme moi peuvent aller visiter les autres continents. Pour cela, il faut avoir mes fonctions. Car instruire d'autres peuples n'est pas sans danger.

« Je me rends souvent auprès de mes parents. Ils habitent non loin de l'océan. Ils sont âgés et ne vivent plus que de prières. Ils sont tellement unis que leurs âmes n'en forment plus qu'une. Ma mère aide les femmes à appeler l'esprit d'un enfant élevé sur le plan spirituel dans leur corps lorsqu'elles désirent être mères. Et mon père connaît les secrets de l'énergie qui coule le long de notre dos et jaillit au sommet de notre crâne. Il sait soigner quand le courant s'affaiblit... Il m'a enseigné son savoir autrefois, lorsque j'étais enfant. Nous connaissons tous la puissance du fleuve de vie qui est en nous, mais certains, comme lui, le maîtrisent plus que d'autres.

« Après leur mort, mes parents ne veulent plus revenir dans un monde terrestre. Ils se sentent las de tant et tant de vies. Leurs corps leur pèsent, ils veulent redevenir légers, vibrer telles des étincelles dans la Lumière. Un jour, je les rejoindrai dans cet univers-là. Mais le temps pour moi n'est pas encore venu. J'ai de si nombreuses tâches à accomplir...

« Un parfum délicieux flotte dans l'air. Il me semble que je peux me dissoudre en lui... »

Au cours d'une nouvelle régression, Bernard nous entraîne de nouveau en Atlantide, de nombreuses années après le récit que nous venons de lire, mais dans la même vie.

« Je retrouve l'immense salle, avec les bustes qui semblent me dévisager... Je n'ai plus le même corps que dans la régression antérieure. Je me sens plus lourd. Je regarde mes mains. Ce sont celles d'un homme âgé. Oui, je suis devenu vieux. Ma jeunesse me paraît si lointaine...

« Je me dirige vers les larges fenêtres. Que le paysage a changé ! Une grande partie de la végétation a disparu. Je frémis en regardant les édifices de verre qui se dressent autour du palais, à l'assaut du ciel. Des nuages gris couvrent l'horizon. L'air n'est plus aussi pur. Alentour, une fumée sombre s'élève. Je vois des hommes dans les rues. Ce n'est plus un immense jardin, mais une véritable métropole, encombrée, surpeuplée. Que s'est-il passé ? Une immense tristesse étreint mon cœur. Les Atlantes, mes frères, ont perdu la raison. Ils se sont détournés du Soleil, ils ont trouvé et exploité une autre énergie. Ils honorent des dieux qui vont les détruire... Je le sais, et pourtant je suis impuissant. Je ne peux plus rien faire.

Pourquoi mon âme a-t-elle accepté de voir ce déclin, ce naufrage ? Peut-être étais-je devenu, au fil de mes vies, trop présomptueux, peut-être ai-je moi aussi commis trop d'erreurs.

« Je connais des choses que le peuple ne sait pas. Je suis obligé de les leur cacher, car tout est perdu. Il est trop tard. Trop tard ! Toute ma vie, j'ai essayé d'agir, de lutter contre tous ceux qui voulaient établir un nouveau règne : ils promettaient toujours plus de pouvoir, toujours plus de richesses. Je les accusais de mentir. Le peuple ne m'a pas cru. Et cependant j'avais raison. L'énergie noire va bientôt se libérer, elle fera trembler la Terre, anéantira notre continent. Y aura-t-il des survivants ? Qui témoignera de notre grandeur passée ? Qui pourra encore veiller, en sentinelle, sur les actes des hommes ?

« Mon fils est jeune. C'est encore un enfant. Mais je lui ai tout dit, et il a compris. Je l'ai élevé pour qu'il soit ce témoin, qu'en lui survive notre mémoire. Depuis longtemps, je rends visite à des prêtres, dans un lointain pays au-delà des mers, où vit une haute civilisation qui grandira encore durant des siècles et des siècles. Ils honorent le Soleil et une multitude de dieux, mais ils savent, au fond d'eux-mêmes, que tous ces dieux sont l'émanation d'un seul principe divin. D'une terre de sable, ils ont fait un jardin. Je les admire car parmi eux il est des sages. L'un d'eux sait ce qu'il va advenir de nous. Je lui ai confié mes secrets. Je lui ai appris à lire dans le Grand Livre du monde, faculté que la plupart des miens ont aujourd'hui perdue. Je lui ai enseigné le pouvoir du serpent caché en nous, légué nos rouleaux, nos manuscrits les plus anciens. Je lui ai remis nos cristaux qui harmonisent les ondes et abolissent dans l'esprit les barrières du temps et de l'espace. Il m'a juré de ne rien divulguer à son peuple, encore immature. Il ne transmettra ce savoir qu'aux initiés, aux jeunes gens qui viendront étudier dans son temple et sauront vaincre les plus dures épreuves. Rares sont ceux qui deviendront prêtres à leur tour.

« Il y a quelque temps déjà, j'ai emmené mon fils auprès de cet homme. Avec émotion, je l'ai vu se dépouiller de ses vêtements atlantes pour revêtir le pagne des enfants de l'Égypte. J'ai senti à cet instant la main de sa mère, mon épouse, trembler dans la mienne. Je l'ai laissée là-bas, elle aussi. Ainsi, je sais qu'ils seront sauvés. Nous ne savons pas à quel moment surviendra la catastrophe. Je prédis seulement qu'un nuage de poussières obscurcira la Terre entière pendant trois jours et trois nuits, et que sur tous les continents, on entendra ce vacarme terrible, ces cris d'un monde qui agonise. Je dois rejoindre mon épouse et mon fils avant la fin. Je le leur ai promis. Mais est-il décent de survivre lorsque des millions d'êtres seront sacrifiés ? Je me suis battu de toutes mes forces, mais je m'en veux pourtant. Comment en sommes-nous arrivés-là ? Pourquoi ? Je sais que c'est irrémédiable ; la roue a tourné et moi-même, demain ou dans un instant, je disparaîtrai.

« Penché au-dehors, je me souviens des temps anciens... Nous avons asservi la nature, parqué les animaux, nos frères... Il me semble que le sol tremble. Un nuage noir s'élève au loin. Les pyramides, les tours de verre s'effondrent, la foule hurle. Derrière moi, les colonnes de marbre se brisent, les bustes se fracassent sur le sol. La fin est arrivée. Un soupir de soulagement s'échappe de ma poitrine. L'attente a été si longue. Une vague gigantesque se lève à l'horizon. Des trombes d'eau s'abattent sur Atlantis. Ma femme, mon fils... je ne les reverrai pas... »

L'Atlantide a disparu, engloutie sous les flots. Les rares survivants se sont réfugiés dans des régions d'Amérique du Sud, sur les côtes d'Afrique, en Égypte, au pays Basque...

« J'ai consacré des vies et des vies à ce pays, à cette terre..., ajoute Bernard. Et tout a sombré. Mes efforts ont été vains. Tout ce qui est terrestre n'est qu'illusions, chimères. Seule est réelle cette parcelle d'éternité en nous qui nous parle de Dieu. Consacrons nos efforts à la libérer de la prison du corps. Voilà le vrai but de l'existence. »

La boucle du temps est bouclée. Désormais, nous avons la certitude que le temps va en cercle, que le passé rejoint le futur, que ce qui sera a déjà été, et ce qui fut, sera...

25

MALEK OU LES VIES PARALLÈLES

Nous avons d'abord cru aux existences antérieures, et cette croyance nous a apporté beaucoup dans notre cheminement. Puis, entrant en contact avec le monde d'Atlantis, nous avons réalisé que des vies très anciennes pouvaient être des vies futures, dans la boucle du temps.
À ce stade de nos réflexions, Jeanlouis vécut une nouvelle expérience, sous la forme d'un songe. Il nous explique :
« Dans ce rêve, je m'appelais Malek, j'avais un peu moins de vingt ans. J'avais une impression intense de réalité. Si je ne m'étais pas réveillé ce matin-là, si j'étais mort sans m'en apercevoir durant mon sommeil, j'aurais totalement oublié que Jeanlouis existait : je serais resté Malek et la vie aurait continué... Un autre "moi" vit en même temps que moi. Il a à peu près le même âge et me ressemble physiquement. Peut-être a-t-il, lui aussi, rêvé de moi. Nous aurions pu échanger nos vies : lui devenir moi et moi devenir lui. Qui s'en serait aperçu ? Nous ne nous en serions rendu compte ni l'un ni l'autre et nous aurions continué à vivre en toute bonne foi. Car nous avons la même âme... »
Voici le récit de ce rêve où Jeanlouis *était* Malek :

« Il faut à tout prix que je trouve de l'argent. Il le faut absolument, même si je risque des ennuis avec la police, ou la prison. J'ai repéré depuis pas mal de temps un type qui gare sa mobylette sous le pont, quand il va chercher sa viande à la boucherie. Ça ne dure pas longtemps. Il pose sa mobylette contre un réverbère et il s'en va. S'il y a des clients à l'intérieur, il peut rester cinq minutes, ou même plus. Parfois, il met le cadenas. Parfois pas. Alors, je l'observe, de loin, tous les jours. Mince, c'est raté, il l'attache ! Tant pis, il faut que je trouve autre chose, un vélo, un autoradio, que je pourrai revendre facilement.

« Je n'aime pas voler, mais je n'ai rien d'autre à faire. Pas de travail. Et puis je ne fais rien de grave. Je prends juste aux riches pour donner aux pauvres. Les pauvres, c'est moi, ma mère, mes frères et ma sœur. Je ne suis pas un voyou. La preuve : j'ai jamais été pris. Je ne bois pas, je ne fume pas, je ne me drogue pas. J'ai bien essayé, mais ça ne me va pas. C'est naturel chez moi. J'ai bien compris les dégâts que ça peut faire, et je sais que ma mère n'a besoin de moi. Ma mère est malade. On ne sait pas ce qu'elle a. On n'a pas les moyens de la faire soigner. C'est la vie qui la tue, c'est sûr. Elle est vieille, elle a bien quarante ans. Elle a eu le petit dernier il y a six mois. C'était son neuvième enfant. Ça fait sept vivants. Les deux aînés, des garçons, sont restés au bled, là-bas. Et une fille aussi qui est mariée. Ma mère l'a eue, quand elle avait quatorze ans, à peu près. Peut-être moins. Ces enfants-là, je ne les connais pas. Il en reste quatre près d'elle et c'est moi le plus grand. La naissance de Khalid s'est mal passée, très mal. Depuis, ma mère n'a plus la force de bouger, de se lever. Et puis mon père est parti. Ça allait mal entre eux depuis longtemps. Il est parti avec une Française. Je ne l'aurais pas cru capable de faire ça. Il battait ma mère. Ils se disputaient souvent. Elle n'a rien pu faire. Il l'a mise enceinte et il a disparu. Depuis, pas de nouvelles et plus un sou. Qu'est-ce qu'on peut faire ? J'ai bien écrit à mes frères restés au pays, mais ils n'ont pas répondu. C'est vrai qu'on n'avait plus de nouvelles depuis longtemps. Je ne comprends pas ce que la Française peut faire avec mon père. Mais elle est riche, elle a une voiture. C'est une grosse blonde. Elle est guichetière à l'EDF. Je le sais, on me l'a dit. Mon père ne reviendra jamais. Ma mère l'a bien compris. Depuis, elle ne parle plus. Elle pleure et elle prie. Je ne sais pas quoi faire. Rentrer au pays ? Je ne suis pas de là-bas. En plus, je ne parle pas arabe. Je le regrette, mais c'est vrai. Quand j'étais petit, j'avais un blocage. Je ne pouvais pas. Je voulais être français. Ça m'a servi ! Enfin, je me dis que je ferais rien de plus là-bas. Je ne comprends pas pourquoi mon père a fait ça. Il était ouvrier. On avait de l'argent, un deux-pièces avec l'eau et l'électricité, dans une HLM. J'aurais pu faire des études... On était heureux. On tuait le mouton à l'Aïd-el-kébir. On faisait la fête. On mangeait, on dansait. Depuis, plus rien ! Il y a quand même la solidarité. On dort dans un garage. Ma mère n'en sort pas de la journée. Elle reste immobile. Comme si elle dormait, mais elle ne dort pas. Je ne sais pas si elle pense. Elle garde les yeux ouverts, fixe droit devant elle. Elle est trop fatiguée pour penser. Alors c'est moi qui dois chercher à manger. Il y a une vieille Espagnole qui nous donne un peu. Sa fille travaille dans l'alimentation. Alors, la vieille nous donne ce qu'elle n'aime pas. On mange des kilos de champignons et des avocats. C'est mieux que rien. Mais pour Khalid, il faut du lait, parce que ma mère ne peut plus le nourrir. Son lait n'est pas bon. Il faut que j'en trouve. Et pour ça, il faut bien que je pique des trucs. J'y suis obligé. Ça m'embête, mais c'est la faute de la société. Je voudrais bien travailler, mais il y a rien à faire ici. Il n'y a pas de travail à Levallois. On m'a dit que mon père n'allait plus à l'usine maintenant. Il ne travaille plus. Il reste à la maison chez la fille, et il regarde la télé toute la journée. Moi, je ne veux pas mendier, j'ai de l'honneur. Mais ça ne me gêne pas de faire les poubelles. On trouve plein de trucs, des pulls, du papier, des restes de plats tout prêts à moitié mangés. Ce n'est pas mauvais. Je sais que je vais m'en sortir, qu'un jour, j'aurai une maison, un endroit confortable où je pourrai installer ma mère. Un jour, j'en suis sûr, je le sais. Mais en attendant, il faut que je trouve un vélo... »

Jeanlouis commente :

« Malek, cet autre "moi" m'a aussi influencé pour aller vivre une partie de l'année en terre d'Islam, pour répondre à l'appel d'Allah qui résonne si fort dans mon cœur. Lui ne peut pas, n'en a pas les moyens. Ce retour aux sources, au pays, je le vis à sa place... Nous échangeons sans cesse : j'essaie de lui apporter des connaissances qu'il ne peut avoir car il n'a pas accès aux livres, et lui me donne de son courage, de son allant. Ces partages sont le plus souvent inconscients, ils se produisent malgré nous, sans que nous le sachions.

« Souvent, à Paris, je m'imagine qu'il s'assied en face de moi dans le métro. Plus qu'un frère, un autre moi-même. Nous pourrions alors unir nos forces et aller de l'avant... Malek, de Levallois...

« Grâce à cet autre "moi", j'ai compris – moi qui n'ai jamais connu cela – qu'on pouvait avoir faim, voler pour se nourrir et nourrir sa famille. J'ai compris le dénuement, la pauvreté qui reste digne, la rage et ces cercles infernaux qui font qu'on ne sait pas comment s'en sortir.

« Comme j'en avais eu la prescience, Wung est lui aussi un autre "moi" plus sage, vivant dans une dimension parallèle. Il me transmet sa sérénité... Tout comme l'Indien Chiparetawak intervient dans ma vie pour m'aider, par exemple pour me réconcilier avec les chevaux, pour m'apprendre des rituels de guérison... Ainsi, chacun de mes autres "moi" est un guide qui me fait évoluer. J'ai donc moi-même un rôle à assumer envers Malek et je dois, symboliquement, lui tendre la main.

« Depuis, lorsque je suis en relaxation, souvent je m'approche de lui, je l'encourage. Je sais que lui, comme tous ces autres "moi", passés, présents, futurs, nous avançons tous ensemble. Il existe une interaction constante entre nous. Le tout est d'en être conscient et de rendre cette interaction volontaire. »

Bernard, de son côté a vécu des expériences similaires. Nous nous sommes alors interrogés : combien de « moi » possédons-nous ? Combien de vies parallèles avons-nous ? Toutes ces questions fusaient à l'esprit de Jeanlouis, alors qu'il se promenait à la campagne, vers Gargilesse, où George Sand venait parfois se ressourcer dans sa petite maison *Algira*, oubliant la vie tumultueuse de Nohant : « Étendu sur l'herbe, non loin du moulin, je contemplais le ciel, écoutais le froissement du vent dans les feuilles argentées... J'étais cette fourmi qui grimpait le long de mon bras, j'étais ce chat rêveur, cet arbre aux branches rugueuses. J'étais l'eau de la rivière, et cette vieille femme qui marchait courbée, appuyée sur sa canne dans la rue du village. Cet oiseau qui survolait la colline. Cet enfant rieur. La séparation de nos corps n'est qu'une illusion... Un amour immense libérait mon cœur, dilatait ma poitrine. J'étais mon meilleur ami, comme mon pire ennemi. Au-delà des apparences, quelque chose de supérieur nous unissait.

« Je sentis soudain la présence de mon maître et ami Ibn Arabî auprès de moi. Invisible, il s'était assis à mes côtés. J'entendis sa voix chaleureuse me souffler : "Tu n'es jamais né, tu ne mourras jamais. Qu'est-ce que naître, qu'est-ce que mourir ? La vie, toute une vie d'homme avec ses joies et ses peines, ses plaisirs et ses souffrances, est aussi fugitive qu'un éclat de lumière sur du quartz brisé. Le temps n'existe pas, il n'est qu'une illusion. Les heures se résorbent dans le sein d'Allah. Lui seul est. De toute éternité. Il ne connaît ni passé, ni présent, ni futur...

"Le temps d'Allah n'a pas commencé un jour pour finir un autre jour. Alors que le temps de l'homme a commencé quand il fut créé et il finira quand Allah le voudra... Allah expire et Son souffle crée l'Univers, Allah inspire, et l'Univers se morcelle, Il le ramène en Lui.

"Tout ici-bas a reçu l'étincelle divine, en est le réceptacle : le vent, les fleurs, les animaux, les pierres aussi. Tout est Sa Création. Toutes les créatures – animées ou inanimées – sont sœurs. Ton corps est constitué des quatre éléments : ton sang est l'eau, ta chair est modelée de terre, ton souffle est l'air et la vie qui t'anime est le feu...

"Sens-tu comme tout est Un, lié... Les sens créent l'illusion de la séparation, mais la réalité est autre... Ce vieillard qui meurt dans son lit, ce nouveau-né qui pleure et cherche le sein de sa mère, cet oiseau qui chante Ses louanges, cette fleur qui ouvre ses pétales, ce caillou qui roule sur le chemin, tu es tout cela... Tu n'es pas seulement Jeanlouis, Mehdi ou bien Malek... ton âme est bien plus vaste. Tendre la main au vieil homme, caresser l'enfant et sourire à sa mère, écouter l'oiseau, admirer la fleur, sentir son parfum... c'est aller vers toi-même. C'est reconnaître la Vérité d'Allah... Loué soit-Il et paix à Ses prophètes !

"Tu te demandes si tu as déjà vécu, autrefois d'autres vies, et si tu en vivras d'autres encore. Allah t'a donné toutes les formes. Il accueille toute la Création en Son sein... Peut-être as-tu l'illusion d'avoir déjà été et de devoir revenir encore. Mais c'est un autre qui fut, et un autre qui sera. Un autre et pourtant toi-même. Des corps différents, mais une même âme.

"Allah aime toutes Ses créatures, Il ne fait pas de différences entre elles. Existes-tu ? Qui es-tu ? Le moi que tu crois être est un mirage. Ta seule existence est celle qui ne connaît ni espace ni temps. Elle n'a pas de limites. C'est celle de ton âme qui n'a jamais quitté Allah et ne Le quittera jamais. Ton corps hier est sorti du néant et demain sera poussière. Mais ton âme, ton âme est éternelle. Elle vit sans cesse auprès de Lui et se nourrit de Son Amour et de Sa sève..."

« La voix d'Ibn Arabî résonna un long moment en moi. Lorsque j'ouvris les yeux, je vis un grand oiseau aux ailes dentelées planer au-dessus de la rivière encaissée. Je le regardai disparaître dans le lointain, puis repris ma route vers le village. Je m'arrêtai devant la maisonnette de George Sand, respirai à pleins poumons. Que j'aimais cet endroit !... Pourquoi y revenais-je si souvent, inlassable ? Je m'y nourrissais de joie, de paix, d'amour. J'avais la sensation d'y avoir vécu. Tout dans la petite maison, plus qu'à Nohant encore, m'était si familier. Aurais-je été Maurice, le fils de George ? Avais-je dans les champs attrapé des papillons avec de grands filets en riant avec elle ? L'avais-je regardée, des heures durant, confectionner patiemment les marionnettes de notre petit théâtre ? Ou n'avais-je simplement été que cet oiseau familier, dans cette cage, qui chantait pour elle seule ? Ou ce chat lové sur ses genoux quand elle était déjà une vieille femme ? Qui sait ?... J'avais sans doute été tout cela à la fois, je l'étais encore, car rien n'est jamais séparé. George Sand est toujours là, vivante, juste derrière le voile des apparences.

« En rentrant de cette promenade, je trouvai un livre[1] du Dalaï-Lama sur mon bureau. Lui aussi m'offrait une réponse ; voilà ce que Jung aurait appelé une synchronicité. *Mais le Bouddha peut revivre en plusieurs corps à la fois : ce processus pourrait se comparer, métaphoriquement, à la lune qui se reflète dans les eaux calmes des lacs*

---

1. *Ma Terre et mon peuple.*

et des mers, lorsque les conditions le permettent, tandis que la lune elle-même demeure dans le ciel en y continuant sa course. Poursuivant la comparaison, nous dirons que la lune peut se refléter au même moment en divers points de la terre, de la même façon qu'un Bouddha peut revivre dans plusieurs corps à la fois. Ces êtres réincarnés peuvent, ainsi que je l'ai indiqué, déterminer, à la suite de vœux exprimés dans chacune des vies, le lieu et le moment de la réincarnation, et après chaque naissance, ils gardent le souvenir de leur existence antérieure, ce qui aide à les reconnaître.

À l'exemple des Bouddhas nous devons donc comprendre que nous ne sommes pas limités à un seul corps et que notre âme recouvre une réalité bien plus vaste. Comme eux, nous pouvons vivre dans plusieurs corps à la fois.

Comment, avec une telle conception, en vouloir à autrui pour des malveillances ou des maladresses. C'est à nous-mêmes que nous ferions mal en nous vengeant. La parole du Christ est claire, lumineuse : *Aime ton prochain comme toi-même...* parce qu'il est toi-même !

À quelque temps de là, nous avons rencontré une femme d'une soixantaine d'années, très dépressive, qui avait effectué plusieurs séjours en hôpitaux et en maisons de repos. Une partie d'elle-même semblait morte. Elle paraissait déjà ne plus vivre sur Terre. Son visage s'animait seulement lorsqu'elle voyait sa petite-fille, une enfant de cinq ans. Les deux êtres présentaient une ressemblance étonnante. Elles semblaient ne faire qu'un. Sans doute en était-il réellement ainsi. L'une finissait sa vie tandis que l'autre la commençait. La même âme les animait toutes les deux. Il ne faut pas nécessairement mourir pour se réincarner, les vies peuvent se chevaucher. Dans ses ouvrages, Alexandra David-Néel relate d'ailleurs de tels cas, observés lors de ses voyages en Orient. *L'assemblage matériel et mental qui constitue la personne se désagrège avant le moment de la mort* écrit-elle dans *Immortalité et Réincarnation*[1]. *Cette personne continue à accomplir tous les actes normaux de la vie*

---

1. Le Rocher, 1978, pp. 101-102.

habituelle, cependant, elle n'est plus « entièrement » présente dans notre monde. Seuls les clairvoyants instruits des conditions occultes de la vie perçoivent cet état particulier. Toutefois la majorité des Tibétains croient qu'il existe et ils acceptent sans trop d'étonnement la déclaration que font, parfois, des lamas appelés à présider aux funérailles d'un individu : « Cet homme était déjà mort depuis deux ans, trois ans ou moins longtemps. » Elle ajoute : Tous les yogis tibétains, les naldjorpas, *déclarent que l'on peut avoir « un pied dans un autre monde » et, plus encore, que des parties de notre personnalité consciente peuvent vivre, à la fois, dans différents mondes, y expérimentant simultanément divers modes d'existence.*

Le concept des vies parallèles, adjoint à celui des vies antérieures et des vies futures, permet de supporter bien des cas qui nous paraissent douloureux, tels que la sénilité, la folie, la maladie mentale... L'être atteint serait alors en même temps incarné sous une autre forme et pourrait vivre pleinement.

D'ailleurs ne sommes-nous pas extrêmement limités dans le cadre d'une seule et même vie ? Les vies parallèles nous permettent de tout vivre, d'être tout. Le but est d'élargir notre perception, afin de prendre conscience de cette multitude de nous-mêmes. Car *la vie qui se présente à nous, sous différents modes, est UNE en essence*[1].

---

1. A. David-Néel, *op. cit.*, p. 28.

26
CONTACTS AVEC D'AUTRES DIMENSIONS

Jeanlouis : « C'était par une chaude soirée de l'été 1975. Il faisait nuit noire. À l'époque, la nationale étroite était dangereuse, mais la route déserte. Nous étions seuls. "Regardez là, dans le ciel !" s'exclama ma mère, pointant du doigt une sphère lumineuse, éblouissante, une comète qui dérivait dans l'océan d'encre. En observant l'étoile, nous comprîmes aussitôt qu'il ne s'agissait pas d'un phénomène ordinaire. En effet, après en trajet en zigzag, la lumière se dirigeait droit sur nous, tantôt verte, tantôt rouge. Au même instant, le moteur toussa, suffoqua. La voiture s'arrêta. Une fraction de seconde, nous fûmes baignés d'une intense lumière bleue. Un sentiment bizarre nous étreignit. Nous nous étions arrêtés de chanter. Nous nous dévisagions, effrayés. Qu'était-ce ? Des extra-terrestres ? Un ovni ?

« Mon père enfin sortit, ouvrit le capot. Nous n'étions pas en panne d'essence. Aucun ennui mécanique non plus...

« La sphère nous survola en décrivant des cercles à vive allure, puis, comme une flèche, disparut derrière une ferme isolée qui semblait abandonnée. Aussitôt, des bruits métalliques nous parvinrent, un grincement de portes de hangar.

« Nous n'osions plus bouger. Tandis que mon père inspectait encore le moteur, je traversai la route pour satisfaire un besoin que l'événement rendait plus pressant encore.

« Que s'est-il passé à cet instant précis ? S'est-il réellement produit quelque chose ? Hallucination provoquée par la peur, imagination d'enfant ou bien réalité ? Je ne saurais le dire aujourd'hui... J'eus l'impression de franchir une porte, d'entrer dans un monde hors du temps. Je m'approchai du mur d'enceinte délabré de la ferme. Trois "hommes" se tenaient derrière et me regardaient fixement. Ils n'avaient pas l'air hostile. Non, ils semblaient plutôt impassibles, voire même bienveillants. À leur suite, j'entrai dans le hangar où tourbillonnaient des lumières aux couleurs de l'arc-en-ciel, sorte de phare éblouissant. Ils m'entraînèrent au centre de la lumière, où je découvris un diamant aux mille facettes, diamant de verre ou de cristal. Une des facettes s'ouvrit et je m'assis à l'intérieur. Je vis une multitude d'images, une infinité de mondes, une foule d'univers, un kaléidoscope étourdissant.

« Je me retrouvai debout devant le mur, hébété. Une fraction de seconde à peine s'était écoulée. La porte s'était refermée. La ferme était silencieuse, l'obscurité revenue. J'avais la nausée, l'effroi me saisit. Je partis en courant. J'arrivai haletant. Le moteur de la voiture ronronnait de nouveau. J'ouvris la portière, et mon père démarra aussitôt. Nous continuâmes le voyage en silence, pensifs.

« Le surlendemain, les journaux locaux relataient l'apparition de l'engin. Il avait été vu, tantôt sous forme de soucoupe, tantôt de cigare, par une bonne centaine de personnes qui avaient appelé la gendarmerie. Le journal télévisé régional en fit sa une. Nous n'avions pas rêvé...

« L'incident semblait clos, nous pouvions l'oublier. Pourtant, très vite, une semaine plus tard environ, les trois êtres revinrent. Ils se présentèrent sous la forme d'une vision qui s'imposait à mon esprit. Ils me demandèrent de leur montrer tout ce que j'avais vu, tout ce que j'avais vécu depuis notre rencontre. Aussitôt un film intérieur se déroula, très vite, le temps d'un battement de paupière. »

Jeanlouis garde de cette aventure un souvenir très vif. Il poursuit : « Depuis cette "rencontre", de nombreuses années se sont écoulées. Pourtant, les trois êtres ont continué à se manifester de temps en temps à moi, à intervalles très irréguliers, parfois quelques mois, parfois plus d'une année. Ils m'apparaissaient sous la forme d'une image mentale. Ou bien dans mes rêves. Ils utilisaient un langage inconnu, que je parlais avec eux, mais que j'oubliais ensuite instantanément. Jamais la liaison ne s'est véritablement interrompue.

« Après avoir terminé mes études à Paris, je me suis installé à la campagne. Quelle ne fut pas ma stupeur lorsque j'ai réalisé que j'étais venu habiter non loin de la ferme abandonnée où, une nuit de l'été 1975, notre voiture était tombée en panne. Certes la nationale a été élargie, la ferme rénovée, mais quelque chose m'a poussé à venir m'installer ici. De quelle force mystérieuse s'agissait-il ? Et que signifiaient ces "apparitions" ? »

Qu'importe si Jeanlouis avait réellement vu, à douze ans, une soucoupe volante atterrir et s'il avait vraiment rencontré des « extra-terrestres ». L'essentiel est de savoir, de connaître le retentissement psychique de cette aventure.

Pour trouver une réponse, nous nous sommes tournés vers la psychologie des profondeurs, et le livre de Jung, *Un mythe moderne*[1] : *En psychanalyse, l'apparition de corps ronds ne nous surprend pas. En effet, les corps ronds sont des formations fréquemment produites par l'inconscient dans les rêves, visions..., etc. Dans ce cas, ils doivent être considérés comme des symboles exprimant d'une façon imagée une idée qui n'a pas été pensée consciemment, mais qui existait seulement à l'état potentiel, c'est-à-dire sous forme non définie et virtuelle, dans l'inconscient et que seul le processus de la prise de conscience rendra accessible à l'entendement.*

À la suite de Jung – qui dans son livre ne se prononce pas sur l'existence physique, matérielle, des soucoupes volantes –, nous devions nous livrer enfin à cette analyse psychologique. Jeanlouis poursuit :

« Dès l'instant où j'entrepris cette recherche, les trois êtres se représentèrent à moi sous la forme habituelle d'une image mentale. Ils me dirent : "Nous te sommes apparus jusqu'à présent sous forme humaine, mais ces formes n'étaient que des projections de ta propre conscience... À présent tu peux comprendre..." Et ils se métamorphosèrent en triangles bleus, intensément lu-

---

1. Gallimard, Idées, 1974, p. 53.

mineux. Superposés, ils formaient à eux trois un triangle plus grand inclus dans un cercle de feu. »

Ainsi, sous forme de cercle, ils représentaient le Soi de Jeanlouis qui depuis l'incident survenu à l'âge de douze ans avait cherché à se manifester à lui, d'abord apparu sous forme humaine afin de se conformer à son imagerie mentale d'enfant. Mais désormais, Jeanlouis était apte à décrypter les symboles. Comprenant qu'il s'agissait de son propre Soi, de sa totalité psychique, il vécut alors le processus d'individuation décrit par Jung, libération et ré-unification de la personnalité, découvrant d'un point de vue plus élevé la pointe du diamant intérieur aux mille facettes.

Jung nous dit que le cercle est un symbole de la totalité de la réunification entre le conscient et l'inconscient, marque du processus d'individuation : *La rotondité signifie l'intégralité réalisée (Vollständigkeit) ou la perfection, elle exprime aussi la rotation (le mouvement de ce qui roule, tourne) ou la progression suivant un mouvement indéfiniment circulaire pareil à celui du soleil et des étoiles [...] la réalisation du Soi signifie aussi la reconstitution de l'homme en microcosme, c'est-à-dire de sa relation avec le cosmos*[1].

Comme le note Jung : *Dieu s'approche de l'homme sous forme de symboles*[2] et *les symboles du Soi se recouvrent avec ceux de la divinité. Le Soi n'est pas le moi, il symbolise la totalité de l'être humain, et celui-ci de toute évidence n'est pas entier sans Dieu. C'est ce que semble signifier l'incarnation, et d'ailleurs l'individuation aussi*[3].

Nous voici bien loin de l'apparition sensationnelle d'une soucoupe volante un soir d'été. L'existence physique, concrète, des trois êtres n'importe plus : ils sont devenus spontanément des symboles, triangles puis cercles... Il ne s'agit pas de prendre seulement au premier degré les récits qui peuvent nous parvenir de rencontres du « troisième type ». Il convient aussi de mettre en lumière ces faits psychologiques, de les replacer dans le cadre de notre psyché. Que signifient-ils ? Rester au

---

1. *La Vie symbolique*, Albin Michel, 1989, p. 155.
2. *Op. cit.*, p. 173.
3. *Op. cit.*, p. 177.

stade de la croyance primaire : « Je communique avec un extra-terrestre » est une affirmation qui, au-delà du ridicule éventuel, présente aussi des risques évidents de dérives : inflation de l'ego (« Je suis un élu »), délire mystique, folie... Ces phénomènes ont existé de tous temps et se manifestent encore. Comme Jung le montre, ils sont partie intégrante de la psyché humaine. Leur apparition est normale. Dans *La Vie symbolique*[1], il nous relate la vision de saint Nicolas, qui vit trois cercles – trois roues – lui apparaître. *L'image des trois cercles [...] correspond à une très ancienne coutume de l'humanité : les roues solaires de l'âge de bronze [...] en sont des exemples, ainsi que les mandalas (figures circulaires, appelées aussi roues solaires), des peintures rupestres rhodésiennes, datant probablement de l'époque paléolithique. On les trouve au Mexique, en Inde, au Tibet et en Chine [...] Si frère Nicolas n'avait jamais vu la rosace d'aucune église, il aurait tout de même réussi à exprimer sa grande expérience intérieure sous forme d'un cercle, parce que cela a été fait ainsi de tous temps et en tous lieux, et que cela se fait toujours.* Cette manifestation est aussi un aspect de Dieu, cercle dont le centre est partout mais dont la circonférence n'est nulle part.

Nous avons pu découvrir des vies antérieures, des vies futures, puis des vies parallèles. Nous avons été de tous les règnes : minéral, végétal puis animal et humain. Sans doute existe-t-il d'autres états, d'autres étapes où le corps disparaît, où l'âme est libérée de son carcan de chair. Ce sont les chérubins, les anges... que la Tradition décrit selon une hiérarchie très précise, chaque barreau de l'échelle nous rapprochant de Dieu.

À la suite de ces recherches, nous avons compris qu'en état de relaxation, nous pouvions quitter nos corps terrestres et parvenir dans l'univers des symboles – triangles et cercles – des figures géométriques. Nous en gardons une vive impression de vérité, de réalité. Nous savons qu'une vie plus réelle se déroule là, dans ces autres dimensions, dans ce monde des Idées dont parlait déjà Platon. Y accéder, c'est laisser derrière soi les

---

1. p. 115.

notions d'avant, d'après, de causalité. Le temps n'existe plus. Il n'y a plus ni début ni fin. Ni naissance ni mort. L'angoisse de la disparition qui nous tenaille tout au long de nos existences humaines n'a plus cours. Être, sous forme de triangle, de cercle, c'est vivre dans la béatitude, au cœur du Divin. Les trois êtres nous ont appris à nous transformer nous-mêmes ainsi. Nous nous asseyons dans la posture du lotus, les paumes ouvertes vers le ciel, reposant sur les genoux, les yeux clos. Le vide se fait dans notre esprit. Nous sentons alors le sixième chakra, le troisième œil, vibrer au milieu du front. Il projette un faisceau de lumière bleue. Du creux de nos paumes rayonne un faisceau identique. Nous avons la sensation de flotter, de ne plus avoir de corps. Les rais de lumière dessinent des triangles – et nous partons dans l'univers des symboles. Ces symboles s'expriment, « parlent », ont des sensations, des sentiments. Ils savent guérir, transmettre un savoir... Nous pouvons aussi être cercle, étoile ou losange... Chaque figure a ses propriétés intrinsèques. Ainsi, ce n'est pas sans raison que les chamanes tracent un cercle magique autour d'un malade ou d'un jeune candidat à l'initiation...

Tous ces symboles ont leurs reflets sur Terre. Les découvrir et les interpréter est une quête passionnante car leur richesse est infinie. La vie véritable réside dans cet univers d'images, d'archétypes, d'harmonies mathématiques... De « là-bas », nos existences terrestres ne sont plus qu'illusions. Nous avons entrevu une nouvelle expansion de nous-mêmes, qui a suscité en nous de nombreuses questions et nous a menés sur un chemin de connaissance. Nous rejoignons Jung lorsqu'il nous affirme que tout n'est que symboles, et que là réside la vraie vie. Aussi, lorsque les triangles ou les sphères d'or se manifestent à nous, nous nous recueillons et, dans un profond silence intérieur, nous savons que nous écoutons la voix d'une sagesse immémoriale, primordiale : l'expression du Soi.

27
TEMPS PROFANE ET TEMPS SACRÉ
TEMPS LINÉAIRE ET TEMPS CYCLIQUE

Temps profane et temps sacré

Nous vivons toutes nos vies en même temps, dans des dimensions, des univers parallèles. Le plus souvent, nous n'en avons pas conscience, mais nous pouvons cependant faire des incursions de l'autre côté. Alice, en rêve, traversait le miroir... De même pouvons-nous utiliser nos songes – certaines techniques nous permettent de rester conscients pendant notre sommeil et de diriger nos rêves – mais aussi la prière, la relaxation, la méditation... Les mondes parallèles ne sont pas clos : il peut exister des brèches, des portes...

Nos expériences nous ont appris que le temps tel que nous le concevons habituellement n'est qu'une illusion créée par nos sens. Passé, présent et futur s'enchevêtrent inextricablement. Cependant notre mental est tellement conditionné que nous avons du mal à quitter le temps linéaire. Depuis la plus tendre enfance, nos parents, notre entourage, notre éducation nous ont inculqué un raisonnement dont il est bien difficile de se départir aujourd'hui : l'Histoire a eu un début et aura une fin, et notre vie ne représente qu'un infime fragment de la flèche temporelle. Nos parents croyaient au progrès infini : toujours plus de richesses, plus de confort, une vie de plus en plus longue... Ces rêves, après les deux guerres mondiales, se sont effondrés. L'illusion de la croissance exponentielle a fait place à la récession économique et à la pénurie. De toutes parts, la civilisation est menacée : risques atomiques, pandémies, conflits armés... Le temps linéaire nous mène inexorablement à la catastrophe.

Ainsi l'homme alerté perd-il de son orgueil... Que faire ? Comment vivre ? Les extrémismes religieux, les sectes reprennent alors de l'ampleur. Le temps profane ne nous convient plus, et nous nous tournons vers le temps sacré que nous offrent les temples, les églises, les mosquées, les lieux de culte...

La paix qui y règne trouve son écho au plus profond de nous-mêmes : une paix hors du temps. Lorsque nous élevons notre esprit par la prière, les masques tombent, notre personnalité sociale – la *persona* dont parle Jung – s'efface, notre âme rejoint le Divin. La petite vague que nous sommes se fond dans l'Océan. Le temps profane, linéaire, n'existe plus. Seul subsiste un temps sacré, qui n'a pas eu de début, et n'aura pas de fin, le Grand Temps, sans passé ni présent ni futur, qui EST de toute éternité, le Temps de Dieu.

Là, et seulement là, nous existons réellement. Cette paix, cette béatitude nous sont familières. Ce temps qui ne s'écoule plus, nous le connaissons déjà : c'est celui d'avant notre naissance, celui d'après notre mort, celui du Paradis, du *Nirvâna* ou des jardins d'Allah...

C'est lui que nous retrouvons parfois, lors d'un moment de bonheur intemporel, oubliant nos soucis, nos craintes, nos envies. Quand les enfants s'amusent au soleil, que notre regard suit la danse d'un papillon, que le chat joue avec une pelote de laine. Quand on contemple l'océan à perte de vue ou les cimes à l'horizon. C'est aussi le temps de l'extase religieuse du yogi immobile, du véritable amour, comme l'enseigne le tantrisme... C'est le temps sacré. Notre siècle a voulu le contrer, l'anéantir et pourtant, il est toujours là, enfoui, prêt à resurgir. Dans notre époque instable, c'est lui que, sans le savoir peut-être, nous appelons de toutes nos forces.

Pour l'avoir retrouvé, ne fût-ce qu'un bref instant, notre existence n'a plus qu'un but : avoir conscience de vivre pleinement dans le Grand Temps. C'est-à-dire hors du temps linéaire, là où nos vies si brèves ont un début et une fin, où le matérialisme ne nous donne en guise de destin qu'une fin en cendres et poussières. Nous avons soif d'éternité et d'absolu. Cette quête n'est pas nouvelle. Nous le savons bien pour avoir vécu tant de vies, dans tant de corps. Tous, que ce soient Gerhardt, Aaron,

Mehdi..., un aborigène, un Inca, un Égyptien ou un Atlante..., tous ont cette soif inextinguible de Dieu. Dieu qui peut, le temps d'une vie, être moins présent, mais ce n'est qu'une parenthèse, sans doute même une épreuve, pour mieux Le retrouver ensuite.

En nous penchant sur nos autres existences, nous constatons que, la plupart de nos autres « moi » vivent hors du temps linéaire. Il n'est que d'observer aussi nos « moi » non humains pour nous en rendre compte : la pierre est, de toute éternité. La fleur vit le temps cyclique, naît, croît et meurt au rythme des saisons... Ces autres nous-mêmes qui vivent dans des sociétés appelées – à tort – « archaïques » ou « primitives » ont beaucoup à nous apprendre... Nous devons retrouver cette sagesse que nous avons perdue. Même si, le plus souvent, l'homme traditionnel n'a pas les mots adéquats, s'il ne formule pas sa pensée en termes métaphysiques, sa quête s'exprime sous forme de mythes, de paraboles et de symboles. Pour lui, il ne s'agit que d'*être*. Et être véritablement n'est possible qu'au sein du temps sacré.

Nous avons retrouvé ce savoir au fil de nos régressions, au gré des transmissions et des méditations...

Dans *Le Mythe de l'éternel retour*[1], Eliade affirme que les *sociétés archaïques [...] tout en connaissant elles aussi une certaine forme d'"histoire", s'évertuent à n'en pas tenir compte. Un trait nous a surtout frappé en étudiant ces sociétés traditionnelles : c'est leur révolte contre le temps concret, historique, leur nostalgie d'un retour périodique au temps des origines, au Grand Temps.*

Pourquoi cette révolte contre le temps concret, linéaire ? Ces hommes de civilisations différentes perçoivent que le temps profane ne mène qu'à la destruction, à la mort. Son cours est irréversible. Le temps sacré, lui, transcende la petitesse et la fragilité des hommes.

Dans la société traditionnelle, la vie est fondée sur la connaissance du mythe, qui est une histoire vraie, sacrée. Le mythe raconte la cosmogonie, création du Monde par Dieu. Il explique comment, à l'origine, des êtres surnaturels ont peuplé la Terre. Ce sont eux qui ont

---

1. Folio, 1989, p. 11.

donné l'exemple aux humains et ont établi les rites : comment chasser, pêcher, se nourrir, aimer, élever ses enfants... Tous ces actes primordiaux ont eu lieu dans un temps sacré. Dans les rituels quotidiens, en chassant, pêchant, en se nourrissant, l'homme traditionnel retrouve ce temps mythique. Il est projeté hors du temps profane, chronologique. Il ne répète pas une action, il ne la commémore pas seulement, non, il la réactualise, il devient contemporain des êtres surnaturels : il est lui-même, dans sa chair, un être surnaturel.

Face à chaque situation qui nécessite une explication, face à chaque questionnement, l'homme traditionnel trouve une réponse dans le mythe. Tout ce qui a eu lieu dans le temps sacré est susceptible de se reproduire pour l'homme. De cette façon, le chamane peut appeler la pluie, car il sait comment les dieux l'ont provoquée. En intégrant le temps sacré, il devient le dieu lui-même, et fera pleuvoir. Chaque domaine de la vie est ainsi vécu. Traçant un cercle autour du malade, le guérisseur recrée le Monde et la plénitude primordiale. Il récite le mythe fondateur, et l'homme souffrant renaît véritablement dans un corps neuf.

La vie dans le temps profane n'a ni intérêt ni sens, seuls comptent les moments où l'homme existe vraiment : lors de sa participation aux rituels qui manifestent le temps sacré. Ces derniers, au lieu de limiter l'homme, le rendent audacieux, puisque chaque action a une résonance divine. Pourquoi ne pas traverser l'océan sur un radeau si Dieu ou ses enfants l'ont fait ? Rien n'arrête l'homme qui vit ses rites. Il peut commettre des fautes, se tromper, peu importe. À chaque nouvel an, le temps sera aboli, la cosmogonie renouvelée. Nous pouvons retrouver un peu de cet espoir et de cette confiance lors de notre nouvelle année, hélas désacralisée, démythifiée, mais qui subsiste, tel un vestige.

Périodiquement, dans la vie de l'homme traditionnel, le temps linéaire est annulé. Tout est cycles : la vie individuelle, mais aussi la vie de la société, du Monde et du Cosmos lui-même. La mort de l'homme, de l'humanité... est donc nécessaire. Il faut disparaître pour renaître ensuite, régénéré. Et ainsi, jusqu'à l'infini... Car même les catastrophes les plus brutales qui engloutissent les continents, les déluges, les tremblements de terre... n'anéantissent jamais tout à fait l'homme. Il reste toujours au moins un couple de survivants. Il n'y a pas de chronologie entre le « premier » et le « centième » chaos, entre le « premier » et le « centième » renouveau : c'est à chaque fois le même chaos, le même renouveau. Tout provient de l'Unité primordiale, hors du temps profane et tout y retourne.

Selon cette conception, on le voit, le temps a une tout autre valeur que dans notre civilisation « moderne ». Le temps profane est secondaire. Seul a de réalité le temps sacré, ce Grand Temps qui, puisqu'il ne s'écoule pas, est le Non-Temps.

Vivre, pour l'homme traditionnel, c'est se conformer aux modèles mythiques. Seuls ces archétypes ont une réalité. Cette attitude face à la vie mènera l'homme à une pensée religieuse très élaborée. Tout a un sens, y compris la souffrance. Si l'homme souffre aujourd'hui, c'est parce qu'il a « péché ». À partir de cette constatation, les hindous ont élaboré la loi de karma, que nous avons pu voir à l'action dans la deuxième partie de cet ouvrage. Nous nous réincarnons toujours selon cette implacable loi. Et la réelle compréhension de celle-ci permet à l'homme de s'affranchir du temps linéaire. La réincarnation est un cercle et chaque vie se vit en même temps dans le temps sacré.

Comment interrompre ces transmigrations incessantes et la douleur qui en résulte ? Comme l'attestent les *yoga-sûtra* et comme le recommande le Bouddha lui-même, il s'agit de connaître ses existences « antérieures ». Pourquoi ? Pour comprendre l'enchaînement de nos actes et leurs effets, pour voir clairement les illusions créées par notre ego... Et enfin, après avoir retrouvé notre « première » existence, rejoindre ce moment paradoxal où le temps n'existait pas. Ainsi, on arrive au commencement du temps linéaire, puis on rejoint le Non-Temps. Cette sortie hors du temps nous confère l'immortalité, c'est l'entrée au *Nirvâna*.

Le Non-Temps de l'Indien est le même que celui de l'Inca, de l'Égyptien ou de l'Africain... C'est le retour à Dieu. Les multiples existences leur apparaissent alors comme de pâles reflets de la Réalité, des illusions tissées par la *Mâya*. L'apparente succession des vies, leur chronologie, était factice.

Il n'est pas nécessaire de quitter son corps, de mourir, pour comprendre cette vérité. Elle est accessible ici-bas, maintenant. Certes, elle est le fruit d'une ascèse, mais la prise de conscience de notre véritable Être est à la portée de chacun. Comme le dit Krishna à Arjuna dans la *Bhagavad-gîta*, cette prise de conscience se traduit par une nouvelle attitude face à la vie. Le sage reste dans le monde et participe à l'Histoire, mais il n'accorde plus à cette dernière une importance absolue. Il sait que l'Histoire n'est que turbulences et remous, succession de cycles. Lui-même est immortel, parce qu'il est hors du temps.

En étudiant les civilisations traditionnelles, nous comprenons leur horreur du temps profane : c'est lui qui broie, qui détruit et qui tue. En revanche, l'homme qui vit dans le temps sacré est immortel, à l'égal des dieux. Il est Un, inclus dans le Tout.

Temps linéaire et temps cyclique

Sans le savoir, nous avons opéré cette recherche sur nous-mêmes. Notre quête s'est effectuée en trois étapes.

Tout d'abord, nous croyons aux vies antérieures comme aux vies futures. Ensuite, nous découvrons les vies parallèles, qui sont pour nous tout aussi réelles.

Enfin, nous rejoignons l'intemporel. Les vies antérieures et les vies parallèles sont des illusions. L'apparente succession des existences était due à une perception et une compréhension limitées. Même dans des univers parallèles, nos vies ne sont que des épiphénomènes, pâles reflets de la Vie. L'essentiel réside ailleurs, au Centre, hors du temps.

Ainsi, nous avons eu accès à des existences non humaines, non corporelles, sous forme de symboles : les triangles puis les cercles. Nous avons conçu des vies différentes, sans le support de la chair. Puis, toujours plus loin, nous nous sommes fondus à la Source, dans la

Lumière primordiale. Immortels au cœur du temps sacré.

Cependant, l'homme contemporain occidental a le plus souvent perdu cette notion de temps sacré. Abandonnant le temps cyclique, il en est venu à inventer un temps linéaire, qui a eu un début et aura une fin. Comment cette transition s'est-elle opérée ?

Ce nouveau concept est né dans le bassin méditerranéen, où pourtant les peuples du Proche-Orient antique – Égyptiens, Mésopotamiens... – ressentaient l'absolue nécessité de renouveler périodiquement le Monde. Ce sont les Hébreux qui vont apporter ce bouleversement majeur. Yahvé intervient dans l'Histoire humaine : Il parle Lui-même aux prophètes et à Moïse. Dès lors, les révélations n'ont plus lieu dans le temps mythique, où tout, absolument tout, a été révélé. Non, Yahvé dialogue avec les hommes. En se manifestant ainsi, en désignant un peuple élu, Il se personnifie et entre dans le temps, soudain linéaire. Car, comme le note Mircea Eliade[1], la révélation monothéiste *a eu lieu dans le temps, dans la durée historique : Moïse reçoit la « loi » à un certain « endroit » et à une certaine « date » [...] le moment de la révélation faite à Moïse par Dieu [...] n'est plus réversible, [c'est] un événement historique.*

Le temps circulaire de l'éternel retour a fait place à un temps linéaire et irréversible. De la même manière, on considère alors que Dieu a créé l'Univers à un certain moment, la Terre et les planètes à un autre, puis l'homme. Comme la cosmogonie a été unique, la fin du Monde sera unique. À la fin des temps, Dieu jugera les hommes individuellement, selon leurs actes. Les bons seront récompensés, les mauvais, punis. Chaque événement, chaque geste, chaque action... acquiert donc une valeur propre. Il ne s'agit plus d'actes archétypaux. On aura à rendre compte de faits personnels. Toute catastrophe, tout malheur devient une sanction du Dieu courroucé, qui punit Son peuple pour les péchés commis.

Le temps, devenu linéaire, crée l'Histoire. Mais les

---

1. *Le Mythe de l'éternel retour*, Folio, 1989, p. 123.

Hébreux qui ne peuvent plus l'abolir périodiquement, lui restent fondamentalement hostiles. Ils vivent dans l'espoir de la fin de l'Histoire. Ils savent que, dans le futur, le temps s'arrêtera, que Dieu régénérera chacun des siens. Le temps sacré, le Grand Temps, ce Non-Temps d'avant la Création, sera enfin retrouvé au Paradis, où les hommes vivront dans la béatitude éternelle... Le temps fini n'était qu'un fragment, un point, entre deux infinis atemporels.

Ce n'est, finalement, qu'une variante des conceptions traditionnelles. Au lieu d'une succession de créations et de destructions, il n'y a qu'une seule et unique Création, une seule et unique Destruction. Et l'essentiel est toujours ailleurs, là où le temps n'existe pas : en Dieu.

Le christianisme va rester dans la même ligne de pensée que le judaïsme. Cependant, des résurgences du temps cyclique sont aussi perceptibles. Ainsi, *le baptême*, nous dit Eliade[1] *équivaut à une mort rituelle de l'homme ancien suivie d'une nouvelle naissance. Sur le plan cosmique, il équivaut au déluge : abolition des contours, fusion de toutes les formes, régression dans l'amorphe.* La communion aussi n'est pas une simple commémoration. Dans l'hostie, le corps du Christ ressuscité est réellement présent. Le communiant est rendu contemporain du Christ en gloire, hors du temps. Par la communion, les vivants et les morts sont réunis, dans le temps sacré. Dans l'année liturgique chrétienne, la nativité, la passion, la mort et la résurrection de Jésus sont répétées périodiquement et sont bien réelles. Par la foi, le chrétien peut donc lui aussi, ici et maintenant, accéder, hors du temps, au temps sacré. C'est ce qui se produit en prière, lors de la messe, en égrégore... De nombreux saints et mystiques en ont témoigné.

Cependant, les trois grandes religions monothéistes, le judaïsme, le christianisme et l'islam sont plongées dans le temps linéaire. Éliade nous rappelle qu'au IIe siècle, Irénée de Lyon, saint Basile, saint Grégoire puis saint Augustin... soutenaient cette vision du monde. Mais les théories des cycles, incluant celles des influences astrales

---

1. *Op. cit.*, p. 74.

sur la destinée de l'homme, n'étaient pas mortes pour autant. Des pères de l'Église, comme Clément d'Alexandrie, Minucius Félix, Arnobe, Théodoret... les défendaient encore... Les deux conceptions s'affronteront sans cesse. *Rappelons seulement que, à l'apogée du Moyen Âge, les théories cycliques et astrales commencent à dominer la spéculation historiologique et eschatologique. Déjà populaires au XII*^{e} *siècle [...], elles reçoivent une élaboration systématique au siècle suivant, à la suite surtout des traductions des écrivains arabes [...] Un Albert le Grand, un saint Thomas, un Roger Bacon, un Dante [...] et bien d'autres croient que les cycles et les périodicités de l'histoire du monde sont régis par l'influence des astres, soit que cette influence obéisse à la volonté de Dieu [...] ou qu' [...] on la considère comme une force immanente du Cosmos*[1].

Au XVIIe siècle, les théories cycliques professées par les astronomes Tycho-Brahé, Kepler, Cardan, Giordano Bruno, Campanella... survivent en parallèle aux conceptions de Pascal, qui décrit, lui, un progrès linéaire. Mais le « siècle des lumières » voit le triomphe du linéarisme, qui connaîtra son apogée au XIXe siècle avec l'évolutionnisme. Désormais, l'homme a foi en un progrès infini. La révolution industrielle bouleverse la vie quotidienne. Elle introduit une démythification, une désacralisation radicales. Foi et valeurs religieuses sont durement ébranlées. Seul compte le temps profane, l'homme se veut Dieu, et se croit maître de ce temps qu'il a lui-même créé...

Mais le mythe de Prométhée veille dans les consciences. En effet, nous verrons dans le chapitre consacré au changement de paradigme le nouvel essor de la théorie des cycles, entraînant dans son sillage le renouveau du temps sacré.

---

1. *Op. cit.*, pp. 161-162.

28
TEMPS DU CONSCIENT
ET TEMPS DE L'INCONSCIENT

Du petit Gerhardt Lehmann à Mehdi, de Mehdi à Malek, nos découvertes se sont succédé par étapes. Nos recherches sur les vies antérieures nous ont conduits à remettre en question nos notions établies sur le temps. Parfois, nous ne pouvions savoir si des images d'autres vies provenaient d'un passé très éloigné ou d'un lointain futur. Cette végétation luxuriante, cet air si pur, ces paysages aux couleurs intenses et lumineuses, ces maisons aux parois de verre, ces cristaux pensants, ces rivages aux rochers mauves, cet univers que nous nommions Atlantis, était-il l'Atlantide ? Atlantide mythique pour les uns, bien réelle pour d'autres. Pour tous cependant, civilisation du passé, à jamais disparue. Mais ces sensations ne viendraient-elles pas plutôt de notre futur ? Et si le temps allait en cercle, le futur rattrapant le passé, tel le fameux serpent qui se mord la queue ? Nous pensions émettre une hypothèse sacrilège. Nos anciennes convictions chancelaient... Pourquoi donc toujours établir une causalité linéaire ? Mircea Eliade nous rappela alors que pour les civilisations traditionnelles, le temps était perçu comme cyclique. C'est ce qu'il nomme « Le temps de l'éternel retour ». Le temps se refermait donc sur lui-même, le futur rejoignant effectivement le passé... Mais comment expliquer cette autre perception, cette autre certitude : non seulement le temps est cyclique, mais, de plus, nous vivons dans des univers parallèles, peut-être infiniment nombreux. Jeanlouis a-t-il été autrefois Mehdi, est-il en même temps Jeanlouis et Malek ? Ou bien est-il tous ces « moi » en même temps ? Nous réalisions que la clef de nos interrogations était là, tout entière dans ce mot mystérieux : le TEMPS. Il nous fallait poursuivre notre recherche, interroger Cronos.

Peut-on vraiment saisir le temps ? Ne fluctue-t-il pas sans cesse, à la fois élastique et insaisissable ? Nous avons tous remarqué qu'il semble parfois s'écouler différemment. Les vacances au soleil passent si vite, tandis que les heures au bureau s'étirent, s'allongent, interminables. L'attente angoissée, elle aussi, paraît avoir une durée infinie. Qui n'aurait pas voulu avancer sa montre d'une heure ou deux, en attendant le verdict d'un médecin, des résultats d'examens... Certaines minutes savent être si longues... C'est le Temps psychologique, qui ne suit pas les indications de l'horloge. Il est vagabond, au gré des humeurs. Ainsi, le temps de l'enfant n'est pas le même que celui de l'adulte. Souvent, l'enfant a hâte de grandir, il rêve de cet âge magique où il pourra enfin conduire sa première moto, et aller danser avec ses amis. Quant à l'adulte, passé ses vingt ans, il s'effraie de voir que rien ne stoppe plus ce torrent rapide qui l'entraîne inexorablement vers la mort. Et l'on se retrouve vieux, sans s'en être rendu compte. La vie s'est écoulée si vite... Le moribond qui, au soir du grand passage, appelle sa mère dans la chambre d'un hôpital, rejoint dans son cri le désarroi de l'enfant qui naît. La boucle est bouclée. Qu'aura été une vie humaine à l'échelle cosmique ? Et même à l'échelle terrestre ! Si l'on ramène la vie depuis son apparition sur Terre jusqu'à aujourd'hui à une seule et immense journée, l'homme n'a été conçu qu'à minuit moins cinq ! Que sont alors les soixante-dix ou même quatre-vingts ans d'une vie d'homme ? Nous ne pouvons que rester d'une humilité totale face à la Création...

Si, à l'échelle cosmique, le temps disparaît, si même dans notre quotidien, il nous semble plus ou moins long, s'il est fonction de nos humeurs, n'est-ce pas parce que nous l'avons nous-mêmes créé, inventé ? Nous avons tous pu constater son élasticité au cours de notre propre vie. D'ailleurs, nous l'avons maintes fois expérimenté nous-mêmes en changeant de dimension par le yoga, les techniques de régression... Ces phénomènes ne sont-ils pas des excursions hors du temps ? De même que la prière, les exercices de méditation ne nous permettent-ils pas de nous évader du carcan temporel ?

Le temps des uns n'est pas celui des autres. Nous pouvons facilement constater que les Japonais ne vivent pas aux mêmes rythmes que nous. Ils accordent au temps une tout autre valeur, n'hésitant pas à diminuer, voire supprimer leurs loisirs au profit de leur société vampirisante. Ainsi, le temps des Latins diffère de celui des Nordiques. Les derniers Indiens d'Amazonie vivent encore en dehors de « notre » temps. Deux jours de marche pour eux, une heure de train pour nous, et le temps n'est plus le même. L'image que l'on s'en fait change suivant notre façon d'appréhender la vie. Le temps est bien une construction mentale, propre à chaque individu, propre à chaque civilisation. C'est aussi ce que nous dit Mircea Eliade : *Si on ne lui accorde aucune attention, le temps n'existe pas ; de plus, là où il devient perceptible (du fait des « péchés » de l'homme, c'est-à-dire lorsque celui-ci s'éloigne de l'archétype et tombe dans la durée), le temps peut être annulé*[1]. L'homme traditionnel annule le temps par ses rituels, par ses perpétuels « retours en arrière », pour retrouver le temps primordial, le Grand Temps, où il redevient contemporain de la Création.

Dans *Mythes, rêves et mystères*, Eliade établit le lien entre ces rites « primitifs » et le « retour en arrière » que l'on peut expérimenter dans les thérapies modernes, notamment en psychanalyse. *La guérison consiste justement à « revenir en arrière », à rebrousser chemin afin de réactualiser la crise, à revivre le traumatisme psychique et à l'intégrer dans la conscience.* La correspondance avec la pensée archaïque se fait facilement *en disant que la guérison consiste à recommencer l'existence, donc à réitérer la naissance, à se rendre contemporain du « commencement »*[2]. La différence réside dans le fait que pour l'homme traditionnel, le commencement est la cosmogonie, tandis que pour l'homme moderne, le commencement ne peut que se situer dans l'enfance. Cependant

---

1. *Le Mythe de l'éternel retour*, p. 103.
2. *Mythes, rêves et mystères,* Gallimard, coll. « Folio », 1989, pp. 56-57.

le principe est le même, et les parallèles sont nombreux. Le paradis de l'un correspond au stade prénatal de l'autre. La catastrophe ou fin du cycle du Monde devient le traumatisme infantile... Un tel traumatisme peut-être ramené à la lumière du conscient. C'est le but de la psychanalyse. Il sera vérifiable : les parents ou l'entourage qui en conserveront le souvenir pourront l'attester. Il est à noter que c'est au cours de semblables régressions – plutôt d'ailleurs lors d'un *rebirth* que d'une analyse traditionnelle – que le patient bascule parfois dans la vie intra-utérine ou même au moment de la conception, dans l'avant-vie ou dans une autre vie. Le fait de revivre l'événement, de l'actualiser, permettra de le comprendre, de le rendre supportable puis de l'effacer et de faire disparaître, dans la plupart des cas, les symptômes douloureux. C'est ce que nous avons vu dans les chapitres traitant de la régression et du karma.

La psychanalyse et les découvertes de Freud ont des conséquences fondamentales pour notre société contemporaine. La régression freudienne marque ainsi une première étape vers un changement de notre conception du monde. En effet, semblable au « retour en arrière » des hommes traditionnels, elle annonce un nouveau paradigme.

Les idées de Freud seront reprises et élargies par Carl Gustav Jung (1875-1961). Ses travaux sont d'une ampleur et d'une richesse exceptionnelles. Très jeune, Jung questionnera l'univers qui l'entoure et aura des intuitions, des visions étonnantes. Dans le recueil de ses souvenirs, *Ma vie*[1] il témoigne d'une prise de conscience singulière, à l'âge de douze ans : *[...] dans un grand trouble, il me vint à l'esprit qu'en réalité deux personnages différents étaient en moi. L'un, le collégien qui ne comprenait rien aux mathématiques et n'était même pas sûr de lui ; l'autre, un homme important de grande autorité, avec qui on ne plaisantait pas, [...] vieil homme qui vivait au XVIIIe siècle, portait souliers à boucles, perruque blanche, et se déplaçait dans une calèche à grandes roues [...]*[2]. Un

---

1. Gallimard, coll. « Témoins », 1987.
2. pp. 53-54.

jour, voyant une calèche ancienne, il aura une réaction vive : *lorsque je l'avais aperçue, un sentiment exaltant s'était emparé de moi :* « *Ah ! nous y voilà ! ça c'est de mon temps !* » Le jeune Jung retrouvera même le nom de celui qu'il pense avoir déjà été : le Dr Stückelberger, une personnalité de la ville de Bâle, ayant vécu à la fin du XVIIIe siècle...

Jung ne se posera jamais en théologien. Malgré son profond intérêt pour la religion et la parapsychologie, il déclarera toujours ne pas sortir de sa vision de psychologue, docteur en médecine, et ne pouvoir parler que de son propre domaine d'étude : les phénomènes psychiques.

Il ne prend pas parti à propos de la réincarnation, mais, fasciné par l'Orient et ses traditions, il ne pouvait que s'y intéresser. Toujours dans *Ma vie*, il témoigne : *Je pourrais fort bien me représenter que j'aurais vécu dans des siècles antérieurs et m'y serais heurté à des questions auxquelles je ne pouvais pas encore répondre, qu'il fallait que je naisse à nouveau parce que je n'avais pas accompli la tâche à moi imposée. Quand je mourrai, mes actes me suivront, c'est du moins ce que j'imagine. J'emporterai ce que j'ai fait, mais, en attendant, il s'agit que je n'arrive pas à la fin de ma vie les mains vides*[1]. Avec une grande sagesse, il s'interroge sur l'après-vie, mais il nous rappelle que l'essentiel a lieu ici-bas : *Pour le moment, j'existe sous ma forme actuelle, et je dis :* « *Qu'y a-t-il à faire ici-bas ? Faisons tout ce qui est en notre pouvoir ici et maintenant.* » *Si nous devions découvrir une vie nouvelle après notre mort, je dirais :* « *Eh bien, vivons encore une fois !* » *Je ne sais rien à ce sujet, mais je puis vous dire une chose : l'inconscient ignore le temps. Une partie de notre psychisme se trouve en dehors du temps et de l'espace. Le temps et l'espace ne sont qu'une illusion. Il y a aussi une dimension de notre psychisme pour laquelle le temps n'existe absolument pas.*[2]

Lorque Jung affirme ne rien savoir de l'au-delà, il ne faut voir là qu'une expression de son humilité et de son

---

1. pp. 361-362.
2. *La Vie symbolique*, Albin Michel, p. 81.

modeste effacement... Car il a approché l'au-delà de très près. En effet, en 1944, à la suite d'un infarctus cardiaque, il a connu une expérience d'approche de la mort, et son âme a survolé la Terre, avant d'être rappelée...

Comment Jung est-il arrivé à une telle formulation ? Ce sont les travaux de toute une vie qui lui permettront cette constatation... Freud pensait que l'inconscient était de nature personnelle, recelant des éléments qui n'avaient jamais été conscients et d'autres, oubliés ou réprimés. Selon lui, le nouveau-né arrivait sur Terre avec un inconscient vierge, qui se « remplissait » au cours de sa vie. Jung dépassa largement cette conception en affirmant que nous commencions notre vie avec une psyché inconsciente bien plus ancienne que notre conscient. Il distingua deux domaines dans cette psyché inconsciente : l'inconscient personnel, propre à chacun, et l'inconscient collectif, couche plus profonde, commune à toute l'humanité.

Dès lors, l'inconscient collectif nous met en relation avec tous les autres êtres vivants. Il crée un lien entre chaque individu et l'humanité tout entière. Nous sommes partis d'un TOUT et ce TOUT nous est accessible, car il est en nous. La doctrine de l'Unité, que formulait déjà Ibn Arabî au XIIe siècle, trouve ici une démonstration éclatante. Avoir accès à l'inconscient collectif, c'est avoir la clef de la Bibliothèque de l'Univers, si chère à l'écrivain argentin Borgès. Cette « bibliothèque » qui contient la mémoire de l'humanité est, en quelque sorte, le Grande Livre de Dieu. Ce sont les archives akashiques de la Tradition, archives hors du temps, où tout, absolument tout, s'enregistre, actes et pensées.

C'est à ce Grand Livre que l'homme traditionnel avait accès lorsqu'il participait aux rituels : il entrait ainsi dans le temps sacré des mythes, devenant un acteur divin, acquérant une paix antérieure et le sentiment d'être partie intégrante du Grand Tout. Le reste n'était qu'illusions...

C'est à une imitation de l'homme traditionnel, tel celui décrit par Eliade, que nous convie Jung. En effet, pour retrouver cette plénitude, il nous invite à la découverte de notre Soi. Ce processus qu'il nomme « individuation » consiste à introduire l'Univers en nous, à intégrer l'inconscient dans le conscient... *Le Soi en tant qu'archétype représente une totalité numineuse qui ne peut être exprimée que par des symboles (le mandala, l'arbre, etc.). C'est une image collective, qui en tant que telle dépasse l'individu dans le temps et l'espace et n'est donc pas exposée à l'impermanence d'un corps seul et unique : la connaissance du Soi est presque toujours liée au sentiment de l'intemporalité, de l'« éternité » ou de l'immortalité.*[1] Il nous annonce clairement : *[...] on peut dire au lieu de Dieu, « l'inconscient », au lieu du Christ, « le Soi », au lieu de l'incarnation, « l'intégration de l'inconscient »*[2]. Le Soi, ce sera donc le Christ, ou le Bouddha, ou le Tao... Symboles de *l'entité immortelle qui habite en nous, voilée,* par lesquels Dieu s'approche de nous. Ce sont ces symboles qu'il s'agit de déchiffrer. Car *le Soi ou le Christ est présent* a priori *en chacun de nous, mais en règle générale, au début, à l'état d'inconscience. [...] Ce n'est une réalité que lorsque la chose arrive, et elle ne peut arriver que lorsqu'on retire ses projections d'un Christ extérieur, historique ou métaphysique et qu'ainsi l'on éveille le Christ intérieur (...) Un acte d'introjection est nécessaire, c'est-à-dire la découverte du fait que le Soi vit en nous et non pas dans une figure extérieure, séparée et différente de nous. Le Soi est depuis toujours notre centre le plus profond et notre périphérie, notre* scintilla *et notre* punctum solis, *et le restera. Il est même, sur le plan biologique, l'archétype de l'ordre, et, du point de vue dynamique, la source de la vie.*[3]

Jung a fait lui-même l'expérience d'un rapprochement entre son moi et le Soi : *Dans ce rêve d'autrefois, je me trouvais en excursion sur une petite route ; je traversais un site vallonné, le soleil brillait et j'avais sous les yeux, tout autour de moi, un vaste panorama. Puis j'arrivai près d'une petite chapelle, au bord de la route. La porte était entrebâillée et j'entrai. À mon grand étonnement, il n'y avait ni statue de la Vierge, ni crucifix sur l'autel, mais simplement un arrangement floral magnifique. Devant l'autel, sur le sol, je vis, tourné vers moi, un yogi dans la*

---

1. *La Vie symbolique*, p. 153.
2. *Op. cit.*, p. 198.
3. *Op. cit.*, p. 185.

position du lotus, profondément recueilli. En le regardant de plus près, je vis qu'il avait mon visage ; j'en fus stupéfait et effrayé et je me réveillai en pensant : « Je savais que quand il se réveillerait, je n'existerais plus ». [1]

Ce témoignage nous fait penser à Tchouang-Tseu qui, à la suite d'un songe, se demandait : « Suis-je Tchouang-Tseu qui rêve qu'il est un papillon ou un papillon qui rêve qu'il est Tchouang-Tseu ? »

Jung nous fournit lui-même l'explication de son rêve : *J'eus ce rêve après une maladie, en 1944. C'est une parabole : mon Soi entre en méditation, pour ainsi dire comme un yogi et médite sur ma forme terrestre. On pourrait dire aussi : il prend la forme humaine pour venir dans l'existence à trois dimensions, comme quelqu'un revêt un costume de plongeur pour se jeter à la mer. Le Soi renonçant à l'existence dans l'au-delà assume une attitude religieuse, ainsi que l'indique la chapelle dans l'image du rêve ; dans sa forme terrestre, il peut faire les expériences du monde à trois dimensions et par une conscience accrue, progresser vers sa réalisation* [2].

Quand Jung retrouve le Soi, Jeanlouis trouve un autre de ses « moi » : Malek... Le Soi apparaîtra ensuite : sous la forme de triangles, puis d'un cercle...

Pour Jung, la perception du Soi est fondamentale pour tout homme qui veut se réaliser pleinement. Acquérir cette connaissance revient à échapper au temps linéaire, à rompre la chaîne karmique des causes et des effets, à surmonter enfin l'existence terrestre en interrompant cette illusion que nous avons d'une succession de vies, de naissances et de morts, pour atteindre enfin le *Nirvâna* des bouddhistes ou le Paradis des chrétiens... dans le Non-Temps.

Car notre vie terrestre, avec ses joies, ses peines, ses affres et ses récompenses, n'est qu'une étape. Comme le dit Jung : *nous ne valons que par l'essentiel et l'illimité est l'essentiel.* [3]

Jung nous confirme qu'au-delà de la mort, quelque chose nous attend car notre psyché échappe aux lois de

---

1. *Ma vie*, p. 368.
2. *Op. cit.*, p. 368.
3. *Op. cit.*, p. 370.

l'espace et du temps : *Il se peut qu'une continuation de la vie n'ait plus aucun sens une fois que l'âme a atteint certains échelons d'intelligence ; qu'elle ne serait plus soumise alors à la nécessité de revenir sur terre et qu'une compréhension supérieure supprime le souhait de se voir réincarné. Alors l'âme échapperait au monde à trois dimensions et parviendrait à cet état que les bouddhistes appellent le Nirvâna ; Mais s'il reste encore un karma qui doit être accompli, l'âme retombe alors dans le monde des désirs, et retourne à nouveau dans la vie, peut-être même sachant qu'il reste encore quelque chose à parfaire*[1].

Le but de notre vie est donc clair : nous améliorer sans cesse et tendre à la perfection. Jung poursuit : *le seul sens de l'existence humaine est d'allumer une lumière dans les ténèbres de l'être pur et simple*[2].

Tout au long de notre périple avec C.G. Jung, visionnaire et prophète, nous avons appris que le conscient est plongé dans le temps linéaire, profane, tandis que notre inconscient, lui, est infini, hors du temps, immortel. En intégrant l'inconscient dans le conscient par le processus d'individuation, nous pouvons rejoindre le temps sacré, le Non-Temps, où réside le Divin. Libérés des chaînes karmiques, affranchis du cycle des incarnations, nous serons alors des *jîvanmoukta*, des êtres réalisés.

---

1. *Op. cit.*, p. 366.
2. *Op. cit.*, p. 370.

29

LE TEMPS DES PHYSICIENS

En nous tournant vers l'histoire des religions, nous apprenons que l'homme des sociétés traditionnelles vit dans un continuel présent, de même que le mystique et l'homme religieux. Le théologien, aussi bien que le psychologue, reconnaissent d'un commun accord que le temps peut être dépassé, transcendé – en cela il est illusion. Le temps profane, linéaire, est le temps du conscient. Le temps sacré, le Grand Temps ou Non-Temps est le temps de l'inconscient.

Mais le temps n'est pas qu'une notion sur laquelle se penchent les hommes de foi, les psychologues ou les poètes. Il est l'objet de recherches scientifiques. Le physicien américain Fritjof Capra établit d'emblée la liaison entre science et psychologie. Ainsi, dans son livre *Le Temps du changement*[1], il nous dit à propos de Carl Gustav Jung : *En se séparant de Freud, il abandonna les modèles newtoniens de la psychanalyse et développa un certain nombre de concepts qui se trouvent parfaitement en accord avec la physique moderne et avec la théorie systémique. Jung qui avait des contacts avec les plus éminents physiciens de son époque avait bien conscience de ces similitudes.* Jung affirme d'ailleurs que : *Tôt ou tard, la physique nucléaire et la psychologie de l'inconscient se rapprocheront, alors que toutes deux, indépendamment l'une de l'autre, et à partir d'horizons opposés, pénétreront plus avant le territoire transcendantal*[2].

À la suite de Jung, penchons-nous sur les théories du temps qu'avancent les scientifiques... Lorsque les physi-

---

1. Chap. « Voyages par-delà l'espace et le temps », Le Rocher, 1983, p. 343.
2. *Aïon*, Albin Michel.

ciens nous font réfléchir à la notion de temps, ils parviennent à provoquer en nous un immense vertige. Si l'on joue vraiment le jeu, on se retrouve, infime grain de poussière, dans la grande roue des manèges de notre enfance. Une roue qui irait vite, très vite, de plus en plus vite, qui tournerait dans tous les sens, se contracterait, se dilaterait, quitterait son axe et son support. Elle ne suivrait plus un cercle mais une ellipse, s'aplatirait, se concentrerait dans un électron, ou prendrait son envol à une vitesse effrayante au-delà des limites connues du cosmos... L'esprit a beaucoup de mal à suivre et à comprendre ce type de concept. Il se trouve pris dans un tourbillon immense et infini qui n'a jamais commencé et ne s'achèvera jamais. Prenons garde à ne pas sombrer dans ces univers chaotiques où l'on risque à chaque instant la collision avec une pluie d'étoiles et d'autres soleils ! Dans ce domaine, le rêve côtoie la réalité, l'abstraction rejoint l'inconcevable, l'inexplicable, l'indicible. À moins qu'il ne nous mette en contact avec Dieu...

À l'échelle de l'univers, que constituons-nous, pauvres mortels ? Rien est un bien grand mot. À la taille du monde connu, notre planète bleue ne représente même pas une tête d'épingle dans une meule de foin... si l'on considère qu'il existe cent mille milliards de milliards de planètes dans l'univers. Estimation actuelle, mais dont les limites reculent chaque jour.

Dans cet univers en perpétuelle expansion, nous nous déplaçons dans le temps. Abordons tout simplement pour le moment le seul cadre de notre vie présente. Nous naissons, nous grandissons, nous vieillissons, nous mourons. Notre vie représente un grain de sable dans ces quinze milliards d'années, durée estimée de notre univers.

Mais ce temps n'a pas la même valeur pour les uns et pour les autres. La théorie d'Einstein a introduit la relativité du temps. Plus vite nous nous déplaçons dans l'univers, moins vite nous vieillissons par rapport à ceux qui ne bougent pas. Cette théorie a donné naissance à la fameuse histoire des deux frères jumeaux, dont l'un quitte la Terre à bord d'un puissant vaisseau spatial dont la vitesse se rapproche de celle de la lumière. Son frère est resté tranquillement vivre son existence sur Terre. Plus celui qui voyage dans les galaxies va vite, et plus la différence d'âge se sera creusée entre eux lorsqu'ils se retrouveront. Plus la vitesse du vaisseau spatial approche à la décimale près celle de la lumière, et plus cette différence d'âge s'allonge. À partir d'une certaine vitesse, et à son retour sur Terre, le jumeau voyageur ne retrouvera plus son frère vivant, mais, à sa place, ses enfants, ses petits-enfants, ou même ses arrière-petits-enfants. Lui-même n'a presque pas vieilli au sens où nous l'entendons couramment, alors que son frère a déjà disparu. Le temps n'est donc pas rigide, mais fluctuant : il s'allonge, il s'étire ou il se contracte. Le physicien déroule le fil du temps, mais pour chacun d'entre nous, le passé, le présent et le futur ont des valeurs bien personnelles : nous connaissons les éléments de notre passé, nous vivons notre présent, et nous essayons de prévoir notre futur...

Au sens classique, le temps aurait une forme de flèche. Il a une origine plus ou moins connue, il va dans un sens donné, et l'on se situe à tel ou tel point de ce vecteur, cette ligne éternellement droite. Selon cette thèse, le temps ne pourrait revenir en arrière, on ne pourrait pas le remonter.

Le trou noir est un cœur d'étoile effondrée ou un amas d'étoiles mortes recroquevillées sur elles-mêmes et qui sont d'une densité infinie. Dans son voyage cosmique, le jumeau voyageur peut passer à proximité d'un de ces trous noirs. Nul doute qu'il soit alors happé par cet amas. À ce moment-là, son frère resté sur Terre pourra voir sur un écran de contrôle son image figée pour l'éternité dans un temps « gelé ». Quant à lui, au moment ultime du passage, à la seconde même où il meurt et où son corps se disloque, il voit en un éclair défiler toute l'éternité jusqu'à la fin de notre univers...

Cette théorie élaborée par les astrophysiciens n'est pas sans rappeler les expériences de NDE (*Near Death Experiences*) ou expériences d'approche de la mort, qui relatent à la quasi-unanimité ce film qui se déroule si vite, et qui fait revivre les images de sa vie à celui qui est sur le point de la perdre. Mais une grande différence subsiste : le voyageur intersidéral voit en un éclair la vie du monde à venir ; celui qui est sur le point de mourir revit les événements de son passé. La notion est la même, mais c'est une question d'échelle. Celui qui disparaît dans le cosmos voit l'univers et l'éternité, alors que celui qui meurt sur Terre ne revoit que sa propre vie, infime fragment du cercle infini du temps.

Une fois entré dans le trou noir, le voyageur ne pourra plus revenir en arrière, rejoindre le monde qui est le nôtre, puisqu'en théorie il l'a vu mourir : il a atteint le point de la non-existence. Ne peut-on alors penser qu'une partie de lui-même, son âme en l'occurrence, est susceptible de continuer le voyage ? Si le temps n'est pas linéaire mais cyclique, si, ramené à l'échelle de l'éternité, il n'a ni début ni fin, n'est-il pas possible d'envisager l'hypothèse d'un passage dans une autre dimension ? Peut-être assiste-t-il à la création d'un nouveau cosmos, ou retrouve-t-il même le big-bang primordial...

Car les conclusions des astrophysiciens divergent lorsqu'ils abordent le sujet de l'origine de l'univers et de l'heure de sa création. Certes, on peut remonter dans le temps linéaire, approcher l'origine de l'univers, le moment du big-bang. Mais il n'est pas possible de connaître le zéro absolu, l'Origine. Planck, physicien allemand du début du siècle, s'en est approché peut-être le plus près. À cette notion de « plus près » correspond un obstacle : le mur de Planck. Il ouvre la porte sur des univers à plusieurs dimensions que nos conceptions habituelles permettent difficilement d'appréhender. Car si nous connaissons notre monde en trois dimensions, que peut-on subodorer d'un monde en quinze, vingt, vingt-cinq dimensions ?

Avec la rigueur qui caractérise la démarche scientifique, les physiciens ont tenté de pénétrer dans l'univers situé au-delà – ou en deçà – du mur de Planck. Leurs conclusions, peut-être liées à une solide imagination, décrivent un monde multidimensionnel où le temps n'est plus linéaire. Au-delà du concevable, le passé, le présent et le futur n'ont plus de signification : le temps n'existe plus !

Avant la Création, au-delà du mur de Planck, l'univers peut être cyclique. Avant le zéro absolu, a pu exister un monde en contraction – opposé à notre monde en expansion. Ce qui laisse imaginer des phases cycliques dont nous avons perdu le souvenir. Et les habitants de cet univers aux données physiques différentes des nôtres ont pu, eux aussi, avoir l'impression d'un temps chronologique, linéaire : aller vers un futur alors qu'ils retourneraient, selon nous, vers le passé.

Supposons que notre univers soit englouti par un gigantesque trou noir... Cela signifie-t-il la disparition de l'intelligence, d'une conscience capable d'observer et de percevoir ? Le physicien anglo-américain Freeman Dyson nous rassure dans son livre *Les Dérangeurs d'univers*[1]. Selon lui, la conscience n'a pas besoin du support physique d'un cerveau pour exister ou subsister. Il envisage cette survie possible – même en cas de catastrophe universelle – sous forme de « nuages de grains de poussière » microscopiques qui, pesant eux-mêmes moins de vingt microgrammes, ne pourraient jamais s'effondrer en trou noir. Nous voilà rassurés ! L'intelligence peut donc se manifester éternellement, quels que soient les milieux ambiants – brûlants ou glacials. Dyson nous apporte en même temps une solution à la survie après la mort. Seul le corps disparaît. Ce n'est pas une grande perte, nous nous rendons vite compte qu'il était illusoire. L'essentiel subsiste : notre âme. Et avec elle, la mémoire de l'univers. Cette mémoire, ou souvenir, proche de l'inconscient collectif de Jung ou des fameuses archives akashiques, pourrait alors, lorsque les conditions adéquates d'une nouvelle expansion seraient rassemblées, repartir pour une Re-Création... Au gré de nos expériences, nous avons eu l'intuition de cette survie perpétuelle.

Nous avons découvert que certains physiciens concevaient des notions étrangement proches des nôtres, à certaines étapes de notre cheminement. Proches aussi des certitudes des mystiques. Les mathématiques, la physique rejoignent parfois la foi !... Ainsi, nous avons retrouvé l'idée des univers parallèles chez l'Américain Hugh Everett. Dès 1957, il émet l'hypothèse que chaque fois que nous prenons une décision ou effectuons un

---

1. Payot, 1987.

choix, des univers se créent. Lorsque je traverse la rue, je peux arriver sans encombre sur le trottoir d'en face : un premier univers. Mais je peux être frôlé par une voiture et retourner sur mes pas : deuxième univers. Je peux aussi être renversé par la voiture et être blessé : troisième univers. Ou être handicapé à vie : quatrième univers. Ou mourir : cinquième univers. Et ainsi de suite, jusqu'à l'infini. Pour Everett, tous ces mondes coexistent, aucune éventualité n'est rejetée. Un monde où J.F. Kennedy serait encore vivant, et où sa veuve n'aurait pas épousé Aristote Onassis, qui lui-même n'aurait pas délaissé Maria Callas... Un monde où la guerre du Golfe n'aurait pas eu lieu... Tous ces mondes forment autant de réalités parallèles dont la seule éventualité nous donne le vertige

Ces travaux ne correspondent pas aux vues utopiques d'un illuminé, mais sont mathématiquement possibles. Qu'un seul atome disparaisse dans un électron, et notre monde est différent. L'univers serait alors un gigantesque ordinateur au programme hypersophistiqué. Chaque possibilité est prise en considération, puis acceptée ou rejetée. Chaque donnée retenue participe alors à la réalité de notre univers. Chaque information refusée est susceptible de faire partie d'un univers parallèle. En tant qu'êtres humains – pour Hugh Everett s'entend – nous n'aurons pas accès à ces autres mondes. En tout cas, l'homme, sa création, son apparition, la destinée de l'humanité ne seraient pas des fins en soi. Une succession de choix entre des possibles aurait mis en place les conditions physiques permettant à la vie et à l'intelligence d'apparaître. Mais il aurait pu tout aussi bien advenir un monde où nous aurions ressemblé à des araignées douées de raison, à des rats pensants... Quoi qu'il en soit, parler d'univers parallèles ne semble donc pas aberrant. Mais encore faut-il savoir où pouvoir ouvrir les portes entre les différents mondes...

Cette fois-ci, c'est presque sans surprise que nous apprendrons qu'un autre physicien, l'Américain John Wheeler a, lui, élaboré, l'hypothèse des univers cycliques, thèse qui corrobore avec éclat la conception du temps cyclique des sociétés traditionnelles. Pour ce scientifique, un univers naît, entre dans une phase d'expansion, puis décroît jusqu'à disparaître, pour renaître, les cycles se succédant à l'infini. Une approche du temps cyclique nous amène fatalement à une remise en question de la notion même du temps, qui dès lors n'est plus linéaire. Wheeler, en toute logique, va jusqu'à inverser l'ordre de la causalité dans le temps. En outre, de nouvelles théories viennent renforcer les thèses de Wheeler sur la causalité rétroactive. Même l'affirmation d'Einstein, selon laquelle rien ne peut dépasser la vitesse de la lumière, pourrait être remise en question : ainsi, les tachyons seraient des particules qui se déplaceraient plus vite que la lumière et pourraient alors influencer le passé.

C'est bien la conception classique du temps qui fausse le plus souvent les analyses. Il est dans nos habitudes de partir du principe qu'avant précède après. Que le temps soit une flèche orientée qui possède une direction, et que l'on ne puisse aller à l'inverse du temps, le remonter. Or Wheeler oppose une hypothèse différente : pour lui, la cause viendrait après l'effet, et non plus avant. Nous serions, par notre intelligence et notre volonté d'humains, non plus la conséquence mais l'origine de la Création. L'homme serait alors d'essence divine. L'homme serait-il Dieu ?

Dieu... Son existence est l'une des hypothèses que certains physiciens formulent. Posons sa réalité comme admise. Le scientifique pense que le temps et l'espace ont été créés avec l'univers. Ainsi, il n'y a pas d'*avant* la Création. Dieu *était* déjà : Il est donc intemporel. Selon cette conception, Dieu est inaccessible aux hommes : comment pourrait-Il entendre nos prières et intervenir dans notre quotidien, s'Il est hors du temps ?

En revanche, Il perd de Sa toute-puissance en se penchant vers nous, en entrant dans le temps linéaire, mais Il peut nous envoyer Ses prophètes et parler à quelques élus, tel Moïse. Il restera cependant caché derrière un voile, car nul ne peut contempler Sa face sans périr. En se rapprochant ainsi de nous, Il court le risque d'être soumis à l'anthropomorphisme, transformé en idole, ou en vénérable vieillard trônant dans les cieux. Proche, trop proche, Il est à la merci du paganisme et peut être contesté, voire même oublié.

Seule la conception cyclique du temps réconcilie tout à fait l'homme avec le Divin. En effet, s'il n'y plus ni début ni fin, Dieu est à la fois dans le temps et hors du temps, éternel, à la fois proche et lointain...

Trinh Xuan Thuan, auteur de *La Mélodie secrète*[1] fait référence au *Grand Attracteur de l'Univers*. Dans le *grand ballet cosmique, [...] la Terre nous propulse à trente kilomètres par seconde autour du soleil, lequel fend l'espace à deux cent trente kilomètres par seconde autour du centre de la Voie lactée. Celle-ci tombe à son tour vers la galaxie Andromède à quatre-vingt-dix kilomètres par seconde (chacune des deux galaxies se précipitant à quarante-cinq kilomètres par seconde vers le centre du groupe local). Le groupe local, dont les membres les plus massifs sont la Voie lactée et Andromède, se déplace à six cents kilomètres par seconde, attirée par la gravité de l'amas de la Vierge et du superamas de l'Hydre et du Centaure. Ce dernier tombe à son tour vers le Grand Attracteur, dont la masse est équivalente à celle de dizaine de millions de galaxies et dont la nature est encore inconnue*[2].

Derrière ces chiffres hallucinants se cache une vérité tout aussi étonnante : l'univers est empli par le vide ! La matière est constituée d'électrons séparés par du vide tournant autour d'atomes. Même ce que nous percevons comme le plus réel, le plus concret, la matière telle que la perçoivent nos sens, n'est qu'illusion, *Mâyâ*. Seul existe cet inconnu, impossible à décrire, que l'auteur nomme le Grand Attracteur. Ne peut-on plus simplement, et avec moins de pudeur, l'appeler Dieu ? Dieu qui nous attire, Dieu vers qui nous nous dirigeons, vers qui nous tombons, à une vitesse incroyable... Dieu qui nous aspire, dans ce mouvement ample qui dure des milliards et des milliards d'années. Comme nous le révèle le Tao, Dieu expire et le monde se crée ; Dieu inspire et le cycle s'inverse. La sagesse millénaire rejoint la science. Derrière l'inspir et l'expir de Dieu, n'y a-t-il pas un rythme dont nos appareils les plus sophistiqués ne peuvent

---
1. Folio, 1991, p. 114.
2. *La Mélodie secrète* p. 114.

appréhender l'amplitude ? Et dans cette alternance d'inspirations et d'expirations se crée et se défait l'univers. Le temps et l'espace, la matière ont disparu : ne subsiste que Dieu.

30

LE NOUVEAU PARADIGME

Tout au long de nos expériences, nous n'avons fait que retrouver peu à peu une sagesse ancestrale. En effet, pendant les rêves, les régressions, les transmissions, contacts avec un guide spirituel – tel Ibn Arabî – ou bien simplement au cours de relaxations, d'exercices de yoga, notre esprit n'était plus dans le temps linéaire, mais découvrait d'autres dimensions, entrouvait les portes sur d'autres univers. Nous avons senti, constaté des distorsions de l'espace-temps. Au fil de notre réflexion, nous nous sommes donc rendu compte que ce que nous prenions pour le passé pouvait être un lointain futur, le temps formant alors une boucle. L'Âge d'or promis par les textes sacrés devient les débuts de la civilisation atlante, qui se développera, jusqu'à son apogée avant de chuter : la vie est une roue qui tourne, une succession incessante de cycles, la lumière alterne avec les ténèbres comme le jour succède à la nuit... Nous avons découvert aussi la possibilité de vivre dans une infinité d'univers parallèles. Les scientifiques en approfondissant leurs recherches ne cessent de constater l'élasticité du temps.

Le physicien français Jean Charon[1] affirme que l'esprit est au cœur de la matière, qu'il est le dedans de toute chose. L'intérieur de l'électron serait constitué de lumière, une lumière éternelle, l'éon. Dieu se cacherait-il ainsi dans l'infiniment petit ? La lumière originelle serait en effet la seule réalité, et ce sont les éons qui nous portent du début à la fin de l'univers, de la lumière phénoménale, physique, visible, celle du dehors, à la lumière nouménale, virtuelle, invisible, celle du dedans.

---

1. *Le Monde éternel des éons*, Le Rocher, 1987.

C'est le Verbe, la Lumière, l'Esprit qui ont fabriqué la matière au commencement *Dieu dit : Que la lumière soit, et la lumière fut.* Cela est, a été et sera, en dehors de tout temps. Jean Charon établit un parallèle entre le trou noir et l'électron : les deux restent invisibles. L'électron ne serait pas une particule de matière, mais un micro trou noir. Dans notre espace, l'électron est un point sans forme ni dimension, il est cependant rempli de lumière. Jean Charon attribue à l'éon un esprit, à la fois humain et non humain, un esprit éternel. Dans l'intemporel, nous ne sommes plus qu'esprit.

Une telle hypothèse bouleverse nos notions temporelles. Elle n'est cependant pas la seule. Pour certains, tel Rupert Sheldrake, biochimiste à l'université de Cambridge, le passé s'effondre derrière nous[1]. Il n'est donc pas linéaire. Voilà qui expliquerait pourquoi, lors d'une régression, une vie en Égypte sous le pharaon Ramsès II nous est aussi facilement accessible qu'une existence au Moyen Âge, en France. Ne pourrait-on penser aussi que, de la même manière, le futur est « effondré » devant nous, et que seul subsiste l'instant présent ?

Le physicien de Princeton, David Bohm a développé une conception similaire. L'univers serait « enroulé » sur lui-même. Passé, présent et futur existeraient simultanément. Ami du maître spirituel indien Krishnamurti, David Bohm a écrit avec lui un ouvrage passionnant, *Le Temps aboli*[2]. Tout, dans l'univers, est en corrélation instantanée, dit Bohm. Cette communication ne serait pas acheminée par des particules plus rapides que la lumière, comme le suggère l'hypothèse des tachyons, mais serait due au fait que notre univers est l'extension d'un seul et unique constituant fondamental. Toute chose fait partie d'un tout indissociable. La séparation est illusion. Dès lors, l'univers est un fabuleux hologramme multidimensionnel. Notons que si l'on coupe un hologramme en deux, nous obtenons deux images plus floues, plus petites, mais complètes et non pas deux

---

1. Il s'agit d'un effondrement quantique qui n'est pas synonyme de disparition mais ressemble schématiquement à une courbe de Gauss, courbe en cloche qui monte puis redescend.
2. Le Rocher, 1989.

moitiés. Chaque partie contient sa propre information mais aussi celles de l'image tout entière. De même, toute la connaissance serait en nous. Voilà qui expliquerait comment il nous est possible d'avoir accès au vécu d'autres existences... Cette éventualité rejoint notre intuition lorsque nous affirmons : « Seul existe le Non-Temps, temps sacré, temps divin. Tout est Un. Je suis le brin d'herbe ou la fleur que je contemple. Je suis le nuage qui dérive dans le ciel. Je suis ce ciel. Comme je suis la Terre ou même le Monde. »

Karl Pribam, neurophysiologiste à l'université de Stanford, a attribué un modèle holographique à la conscience. Selon lui, la mémoire n'est localisable dans aucune partie du cerveau, mais est répartie dans son ensemble, selon le principe de l'hologramme. L'univers serait donc un Tout indissociable. La nature serait un seul et unique être, tout comme la race humaine pourrait être un seul organisme. Les théories du biologiste R. Sheldrake[1] vont, elles aussi, dans ce sens. Il nous rappelle que certaines propriétés physiologiques font écho aux caractéristiques de l'hologramme : par exemple, un œuf de libellule lié en son milieu après la ponte donnera naissance à deux libellules identiques, simplement plus petites. De même chez l'homme, une masse de cellules divisée à un certain stade de son développement donnera des jumeaux. Si une lionne découvre une nouvelle façon de chasser et l'apprend à ceux de son clan, il est possible que dans un autre pays, les fauves de cette espèce emploient soudain cette nouvelle technique sans qu'il y ait eu contact entre eux. La transmission se sera produite par l'intermédiaire de ce qui Sheldrake nomme un « champ morphogénétique », en l'occurrence, il s'agira d'un champ propre aux lions. Les champs morphogénétiques influent en deçà de l'espace et du temps, qui ne sont plus les véhicules de l'information. Cette hypothèse, note Sheldrake, pourrait expliquer l'inconscient collectif de Jung.

C'est en nous penchant sur ces recherches, en consta-

---

1. *Une nouvelle science de la vie*, *La mémoire de l'univers*, Le Rocher, 1985, 1987.

tant l'unité de vue qui se profile à l'horizon que nous avons perçu l'esquisse d'un nouveau paradigme, une conception du Monde où chaque chose, aussi infime soit-elle, ferait partie du Grand Tout, de la Création. Où l'on pourrait affirmer : « L'Un est dans le Tout comme le Tout est dans l'Un. » Où la lecture des archives akashiques, la plongée dans l'inconscient personnel et collectif ne seraient plus des mystères... Où tout dans l'Univers serait accessible.

Tout comme la lumière est à la fois particule (grain de lumière ou photon) et onde, le temps peut être conçu de manière linéaire ou cyclique. Le nouveau paradigme accepte cette notion, mais la dépasse en affirmant que passé, présent et futur se rejoignent et s'annihilent dans le Grand Temps, le Non-Temps. La temporalité n'existe pas : le temps linéaire est illusion. Le fondamental, l'essentiel, la quintessence se trouvent dans la répétition des rites primordiaux, dans une vie sacrée, hors du temps.

D'ailleurs, ce changement de conception apparaît dans les prémisses d'un retour à la théorie des cycles, que perçoit notamment Mircea Eliade. Philosophes, économistes, historiens, théologiens... réhabilitent l'étude des cycles, à l'instar de la pensée religieuse indienne, pour laquelle nous sommes entrés dans une ère de destruction, le *Kali-Yuga*. Ce renouveau a un sens : il nous permet de surmonter les horreurs de l'Histoire, en nous offrant un espace de vie sacré, intemporel. Comment supporter, sinon, les guerres mondiales, les déportations, les massacres, l'holocauste, les bombardements atomiques d'Hiroshima et de Nagasaki... Comment vivre dans notre monde bouleversé, où nos repères s'effondrent depuis la disparition de l'opposition Est-Ouest qui a cédé la place à d'inquiétantes incertitudes. Pensons aux guerres toujours susceptibles d'éclater et de dégénérer subitement en un conflit mondial. Pensons au terrorisme, à Tchernobyl, aux trous dans la couche d'ozone, au sida, pandémie mortelle que l'on n'arrive toujours pas à freiner... Comment, dans ces conditions, ne pas se révolter contre le temps linéaire qui ne nous fait entrevoir qu'instabilité, décadence et destruction ?

Face à cet état de fait, l'être humain tente désespérément – sans même s'en rendre compte – de s'échapper du temps. Depuis la désacralisation du travail, l'homme moderne s'efforce de fuir le temps durant ses heures de liberté. Voilà pourquoi il a inventé une multitude de distractions, pour lui permettre d'oublier l'incohérence, le manque d'intérêt de sa vie... Il se réfugie dans les sports, les hobbies, la lecture... Ce faisant, il quitte le temps linéaire, réintègre un temps fabuleux, mythique, tout comme ses ancêtres lorsqu'ils écoutaient le récit du mythe fondateur. Il transcende l'Histoire et sa petitesse. Qui n'a jamais vécu une telle parenthèse en lisant un roman – qui comporte toujours ne serait-ce qu'un reflet du mythe ? De nos jours cependant, la lecture est elle-même dévorée depuis peu par un monstre qui résorbe le temps de façon plus radicale, qui hypnotise ses proies : la télévision. L'individu devant l'écran ne vit plus, n'existe plus. Passif, il est plongé dans un monde irréel où le temps n'a plus d'importance. C'est ce dont témoignent aussi ceux qui passent des heures devant leur minitel ou leur ordinateur... *C'est toujours la même lutte contre le temps, le même espoir de se délivrer du poids du « temps mort », du temps qui écrase et qui tue*, note Mircea Eliade[1].

En parallèle, l'historien des religions observe dans la société occidentale une destructuration des arts, un anéantissement de la culture. En l'occurrence, il s'agit de détruire ce qui existait, avec l'espoir, encore inconscient et lointain, de reconstruire plus tard, avec de nouvelles donnes. Pour preuve, l'émergence au XXe siècle de bon nombre de mouvements : ainsi le cubisme, le surréalisme, le dadaïsme... pour les arts plastiques, le dodécaphonisme en musique, au théâtre Beckett et Ionesco par exemple. Ou, aujourd'hui, les tags, graffitis érigés en modèles de création... Tous ces phénomènes sont des signes qui marquent l'apparition proche du nouveau paradigme, que l'humanité sera contrainte d'adopter par la force des choses. Car il nous faudra assumer ces destructions successives, signes avant-coureurs de l'anéantissement général qui nous menace. Eliade nous

---

1. *Le Mythe de l'éternel retour*, p. 235.

annonce la mort de la civilisation. Tout comme le mourant qui, selon la tradition, revoit son existence entière avant de trépasser, nous n'avons de cesse de nous pencher sur notre passé, notre généalogie... *Considérée de ce point de vue, la passion historiographique de la culture moderne serait un signe annonciateur de sa mort imminente. Avant de sombrer, la civilisation occidentale se souvient une dernière fois de tout son passé, depuis la proto-histoire jusqu'aux guerres totales. La conscience historiographique de l'Europe – que certains considèrent comme son plus haut titre de gloire – serait en réalité l'instant suprême qui précède et annonce la mort*[1]. Voilà pourquoi le retour à un temps cyclique, nous offrant lui-même l'accès au temps sacré, est nécessaire et fondamental. Car dans cette conception, la fin du monde ne sera pas absolue. Un nouveau monde renaît toujours, purifié et régénéré.

Eliade n'est pas seul à pronostiquer ce retour. Il en appelle d'ailleurs à Jung : *Lorsque Jung intitulait un de ses livres* L'Homme à la découverte de son âme, *il sous-entendait que le monde moderne – en crise depuis sa rupture avec le christianisme – est en quête d'un nouveau mythe, qui seul lui permettra de retrouver une nouvelle source spirituelle et lui rendra les forces créatrices*[2]. Ce nouveau mythe est, bien entendu, celui de « l'éternel retour », retour au temps cyclique.

Notre société est contrainte de changer. L'humanité est au bord de l'autodestruction parce qu'elle a rompu avec le Soi. Il faut que le mythe fasse l'objet d'un nouveau récit dans un nouveau langage spirituel[3] affirme Jung qui avait donc pressenti ce changement de paradigme, ce nouveau mode de pensée incluant une conception différente du temps. Le physicien américain Fritjof Capra, auteur notamment du *Tao de la physique*, a souligné le rapport entre les travaux de Jung et la science : *À l'heure actuelle, on reconnaît de plus en plus que la psychologie jungienne ne manque pas de pertinence dans le contexte de la science*

---

1. *Mythes, rêves et mystères*, Folio, p. 64.
2. *Op. cit.*, p. 23
3. in *La Vie symbolique*.

moderne[1]. *Il semble effectivement que l'approche de Jung était bel et bien sur la bonne voie et, en fait, bon nombre des différences existant entre Freud et Jung rappellent celles existant entre la physique classique et la physique moderne, entre le paradigme mécaniste et le paradigme holistique*[2]. Ce nouveau mode de pensée holistique signifie que le monde est perçu dans son ensemble, sa globalité, son unité et non pas comme une somme de phénomènes indépendants. F. Capra met en lumière l'ampleur du changement à effectuer. Il s'agit d'une véritable mutation de l'être humain.

De telles métamorphoses se sont déjà produites, non sans bouleversements. Pensons par exemple à la physique de Newton supplantée par celle d'Einstein, dont la loi sur la relativité a bousculé tous les principes d'analyse. Tout un monde s'est créé autour de ces nouveaux concepts...

Seul, à l'heure actuelle, un changement de paradigme, accompagné d'une manière totalement nouvelle de considérer l'homme et le monde, peut nous sauver. Il n'est pas question de nos corps mais de nos âmes. N'est ce pas cela l'essentiel ?

La question fondamentale dans *Le Temps du changement* de F. Capra se posait il y a dix ans déjà, en ces termes : *Ce changement sera-t-il évolutionnaire ou révolutionnaire ?* On ne peut qu'être étonné en constatant qu'au cours de cette période, rien – absolument rien – n'a été fait pour amorcer un quelconque début d'évolution. La réponse semble donc claire : *Révolution* ! En cela, reprenons le terme de Jung : *autodestruction*. Oui, nous nous approchons sans doute sur un plan terrestre du stade ultime : hypothèse catastrophique, anéantissement... Peut-être allons-nous vers la fin du monde qui, selon la vision du temps linéaire, est annoncée par toutes les religions, tous les textes sacrés. Mais dans notre optique du temps cyclique, du temps sacré, du Non-Temps, qu'importe que cette fin soit si proche, que notre planète explose, secouée, engloutie par une abominable

---

1. *Le Temps du changement*, p. 347, Le Rocher, 1983.
2. *Op. cit.*, p. 344.

déflagration atomique ou un nouveau déluge provoqués par l'homme, ce prédateur ! Qu'importe, puisque nous avons quitté le temps linéaire. L'inspir de Dieu est toujours suivi d'une expiration, nouvelle création, nouveau monde, nouvel univers...

Si jamais notre Terre est détruite, ceux qui seront restés captifs du filet des illusions, de la *Mâyâ*, s'incarneront à nouveau dans d'autres dimensions. Les autres, les sages, libérés, rejoindront le temps divin, l'éternité, cet océan infini qui a toujours existé et demeurera à jamais. Et retrouveront Dieu, Ses saints et Ses prophètes...

CONCLUSION

VERS LA LIBÉRATION

Nous souhaitons vous avoir fait partager, au fil de ces pages, notre propre évolution, ainsi que notre progression par rapport aux images classiques de la réincarnation. Aujourd'hui, nous avons vécu et retrouvé toutes nos vies terrestres. Nous avons revêtu toutes les formes, minérales, végétales, animales et humaines, perçu que le temps est bien un cercle, où hier rejoint demain. Pouvons-nous dire pour autant que nous sommes « libérés » ? D'autres étapes se dessinent dans cette aventure fantastique et ininterrompue qu'est la vie. L'inconnu nous attend, sur ce cheminement vers Dieu que nous ne pouvons même pas encore concevoir, imaginer. Mais l'objectif essentiel, nous le connaissons : nous fondre en Lui, dans Son Unité.

Il nous est apparu, au cours de nos recherches que ce sont nos propres croyances qui façonnent la réalité. Ce sont elles qui créent notre au-delà. Ainsi, celui qui ne croit en rien, risque fort de ne rien trouver. Celui qui croit en l'enfer, au purgatoire ou au Paradis, s'incarnera dans un monde qu'il pourra qualifier d'un de ces trois noms, après s'être lui-même jugé. De même, tant que nous croyons à une suite de vies, dans un temps chronologique, nous allons de corps en corps, persuadés de la réalité de notre foi. Et tout cela est vrai. Tout dépend du point de vue que nous adoptons.

Prenons un exemple concret et une image visuelle, celle d'une table de billard. Toutes nos vies, passées, futures et présentes sont là, devant nous, représentées par les différentes boules du jeu. Tant que nous n'avons pas conscience de l'Unité, tant que nous raisonnons suivant le schéma habituel du cycle des renaissances et de la loi de karma, c'est comme si, joueur débutant et maladroit, nous cherchions à ne faire avancer qu'une seule boule à la fois, les faisant progresser l'une après l'autre. Que d'énergie perdue inutilement, pour un si piètre résultat ! Non, nous savons qu'il faut que les boules du billard agissent les unes sur les autres, par ricochet et savant calcul, afin de les faire disparaître le plus vite possible du tapis, de les faire parvenir sans attendre de l'autre côté, symbole du Paradis, du *Nirvanâ*, des Jardins d'Allah... Mais comment nous y prendre ? Notre être éternel, notre âme, est représenté par le joueur. Devenons un virtuose de ce jeu de la vie ! La boule sur laquelle nous devons agir, celle qui va faire avancer toutes les autres, c'est notre vie actuelle. Nos incarnations successives, ce sont toutes les boules présentes sur le tapis : nos vies passées, nos vies futures, selon le concept conventionnel du temps.

Comprenons bien, et cela est capital, qu'en agissant sur notre vie actuelle, nous progressons dans toutes nos autres existences. Oui, nous pouvons agir sur toutes, celles qui nous apparaissent comme les plus « anciennes », sur les plus « récentes » et sur celles « à venir ». Car notre âme, le joueur de notre exemple, voit le tapis en son entier. Pour elle, tout a lieu simultanément. Elle ne connaît pas le temps chronologique. Dans cette optique, tout devient possible. Et cela nous offre l'opportunité d'interrompre la transmigration.

Voilà pourquoi la notion du temps est essentielle dans le nouveau paradigme qui se profile à l'horizon. Car le retour au temps cyclique, sacré, nous permet de nous préparer dès aujourd'hui à un autre monde, un univers plus paisible, d'ordre, de calme, de beauté, de sérénité. Un univers où nous serions affranchis de la douleur, de la maladie, de la naissance, de la mort... Cela ne se trouve certainement pas ici-bas, même dans le cadre le plus sublime, plage de sable fin ou mythique palais oriental... Il nous faut maintenant intégrer ces nouvelles notions dans notre quotidien. Il ne s'agit certes pas d'abolir définitivement le temps chronologique. Nous avons besoin de créer des repères, de nous inventer un futur. Nous ne décréterons pas subitement que « demain » n'existe plus. Ce sera surtout notre vision du monde qui aura changé. Au lieu de penser que l'univers a eu un début unique et aura une fin unique, nous conviendrons que créations et destructions se succèdent, opérant le retour aux cycles décrit par Eliade. Nous saurons, au sein de cette respiration cosmique, que le temps est illusion. Nous nous efforcerons de vivre pleinement ce Non-Temps, temps sacré, en le retrouvant dans la prière, la méditation, la relaxation... Sur tous nos gestes les plus simples, rituels, même les plus humbles, tels que manger, laver, s'aimer, nous reconnaîtrons que le temps n'a pas de prise : nous réitérons toujours les actes primordiaux. En cela, nous échappons à la destruction. Libérés du poids du temps, nous redécouvrons que nous sommes des créatures divines.

Mais alors, pourquoi avoir fait tout ce chemin, pourquoi être passés par les régressions, par ces rencontres avec d'autres nous-mêmes, dans d'autres vies ? – Parce que cela nous était indispensable !

Par les techniques de « retour en arrière », courantes dans certaines pratiques de yoga, nous atteignons la maîtrise spirituelle de la délivrance. Nous coupons avec cette souffrance immense des parcours terrestres. Nous délivrer de cette loi implacable nous permet de nous guérir. En agissant dès aujourd'hui sur nos vies « passées » et « futures », nous pouvons éviter de les vivre. Si par le procédé des régressions nous y avons accès, nous pouvons d'ores et déjà en dénouer les nœuds karmiques. C'est un moyen attesté dans les *Yoga-Sûtras*, que recommande le Bouddha lui-même.

Il s'agit, écrit Mircea Eliade : *[...] d'arriver* ad originem, *lorsque la première existence « éclatant » dans le monde, déclenche ce temps, de rejoindre cet instant paradoxal au-delà duquel le temps n'existait pas.* Il ajoute : *Celui qui remonte le temps doit nécessairement arriver au point de départ qui, en définitive, coïncide avec la cosmogénèse. Revivre ses vies passées, c'est aussi les comprendre, et jusqu'à un certain point, « brûler » ses « péchés », c'est-à-dire la somme des actes passés sous l'empire de l'ignorance et capitalisés d'une existence à l'autre par la loi de karma [...] On arrive au commence-*

ment du temps et on rejoint le Non-Temps, l'éternel présent qui a précédé l'existence temporelle[1].

Les régressions nous permettent de vivre dans notre corps, de « voir » réellement toutes nos autres vies. Elles représentent une étape importante dans notre prise de conscience de la Vérité, dans notre connaissance de nous-mêmes. Elles participent à notre individuation, notre réalisation. Ensuite, persuadés que nous vivons toutes nos existences en même temps, ici et maintenant, dans des dimensions, des univers parallèles, nous serons décidés à nous libérer du cycle des incarnations. Nous tenterons de dépasser notre condition d'humains. Pour cela, nous abandonnerons nos concepts habituels. Nous oublierons nos conditionnements, les idées apprises, tout ce qui nous attache et nous enchaîne : nos peurs, nos convoitises, notre petitesse... Nous savons qu'il nous sera donné selon notre croyance et notre foi. Aussi nous ne nous préparerons plus à une vie « future », où nous aurions inévitablement à payer un tribut karmique en réintégrant une prison humaine de chair et d'os. Nous avons la ferme volonté de nous en délivrer. Débarrassons-nous donc de la vision habituelle du karma perçu trop souvent comme l'équivalent bouddhique de la notion judéo-chrétienne du péché. Cessons de nous rendre coupables inutilement, de « payer », de nous martyriser gratuitement. Tentons plutôt de comprendre nos erreurs passées, pour ne pas les renouveler, les aggraver. Pour cela, il faut apprendre à pardonner, à écouter, à aimer... Ainsi, dans notre vie quotidienne nous expurgerons notre karma. Dans notre bilan karmique, il n'y aura plus de dettes. À l'instant même où nous en prendrons conscience, nous dénouerons le karma qui aurait pu se créer, nous forçant à rester dans l'illusion d'une vie future. Nous ne laisserons plus les « fautes » s'accumuler à l'infini. N'oublions pas que nous devons nous dégager de ce piège que représente la transmigration. Aussi, agissons dès aujourd'hui pour que le cycle cesse.

Mais comment faire pour que notre actuel passage sur

---

1. *Aspects du mythe*, Folio, 1988, p. 111.

Terre soit le dernier ? Comment faire chaque jour pour éviter un nouveau parcours ? – En agissant dans le monde, « dans le siècle » ! Obtenir la libération est une ascèse, une voie personnelle. Il n'y a pas deux chemins identiques. On ne peut pas imiter un gourou, ni suivre aveuglément un maître. Tout au plus peut-on parfois se laisser guider, prendre appui... avant de repartir, seul, sur la route. Le Bouddha enseignait un tel précepte : *Soyez à vous-même un flambeau et un guide, ne cherchez ni flambeau ni guide en dehors de vous. Ne croyez rien sur la foi d'aucune autorité : divine, humaine ou livresque. Cela qu'après réflexion vous aurez trouvé conforme à la raison, profitable à vous-même et à autrui, cela croyez-le et conformez-y votre conduite*[1]. C'est dans cet esprit que nous avons écrit ce livre et c'est la façon dont, nous l'espérons, vous l'avez lu. Comme une source d'interrogation, un simple témoignage.

Ne répondre que de soi-même, être son propre juge, à la fois juste et sévère, pour pouvoir agir et trancher les nœuds karmiques. C'est ce que fait mère Térésa en aidant ses semblables à mourir dignement, en les accompagnant vers le passage. Ou l'abbé Pierre en œuvrant dans le domaine humanitaire. C'est aussi Brigitte Bardot qui se bat pour la défense des animaux, utilisant son nom comme un étendard. Tant d'autres, aussi, anonymes... Ils agissent et nous devons les imiter, chacun dans notre propre domaine, suivant nos possibilités.

Ne disons plus : « À quoi bon. » En baissant les bras, nous perdons notre dignité d'hommes. Nous devenons méprisables : nous créons notre karma. Nous accélérons la destruction inexorable de notre monde...

En agissant, à chaque minute, au quotidien, pour la mise en place du nouveau paradigme, nous recouvrons notre intégrité, notre valeur primordiale, celle qui nous a été donnée et que nous avons perdue. En étant concernés par la défense de l'écologie, le désarmement, l'arrêt de la prolifération du nucléaire, et en œuvrant

---

1. Cité par A. David-Néel, in *Astravakra Gîta, Avadhuta Gîta*, Le Rocher, 1986, p. 9.

dans ce sens, nous nous battons pour préserver la vie. Et c'est nous-mêmes que nous sauvons. Pas seulement les autres, mais aussi, individuellement, chacun d'entre nous. C'est chacun de nos actes, chacune de nos pensées, qui créent le monde où nous vivons. Et c'est en nous améliorant à chaque minute que nous pouvons nous délivrer.

Soyons fermes, et refusons tous les états de dépendance, tous ces pièges que nous tend la société de consommation : soif inextinguible de posséder, alcool, tabac, drogue, sexe, télévision... Apprenons dès aujourd'hui à ne dépendre de rien ni de personne. Dirigeons-nous sur la voie du non-attachement, voie de l'ascétisme. Œuvrons pour couper les liens qui nous retiennent prisonniers. N'ayons pas peur : cela n'est pas synonyme de tristesse et de peine. Plus on évolue ainsi, plus on se rend compte que les véritables besoins, les besoins essentiels, sont très limités. Lorsque nous nous sommes débarrassés de l'inutile, nous retrouvons des bonheurs simples, qui sont autant de prières : pétrir le pain, comme Dieu qui façonna les hommes, regarder une fleur, écouter un oiseau...

Dépouillés de nos scories, nous pourrons agir pour dissoudre les cristallisations du karma, choisir de construire une vie limpide, lumineuse, dans le détachement aimant, vaincre les obstacles dressés par l'ego, retrouver humilité et simplicité... Que de batailles, que de heurts nous attendent sur le chemin de l'Unité...

Notre « je », notre « ego » aura disparu. Nous serons comme l'enfant nouveau-né qui ne voit pas de frontières entre lui et sa mère, entre lui et le monde. Les barrières, les distinctions viennent plus tard, apprises, inventées par la société.

Cependant, nous allons être aidés tout au long de ce sentier tortueux. Notre volonté, notre foi, nos prières viendront à notre secours. Dans notre corps se produiront des mutations, des transformations qui témoigneront de nos progrès. En nous s'éveillera une énergie prodigieuse qui dormait, enroulée au bas de notre colonne vertébrale : la *Kundalini*. Elle n'aura alors de cesse de remonter le long de notre dos comme de la lave en fusion. Ainsi, elle progressera suivant différentes étapes, qui sont au nombre de sept : les *chakras*. De nombreux textes ésotériques, notamment bouddhistes, décrivent et enseignent le fonctionnement de ces *chakras*. Chacun d'eux a une fonction très précise. Ils régissent à la fois le corps et l'esprit... Nous sommes dominés par l'un ou l'autre de ces *chakras*. Par exemple, les êtres sous l'emprise du deuxième *chakra* auront une vie fondée essentiellement sur le sexe... Dans la tradition hébraïque, ces différents stades sont décrits comme étant les barreaux de l'échelle de Jacob. La tradition islamique décrit, elle aussi, sept terres et sept ciels, le plus élevé spirituellement étant bien sûr le septième ciel : celui des sages et des saints. Parvenu au « sommet de l'échelle », le sage peut en effet contempler les étapes parcourues d'un seul clin d'œil. Libéré, il vit dans la sérénité et la paix.

Comment a-t-il fait tout ce chemin ? Tout long voyage commence par un premier pas... Et qu'est-ce que la libération, *moksha* en sanskrit ? Être libéré, c'est être conscient que le monde est *Mâyâ*, illusion. C'est avoir délié l'enchevêtrement des fils karmiques. Il ne s'agit pas d'un état intellectuel ou physique : c'est indescriptible. Seul le poète, ou le mystique, oserait comparer la libération à une extase, un enlèvement au Ciel, à une fontaine qui jaillit au sein de l'homme.

Parfois, il suffit d'un mot, un geste, un regard, et la libération EST. Si on la cherche, elle fuit toujours plus loin. Car elle n'est pas un but. Non, elle surgit quand on ne l'attend pas, ou quand on ne l'attend plus. Elle peut être subite, spontanée, fulgurante, comme être le fruit d'une longue, très longue ascèse, au cours de laquelle les *chakras* seront volontairement éveillés, un à un, et maîtrisés, pour que s'élève la *Kundalini* jusqu'au sommet...

Notre recherche intérieure nous a conduits à porter un grand intérêt à ces centres énergétiques que sont les *chakras*. Ainsi, la pratique de la régression et des transmissions a remis en éveil notre sixième chakra, encore nommé « troisième œil », qui se situe entre les sourcils, au milieu du front. C'est lui qui régit la clairvoyance et qui permet, comme nous avons pu nous en rendre compte par nous-mêmes, les voyages au-delà du temps.

Sa couleur, dans la Tradition, est le bleu indigo. Voilà pourquoi le « véhicule » de ces expéditions s'est spontanément présenté à nous sous la forme d'une sphère bleue. À présent, il nous suffit d'une légère concentration pour que nous sentions physiquement l'ouverture de ce *chakra*. Notons que dans la pratique de la numérologie, Bernard a dû y recourir maintes fois, en faisant appel à son intuition lorsqu'il interprétait des combinaisons de chiffres. Quant à Jeanlouis, il a pu de son côté constater combien le psychologue y recourt, ce qui permet parfois une communication d'inconscient à inconscient, voire la télépathie..., tous domaines où le sixième *chakra* règne en maître...

Le fonctionnement régulier du sixième chakra — les autres d'ailleurs n'étant pas tenus pour autant en sommeil — nous a permis d'affiner ces perceptions, dites extra-sensorielles, du sixième sens. Mais nous avons compris que cette énergie en nous, cette lumière, était notre véritable corps, immortel, indestructible. Car même si la chair se corrompt, tombe en poussière, même si la Terre se détruit un jour, cette lumière subsistera. Au-delà des contingences matérielles, au-delà de notre corps emprisonné dans un univers de plus en plus inhumain, c'est cette lumière qui importe. Celle de notre âme, pure, intouchée.

Par la médition, la recherche spirituelle, la prière, la foi, l'ascèse... nous avons entretenu la flamme. Nous la nourrissons, l'attisons pour qu'elle grandisse sans fin. Nous n'avons de cesse de nous diriger vers la Lumière. Devenir Lumière.

Mais ne le sommes-nous pas déjà ? Car cette étincelle en nous, cette parcelle d'énergie si brillante et si vive, n'a jamais quitté cet Océan de feu, infini, absolu : Dieu.

Ne sommes-nous pas tous une pluie d'étoiles au firmament divin ?

BIBLIOGRAPHIE

Textes sacrés

Le Bardo Thödol, suivi du commentaire de C.G. Jung, Maisonneuve, 1987.
La Bhagavad-Gitâ, Shrî Aurobindo, Albin Michel, coll. « Spiritualités vivantes ».
La Bible, Gallimard, coll. « La Pléiade ».
Le Coran, traduction de D. Masson, Gallimard, coll. « La Pléiade ».
Initiation à la Kabbale hébraïque, A.D. Grad, Le Rocher, 1982.
Initiation au Livre des morts égyptien, F. Schwarz, Albin Michel, coll. « Spiritualités vivantes ».
Le Zohar, extraits, Points Seuil.

Spiritualité et religion

Ibn Arabî, *La Sagesse des prophètes*, Albin Michel, coll. « Spiritualités vivantes ».
  Voyage vers le maître de la puissance, Le Rocher, coll. « Gnose », 1987.
Alexandra David-Néel, *La Lampe de sagesse*, Le Rocher, coll. « Gnose », 1986.
  Astravakra Gitâ/Avadhuta Gitâ. Le Rocher, coll. « Gnose », 1986.
  Immortalité et Réincarnation, Le Rocher, coll. « Gnose », 1987.
  Le Bouddhisme du Bouddha, Le Rocher, coll. « Gnose », 1990.
Mircea Eiade, *Aspects du mythe*, Folio, 1988.

Le Mythe de l'éternel retour, Folio, 1989.
Mythes, rêves et mystères, Folio, 1989.
Gandhi, *Tous les hommes sont frères*, Folio, 1990.
Khalil Gibran, *Le Prophète*, Albin Michel, 1991.
Krishnamurti et David Bohm, *Le Temps aboli*, Le Rocher, 1989.
Hélène Renard, *Des prodiges et des hommes*, Philippe Lebaud, 1989.
Rumi, *Le Mathnawi, La Quête de l'absolu,* Le Rocher, coll. « Textes sacrés », 1991.

Mort et après-vie

Philippe Aries, *L'Homme devant la mort*, Points Seuil, 1985.
Élisabeth Kubler-Ross, *La Mort, dernière étape de la croissance*, Le Rocher, coll. « L'Homme et l'Univers », 1985.
La mort est un nouveau soleil, Le Rocher, coll. « L'Homme et l'Univers », 1988.
La mort, porte de la vie, Le Rocher, coll. « L'Homme et l'Univers », 1991.
Vivre avec la mort et les mourants, Le Rocher, coll. « L'Homme et l'Univers », 1984.
La Mort et l'enfant, Le Rocher, coll. « L'Homme et l'Univers », 1986.
Edgar Morin, *L'Homme et la mort*, Points Seuils, 1970.
Dr R. Moody, *La Vie après la vie*, J'ai Lu, 1983.
Nouvelles Lumières sur la vie et l'après-vie, J'ai Lu, 1987.
Hélène Renard, *L'Après-Vie*, Philippe Lebaud, 1985.

Psychologie

C.G. Jung, *Ma vie*, Gallimard, 1987.
L'Âme et le Soi, Albin Michel, 1990.
Un mythe moderne, Gallimard, coll. « Idées », 1974.
La Vie symbolique, Albin Michel, 1989.

Aïon, Albin Michel.
L'Homme et ses symboles, Robert Laffont, 1987.

Numérologie

Bernard Duboy et Martine Barbault, *Votre guide numérologique jusqu'à l'an 2000*, Denoël, 1989.
Choisir son prénom, choisir son destin, Denoël, 1990.
L'Influence du prénom sur la vie, Denoël, 1991.

Sciences

David Bohm, *La Plénitude de l'univers*, Le Rocher, coll. « L'esprit et la matière », 1990.
David Bohm et F.D. Peat, *La Conscience de l'univers*, Le Rocher, coll. « L'esprit et la matière », 1987.
Fritjof Capra, *Le Temps du changement*, Le Rocher, coll. « L'esprit et la matière », 1983.
Le Tao de la physique, Tchou.
Jean Charon, *Le Monde éternel des éons*, Le Rocher, coll. « L'esprit et la matière », 1989.
Freeman Dyson, *Les Dérangeurs d'univers*, Payot, 1987.
Rupert Sheldrake, *La Mémoire de l'univers*, Le Rocher, coll. « L'esprit et la matière », 1989.
Une nouvelle science de la vie, Le Rocher, coll. « L'esprit et la matière », 1985.
Trinh Xuan Thuan, *La Mélodie secrète*, Folio, 1991.

Littérature et documents

Élisabeth Badinter, *L'un est l'autre*, le Livre de Poche, 1987.
Barjavel, *La Nuit des temps*, Presses Pocket, 1971.
Thomas Berger, *Little Big Man*, Le Rocher, coll. « Nuage Rouge », 1991.
Karen Blixen, *La Ferme africaine*, Folio.

Jorge Luis Borges, *Fictions*, Folio.
Isabelle Éberhardt, *Lettres et journaliers*, Actes Sud, coll. « Terres d'aventure ».
Herman Hesse, *Le Jeu des perles de verre*, Calmann-Lévy.
Tina Turner, *Ma vie*, Carrère, 1987.
Marguerite Yourcenar, *La Voix des choses*, Gallimard, 1987.

CHEZ LE MÊME ÉDITEUR
DANS LA MÊME COLLECTION

AIMÉ (J.), *La Lune noire.*
BERLITZ (Ch.), *L'Atlantide retrouvée. Le huitième continent.*
   L'Arche de Noé retrouvée.
BLIN (C.), *Votre main. – Principes de chirométrie.*
BUESS (L.), *La Numérologie de l'Ère du Verseau.*
   La Numérologie. Pour mieux vivre avec soi et avec les autres.
CHATELAIN (M.), *À la recherche de nos ancêtres cosmiques.*
CHAUVIN (R.), *Les Veilleurs du temps.*
   Voyage outre-terre.
CROZIER (B.), *Cours d'Astrologie, t. I.*
   Cours d'Astrologie, t. II.
DANIKEN (E. van), *Preuves des civilisations extra-terrestres.*
DROUOT (P.), *Nous sommes tous immortels.*
   Des vies antérieures aux vies futures.
   Guérison spirituelle et immortalité.
DUNNE (J.)/JAHN (G.), *Aux frontières du paranormal.*
FONTBRUNE (J.-Ch. de), *Histoire et prophétie des papes.*
   Nostradamus. Historien et prophète, t. 1.
   Nostradamus. Historien et prophète, t. 2.
FORREST (S.), *Astrologie, le ciel intérieur.*
GRISCOM (C.), *Guérir de ses vies antérieures.*
   Des vies antérieures à l'illumination.
GRUAIS (G.), MOUNY (G.), *Le Grand Secret des pyramides de Guizeh.*
HOLLEY (G.), *Lecture astrologique des années 1990.*
HUTIN (S.), *Nostradamus et l'alchimie.*
KOECHLIN DE BIZEMONT (D.), *Prophéties d'Edgar Cayce.*
MAC GAREY (W.), *Les Remèdes d'Edgar Cayce.*
MULDOON (S.)/CARRINGTON (H.), *La Projection du corps astral.*
MURPHY (J.), Dr. *Comment utiliser les pouvoirs de votre subconscient.*
   Découvrir votre dimension cosmique.
OSIS/HARALDSON, *Ce qu'ils ont vu au seuil de la mort.*
RAMPA (T.L.), *La Treizième Chandelle.*
   Pour entretenir la flamme.
REANT (R.), *La Parapsychologie et l'invisible.*
   Parapsychologie pratique pour tous.
   Pratiquez la parapsychologie.
   Nouvelles Expériences de parapsychologie.
REJU (D.), *Le Troisième Secret de Fatima.*
ROBINSON (L.W.), *Enseignement et prédictions d'Edgar Cayce, médium et guérisseur.*
SERS (J.-F.), *Le Secret de la pyramide de Khephren.*
WONDER (J.), DONOVAN (P.), *Utilisez les pouvoirs de votre cerveau.*

CET OUVRAGE A ÉTÉ REPRODUIT
ET ACHEVÉ D'IMPRIMER SUR ROTO-PAGE
PAR L'IMPRIMERIE FLOCH À MAYENNE
EN OCTOBRE 1992

Éditions du Rocher
28, rue Comte-Félix-Gastaldi
Monaco

Dépôt légal : octobre 1992.
N° d'Édition : CNE section commerce et industrie
Monaco 19023.
N° d'impression : 33121.
Imprimé en France